Vegan backen

300 Lieblingsrezepte

W0302514

Beate Mihály · Stefanie Krause · Maria Mihály · Erika Müller

Vegan backen

300 Lieblingsrezepte

Torten, Kuchen, Plätzchen, Pralinen & Konfekt,
Brot & Brötchen, Pizzen sowie salziges Kleingebäck
mit Herz zubereiten und genießen

HANS-NIETSCH-VERLAG

© Hans-Nietsch-Verlag 2014
Alle Rechte vorbehalten.
Nachdruck, auch auszugsweise, nur mit ausdrücklicher Genehmigung des Verlages gestattet.

Redaktion: Martina Klose
Textbearbeitung und Lektorat: Susanne Noll
Korrektorat: Petra Zwerenz
Coverdesign: Kurt Liebig
Illustrationen Cover und Innenteil: Caroline Heinecke
Satz: Kurt Liebig, Sandra Roth
Druck: Dimograf Sp z o.o., Bielsko-Biała/Polen

Hans-Nietsch-Verlag
Am Himmelreich 7
79312 Emmendingen

www.nietsch.de
info@nietsch.de

ISBN 978-3-86264-256-4

Wir widmen dieses Buch unseren Brüdern und Schwestern
im Tierreich, die zugleich Freunde sind, treue Gefährten und Helfer.
Möge es neben seiner praktischen Seite die Botschaft vermitteln:
Es geht auch anders ...

Dank

Tausend Dank all jenen, die bei der Entstehung von *Vegan backen* geholfen haben – sei es durch konstruktive Fragen, Tipps oder sachkundigen Rat. Zahlreiche Gäste waren dabei unsere Probanden. Ihr Urteil trug erheblich zum Feinschliff der leckeren Kuchenrezepte bei, und sie bestärkten uns immer wieder darin, diese kulinarischen Schätze zu veröffentlichen.

Besonders bedanken wir uns bei Brigitte, Renate, Robert, Horst und Dorothea sowie bei Moni und Paul für die liebevolle Unterstützung.

Inhalt

Vorwort

Immer mehr Menschen interessieren sich aus gesundheitlichen, ethischen und ökologischen Gründen für die vegane Lebensweise. In jahrelanger Forschungsarbeit und bei der Beköstigung von vielen Seminarteilnehmern haben die Autorinnen eine Fülle von veganen Rezepten entwickelt und zu Papier gebracht. Einen Teil davon veröffentlichen sie jetzt in *Vegan backen*. In diesem umfangreichen Backbuch finden Sie alles, was Ihr Feinschmeckerherz begehrt.

Das spart uns auch viel Zeit und Energie. Denn die Teilnehmer unserer Seminare fragen immer wieder nach Rezepten, Kopien und Erklärungen. Jetzt können wir sagen: Das steht alles in *Vegan backen* ...

Wie kann man einen leckeren Kuchen ohne Butter, Eier, Milch, Sahne oder Quark backen? – Diese Frage kommt am häufigsten von allen, die über eine Umstellung auf die vegane Ernährung nachdenken. Wie immer gilt auch hier: Hat man das Prinzip des Backens verstanden, kennt man die entsprechenden pflanzlichen Alternativen ... und mit ein bisschen Experimentierfreude geht dann alles kinderleicht.

Vegane Kuchen, Torten und Plätzchen lassen sich viel leichter verdauen, haben weniger Kalorien und schmecken ausgezeichnet. Dabei muss man nicht auf vertraute Geschmacksrichtungen verzichten. Denn die tierischen Produkte lassen sich durch entsprechende pflanzliche Lebensmittel ersetzen – aus Liebe zur Natur vorzugsweise in Bio-Qualität.

Wir haben Wert darauf gelegt, das gewohnte Backprinzip weitgehend beizubehalten und auf das Vegane zu übertragen. Abgesehen davon, dass wenige Zutaten ausgetauscht werden, braucht man keine besonderen Fähigkeiten – im Gegenteil: Unserer Erfahrung nach kommen sowohl geübte Bäcker als auch solche, die es werden wollen, sehr gut mit den neuen Möglichkeiten zurecht. Ob herrliche Cremetorten ohne Butter, Käsekuchen ohne Quark, Fruchtböden mit Schlagsahne (auf Soja-Basis), Rührkuchen, Plätzchen und Weihnachtsbäckerei oder Herzhaftes, konzentrierte Süßigkeiten, Pralinen und Konfekt – nichts ist problematisch, wenn man bereit ist, das Neue umzusetzen.

Die übersichtliche Gliederung unseres Buches garantiert ein schnelles und leichtes Auffinden der Rezepte sowie aller notwendigen Informationen, um ohne große Vorkenntnisse mit dem Backen zu beginnen.

Dabei haben sich unsere Autorinnen immer an der Praxis orientiert – und gerade das macht die hohe Qualität dieses Buches aus. Mit etwas Experimentierfreude kann jeder in kürzester Zeit die Kunst des veganen Backens erlernen. Familienmitglieder und Gäste werden staunen, was hier alles möglich ist.

Der ausgezeichnete Geschmack und die gesundheitlichen Vorteile haben schon viele bewusste Genießer überzeugt und inspiriert. Möge dieses Buch dazu beitragen, dass immer mehr Menschen zugunsten der Natur, Mutter Erde sowie aus Mitgefühl für die Tiere alte leidbringende Gewohnheiten aufgeben und sie durch eine Lebensweise ersetzen, die dem Ganzen förderlicher ist als bisher.

In diesem Sinne wünschen wir allen ein großes Herz, viel Spaß und höchsten Genuss!

Horst Lischke
Seminarzentrum „Neue Erde"
Lonau, im März 2014

Tiere sind Freunde

Nicht quälen, nicht jagen
Nicht schlachten, nicht plagen
Nur pflegen und hegen
Ist menschlicher Segen

Verantwortung tragen – nicht andere fragen
Ob du essen sollst vom Fleische
Hörst du denn nicht ihr Gekreische

Schau mit dem Herzen in ihre Augen hinein
Wirst Hüter, Beschützer und Freund wieder sein

Sie haben Rechte auf Erden
Lasst Mitgefühl werden
Ob Schwein oder Kuh
Tiere sind unsere Freunde
Macht die Schlachthäuser zu

Liedtext von Horst Lischke
Seminarzentrum „Neue Erde"

Allgemeines vorab

Abkürzungen

EL	Esslöffel	mm	Millimeter
TL	Teelöffel	cm	Zentimeter
Msp.	Messerspitze	geh.	gehäuft
Pck.	Päckchen/Packung	gestr.	gestrichen
TK	Tiefkühlprodukt		
ml	Milliliter		
l	Liter		

Arbeitsgeräte und andere Utensilien

Backformen
Backbleche passend zum Backofen (Rezepte für etwa 35 x 37 cm)
Springform (Ø 26 cm)
Kastenform (11 x 25 cm, für 300 g Mehl)
Napfkuchenform (für 450–500 g Mehl)
Backofen bevorzugt elektrisch, weil die Backtemperatur gut regulier- und kontrollierbar ist.
Backpapier, **Dauerbackfolie**
Backunterlage, nicht anhaftend

Esslöffel
Frischhaltefolie für Teige, Cremes und Kuppeltorten
Gabel(n)
Küchenwaage/Briefwaage/Messbecher
Messer, scharf bzw. Sägemesser, unter anderem zum Kuchenaufschneiden
Nudelholz (Teigrolle)
Pinsel (hitzebeständig und weich)/**Bürste** (weich)
Roste passend zum Backofen
Rührgerät/Mixer (bevorzugt mit höherer Leistung bzw. Drehzahl) erleichtert die Arbeit sehr mit:
Pürierstab,
Rührstäben,
Knethaken,
Gefäßen (Rührschüsseln).
Rührlöffel am besten mit Loch und starkem Stiel
Rührschüsseln größer wählen, damit sich der Teig gut durcharbeiten lässt bzw. der Hefeteig nicht darübersteigt
Sieb(e) für verschiedene Zwecke in verschiedenen Größen und mit verschiedenen Maschengrößen
Schaum-, Schnee- oder Rührbesen
Tasse
Teelöffel
Teigschaber in verschiedenen Härtegraden sparen Material und erleichtern das Aufstreichen und Reinigen
Teigschüssel aus Plastik oder Edelstahl
Tortenspritze und **Spritzbeutel** (immer mal waagerecht auflegen und Spritzmasse mit dem Messerrücken nachschieben)

Backzutaten für veganes Backen

Backtriebmittel

Backpulver (Weinsteinbackpulver): 1 Päckchen = 17 Gramm
Hefe (Trockenhefe bzw. Würfelhefe = Frischhefe):
1 Päckchen = 9 Gramm
Natron
Pottasche
Hirschhornsalz

Fette

Margarine
Kokosfett, -öl
Rapsöl
Sonnenblumenöl
Olivenöl

Mehle

Weizenmehl (Type 1050)
Dinkel(vollkorn)mehl (Kamut, Hafer, Buchweizen, Gerste …); ersatzweise können teilweise auch andere Getreidemehle des gleichen Ausmahlungsgrads verwendet werden, z. B. Dinkel statt Weizen und umgekehrt. Generell unterscheiden sie sich im Geschmack, in den Kleberanteilen und deshalb auch in der Anwendung: Ohne genügend Kleberanteile im Teig krümelt das Gebäck.
Stärkemehl
Reismehl
Kartoffelmehl

Salze

Steinsalz, ohne Zusätze
Meersalz, ohne Zusätze

Süßungsmittel

Agavendicksaft
Rohrohrzucker/Rohrzucker
Vollrohrzucker
Xylit (Birkenzucker)

Stevia
Sirupe, z. B. Ahorn-, Rüben-, Palm-, Mais- und Reissirup
Kokosblütenzucker/-nektar
Trockenfrüchte, z. B. Rosinen, Datteln oder Feigen

Gewürze und Backaromen

Anis Gemahlen verliert Anis schnell an Würzkraft, deshalb am besten schnell aufbrauchen. Gewürz für Plätzchen, Zwieback, Brezeln oder Pfeffernüsse.

Bittermandeln (auch als Bittermandelaroma) Nur in sehr geringen Mengen für Marzipan, Torten, Kuchen (Rührteige) und Kleingebäck verwenden. **Vorsicht!** Nie rohe bittere Mandeln essen (es besteht Vergiftungsgefahr für Kleinkinder!), nach dem Backen ist ihr Verzehr allerdings unbedenklich.

Fenchel Gewürz für Kuchen und Brot

Ingwer Beliebt in Kleingebäck, Gewürzkuchen, Sojaquarkmischungen oder Heißgetränken

Kakao (Carob als Ersatz) Schokoladig für Kuchen, Füllungen, Cremes und Güsse

Kardamom Feines Gewürz für Lebkuchen, Gewürzkuchen und Brot

Koriander Gewürz für Lebkuchen und Brotgebäck

Kümmel Für Brot, Brötchen, Brezeln, Kleingebäck mit veganem Käseüberzug oder Kümmelstangen – vor dem Bestreuen das Gebäck mit Wasser oder Sojamilch bestreichen.

Kurkuma Auch Gelbwurz genannt, eignet sich Kurkuma zum Einfärben von Böden und Cremes. Achtung: Kurkuma hat einen leichten Eigengeschmack, deshalb unbedingt sparsam dosieren!

Muskatblüte Ein besonders feines Gewürz für die Weihnachtsbäckerei, für Apfeltorten und Pfannkuchen – gut verschlossen aufbewahren.

Muskatnuss Hauptsächlich für Weihnachtsgebäck, auch als Muskatblütenersatz – möglichst frisch gerieben verwenden.

Mohn Beliebt als Kuchen-, Strudel- und Tortenfüllung und zum Bestreuen von Brötchen, Brezeln, Kleingebäck und Brot.

Nelken Sparsam einsetzen für Pflaumen-, Apfel- und Birnenkuchen sowie für Weihnachtsgebäck.

Orangeat Häufig für Stollen, zum Verfeinern von Weihnachtsgebäck und Rührteigen sowie als Garnitur für Kleingebäck und Konfekt verwendet.

Orangenschale, abgerieben ***Wichtig:*** Nur die Schale von chemisch unbehandelten, biologisch angebauten Früchten verwenden! Die Orange gründlich und heiß abwaschen und erst dann fein abreiben. Das sehr fruchtige Orangenschalen-Aroma lässt sich sehr vielseitig für Teige, Cremes und Füllungen einsetzen. Um abgeriebene Orangenschale haltbar zu machen und damit immer vorrätig zu haben, wird sie in ein sauberes, luftdichtes Glas gefüllt, die gleiche Menge Rohrohrzucker dazugegeben und das Ganze wird kräftig geschüttelt. Ist so im Kühlschrank mehrere Wochen haltbar. Jetzt haben Sie ein Konzentrat, von dem Sie, wenn 1 Teelöffel Orangenschale angegeben ist, nur ½ Teelöffel verwenden.

Salz In fast jede Speise, egal ob süß oder herzhaft, sollten Sie zumindest 1 Prise Salz (etwa 1 Gramm) geben, da Salz den eigentlichen Geschmack der Speisen unterstreicht und für Harmonie sorgt:
bei Süßspeisen oder Kuchen = etwa 1 gestrichenen Teelöffel für 500 Gramm Mehl/Masse,
bei herzhaften Teigen = etwa 2 gestrichene Teelöffel für 500 Gramm Mehl/Masse.
(Die individuelle Salzmenge muss jeder selbst festlegen.)

Sternanis Geschmacklich etwas feiner als Anis, erinnert Sternanis an Fenchel und ist oft Bestandteil von Backgewürzmischungen.

Vanille Dieses sehr liebliche Gewürz verfeinert Teige, Cremes und Füllungen (auch als Vanillezucker: 1 Päckchen = 5 Gramm).

Zimt Sehr lecker für Pflaumen-, Apfel-, Birnenkuchen oder Weihnachtsgebäck.

Zitronat Wie Orangeat ist auch Zitronat sehr beliebt in Stollen und für das Verfeinern von Weihnachtsgebäck und Rührteigen sowie als Verzierung von Kleingebäck und Konfekt.

Zitronensaft Ideal zum herzhaften Ausgleich und als Ergänzung von sehr süßen Massen sorgt Zitronensaft für einen frischen, fruchtigen Geschmack.

Zitronenschale, abgerieben *Wichtig:* Nur die Schale von biologisch angebauten Früchten verwenden! Die Zitrone gründlich und heiß abwaschen und erst dann fein abreiben. Das sehr fruchtige Zitronenschalen-Aroma lässt sich sehr vielseitig einsetzen – es ist das gewisse Etwas zum Verfeinern von fast allen süßen Teigen, Cremes und Füllungen. Es kann nach Belieben im Wechsel und zusammen mit Vanille verwendet werden. Um abgeriebene Zitronenschale haltbar zu machen und damit immer vorrätig zu haben, wird sie in ein sauberes, luftdichtes Glas gefüllt, die gleiche Menge Rohrohrzucker dazugegeben und das Ganze wird kräftig geschüttelt. Ist so im Kühlschrank mehrere Wochen haltbar. Jetzt haben Sie ein Konzentrat, von dem Sie, wenn 1 Teelöffel Zitronenschale angegeben ist, nur ½ Teelöffel verwenden.

Zwiebel Kann gedünstet oder leicht geröstet in Brotteige gegeben oder als Belag für Zwiebelkuchen, Pizza, Brot und Brötchen verwendet werden.

Backtipps und wichtige Hinweise

Das Bereitstellen und **Abwiegen** der Zutaten ist eine wichtige Vorbereitung fürs Backen, siehe auch „Wenn Sie nicht abwiegen wollen …“ (Seite 27).

Agavendicksaft macht den Teig etwas flüssiger, manchmal auch etwas klebriger – mit gefetteten oder bemehlten Händen lässt sich der Teig dennoch gut verarbeiten, eventuell noch etwas Mehl hinzugeben.

Backaromen, wie z. B. Zitronen-, Bittermandelöl und -aroma in Bio-Qualität sind konzentrierte Geschmacks- und Geruchsstoffe natürlichen Ursprungs.

Vorzugsweise mit Ober- und Unterhitze **backen,** da so das Backwerk gleichmäßiger bräunt als mit Umluft. Das Backgut immer in den vorgeheizten Backofen schieben, dabei allerdings die Temperatur nicht zu hoch einstellen, da sonst die Oberfläche bräunt, bevor das Gebäck durchgebacken ist. Zu niedrige Temperaturen trocknen das Backgut dagegen aus.

Flaches Gebäck (Blechkuchen, Kleingebäck) auf der mittleren Schiene des Backofens backen.

Halbhohes und hohes Gebäck (Springform, Napfkuchen, Stollen) auf der zweiten Schiene von unten bei mäßiger Hitze backen (siehe Temperatureinstellung des Backofens, Seite 23).

Die angegebenen **Backzeiten und Temperaturen** sind lediglich Richtwerte, da Backöfen sehr unterschiedlich sind.

Backbleche vor dem Gebrauch immer gründlich reinigen und fetten oder mit Backpapier belegen.

Für Kuchen mit nassen Belägen ***tiefe Backbleche*** wählen, da die Kuchen beim Backen doppelt so hoch steigen können.

Dunkle Bleche verstärken die Unterhitze,

helle Bleche schwächen die Unterhitze ab.

Backformen und -bleche für zarte Teige (Biskuit- oder Rührteige) nach dem Fetten noch mit Mehl oder Grieß bestreuen.

Für alle **Backtriebmittel** (außer Hefe und Sauerteig) kalte

Flüssigkeiten verwenden, da sonst die Triebkraft vorzeitig verpufft.

Backutensilien sollten penibel sauber sein und separat gelagert werden, da frisches Gebäck ganz leicht fremde Aromen (z. B. Zwiebel) annimmt.

Bittermandeln dosiert, fein gemahlen und nie roh verwenden.

Eiersatz: 1 Ei kann je nach Teig ersetzt werden durch:

1 Ei = 2 Esslöffel Wasser,

2 Eier = 1 Esslöffel Maismehl + 2 Esslöffel Wasser,

3 Eier = 1 Teelöffel Sojamehl + 2 Esslöffel Wasser,

4 Eier = 1 Teelöffel Essig + 1 Esslöffel Wasser,

5 Eier = 2 Esslöffel Wasser + 1 Esslöffel Öl + ½ Teelöffel Backpulver.

Angaben zur **Flüssigkeitsmenge** von Hafer- und Sojamilch bzw. Wasser können abweichen, weil die Beschaffenheit von Fetten, Mehlen etc. unterschiedlich ist.

Garprobe für

flaches Gebäck: nach äußerer Beurteilung;

hohes Gebäck: In die Mitte des Bodens ein dünnes Holzstäbchen stechen – ist der Stab nach dem Herausziehen trocken, ist das Backgut gar.

Als pflanzliche **Geliermittel** (gelatineähnlich) sind an erster Stelle Agar Agar und als zweites Apfelpektin zu nennen. Weitere Verdickungsmittel sind Johannisbrotkernmehl, Guarkernmehl, Flohsamen oder Kartoffelmehl, die aufgrund ihrer unterschiedlichen Eigenschaften verschieden eingesetzt werden können.

Elektrische **Haushaltsgeräte** erleichtern das Backen sehr. Haben Sie in einer Rührmasse unerwartet Klümpchen, helfen ein Pürierstab oder Rührstäbe eines Mixers. Auch Knethaken sind bei der Teigbearbeitung hilfreich. Darüber hinaus gibt es zum Zermahlen von Mohn oder Mandeln entsprechende Schlagwerke.

Wird **Hirschhornsalz** als Triebmittel benutzt, sollten Sie es vor der Teigzugabe in ein wenig kaltem Wasser verrühren. Kommt in einem Rezept auch Pottasche vor, müssen Sie sie separat auflösen und separat unterarbeiten.

Hirschhornsalz eignet sich nur für kleines, flaches Gebäck. Bei anderen Gebäcken kann sich der Ammoniakgeruch nicht genügend verflüchtigen und beeinträchtigt den Geschmack des Gebäcks. Kleines, flaches Gebäck außerdem mit nicht zu hoher Anfangshitze backen, da sich sonst zu schnell eine Kruste bildet, die das Entweichen des Ammoniaks ebenfalls verhindert.

Damit **hohe Kuchen** gleichmäßig durchgaren, sollten sie bei geringer Hitze gebacken werden. So bräunt die Oberfläche nicht zu schnell und der Kuchen gart innen durch. Sollte der Kuchen dennoch zu braun werden, die Oberfläche mit Backpapier abdecken.

Um **Kakao** gleichmäßig unter eine Masse zu mischen, können Sie ihn vorher mit Mehl oder Zucker verrühren. Da Kakao ein trockenes Pulver ist, erhöht sich der Flüssigkeits- bzw. Fettbedarf des Teiges ein wenig. Nach Belieben nachsüßen.

Knetteige immer auf einer mit Mehl bestäubten Fläche ausrollen und auch von oben ein wenig bestäuben, damit der Teig nicht an der Teigrolle kleben bleibt.

Weiche Knetteige können auch direkt mit bemehlten oder gefetteten Händen auf dem gefetteten Backblech breit gedrückt werden. In Knetteige für Blechkuchen nach dem Ausrollen immer in gleichmäßigen Abständen mit einer Gabel hineinstechen, damit der Teig beim Backen flach bleibt.

Neben den bekannten Triebmitteln lässt sich dem Teig als **Lockerungsmittel** auch etwas Essig hinzufügen (auf 220 Gramm Mehl 1 Esslöffel Essig).

Um **Mandeln** zu schälen, sie mit kochendem Wasser überbrühen (kurz ziehen lassen), bis sich das Häutchen bewegen lässt. Das kochende Wasser abgießen und jede Mandel vorsichtig zwischen drei Fingern herausschieben. Auf einem Backblech ausbreiten, trocknen lassen und nach Belieben halbieren, hacken oder fein zerkleinern.

Mehl

Wir nehmen im Allgemeinen Weizenmehl (Type 1050). Da die Mehlbeschaffenheit variiert, eventuell die Mehl- oder Flüssigkeitszugabe leicht ändern.

Mohn nur zum Bestreuen ganz, ansonsten gemahlen (eventuell leicht geröstet) verwenden.

Nüsse erfreuen sich großer Beliebtheit – auch anstelle von Mandeln.

Bei **Haselnüssen** vor allem für helle Teige die braunen Häutchen entfernen. Dazu die Nüsse in einer Pfanne so lange unter ständigem Wenden rösten, bis sich die Häutchen gelöst haben (das geht auch auf dem Backblech im Backofen).

Nussmuse eignen sich gut als Zutat für Cremes und Füllungen.

Oblaten sind eine bevorzugte Unterlage für Makronen, zarte Nuss- und Pfefferkuchenteige.

Ein sehr beliebter Belag für nasse Kuchen ist **Obst**. Da Früchte trotz vorherigen Abtropfens im Sieb während des Backens Flüssigkeit abgeben, bestreuen Sie den Teigboden vor dem Belegen am besten mit Mais- bzw. Weizengrieß.

Obstkuchen alsbald verzehren und bis dahin kühl lagern. Besonders **Obsttorten** mit rohem Obst schnellstens verzehren.

Pinsel und Bürsten nach jedem Gebrauch gründlich mit heißem Wasser auswaschen und spülen.

Pottasche wie Hirschhornsalz separat in sehr wenig kaltem Wasser auflösen und dann zum Teig geben. Sie eignet sich für höhere Backwerke.

Puderzucker gibt es in der Rohrohrzuckervariante nicht zu kaufen. Deshalb Puderzucker in einer Schlagmühle selbst herstellen (Klümpchen im Sieb zerstreichen).

Puddingpulver und Stärkemehl sind austauschbar und können einen Teil des Mehls ersetzen. Dadurch bekommt Gebäck einen etwas sandigen Charakter.

Quark, **vegan**, leider noch nicht im Handel erhältlich, wird aus Tofu und Sojajoghurt, naturell, hergestellt (siehe Rezept Zupfkuchen „Lonauer Art" [Seite 90] und Rezept Quarkkuchen aus Soja [Seite 88]).

Rosinen sinken im Rührteig nicht ab, wenn Sie sie vorher in Mehl wälzen.

Rühr- oder Kastenkuchen, die sich nicht aus der Form lösen, obwohl Sie den Rand gelockert haben, nochmals kurz über der Gasflamme oder im Backofen erwärmen und stürzen. Sie können durch Füllungen und Verzierungen mit Cremes und Marmeladen zu reizenden Schnelltorten verwandelt werden.

Salz ist ein unerlässliches Gewürz für jedes Gebäck, denn es unterstreicht dessen speziellen und süßen Geschmack. 6 bis 7 Gramm werden auf etwa 500 Gramm Mehl/Masse gerechnet.

Sojamehl gilt als Eiersatz (1 Teelöffel Sojamehl + 2 Esslöffel Wasser).

Temperatureinstellung des Backofens bei Ober- und Unterhitze

geringe/mäßige Hitze: etwa 160 °C

mittlere Hitze: 175–180 °C

starke Hitze: etwa 220 °C

Je höher ein Kuchen ist, desto geringer sollte die Oberhitze sein. Wird der Kuchen dennoch zu braun, die Oberfläche mit Backpapier abdecken. Um die gespeicherte Restwärme auszunutzen, kann der Backofen schon etwa 5 Minuten vor Backende ausgeschaltet werden. Ein Umluftbackofen wird bei gleicher Einstellung ein wenig heißer, deshalb die Temperatur ein wenig herabsetzen.

Tortenböden lassen sich mit einem scharfen Messer einmal oder mehrfach waagerecht durchschneiden, sodass mehrere Böden entstehen.

Trockenfrüchte (gegebenenfalls eingeweicht und zerkleinert) eignen sich bestens zum Süßen und verleihen dem Backwerk einen fruchtigen Geschmack.

Vanillezucker lässt sich selbst herstellen: Dafür 1 aufgeschnittene Vanilleschote in einem verschließbaren Glas mit Rohrohrzucker bedecken oder einfach Rohrohrzucker mit Vanillepulver vermischen. Er kann aber auch durch einfaches Vanillepulver ersetzt werden.

Die wesentlichen Back-**Vorräte** im Haus zu haben erleichtert und erlaubt spontane Backvergnügen.

Die Triebkraft von **Würfelhefen** reicht noch aus, wenn ein Stück nach oben steigt, nachdem es in warmes Wasser gelegt wurde. Luftdicht wieder in ihre ursprüngliche Verpackung gehüllt, können Sie frische Hefe mehrere Tage im Kühlschrank lagern.

Alle Maßangaben sind nur Richtwerte. Orientieren Sie sich daher an der unterschiedlichen **Würzkraft** der Zutaten und Ihren persönlichen Vorlieben.

Als **Zuckerersatz** eignen sich Xylit (40 Prozent weniger Kalorien als Zucker bei gleicher Süßkraft, für Diabetiker geeignet, schützt vor

Karies und Parodontitis) und Stevia (wahrscheinlich gesündestes, sicherstes und natürlichstes Süßungsmittel ohne Kalorien, basisch, verhütet Karies, unterstützt das Abnehmen, für Diabetiker geeignet mit 300-facher Süßkraft von Zucker).

Alle **Zutaten** immer vor dem Backen abwiegen und in Reichweite bereitstellen.

Wichtig: Den Backofen nie ohne Aufsicht lassen und den Backvorgang immer im Auge haben!

Das Gefühl für die richtige Konsistenz der Teige und Cremes bringt die Backerfahrung! Dieses Buch ist im Baukastensystem aufgebaut, sodass jeder auch seinen eigenen Kuchen oder seine eigene Torte kreieren kann.

Viel Freude beim Ausprobieren und gutes Gelingen!

Ersatzstoffe für tierische und herkömmliche Produkte

Herkömmliches Produkt	**Veganes Produkt**
Bohnenkaffee	Getreide-, Malz-, Dinkelkaffee
Butter	Margarine mit ungehärteten Fetten (wir bevorzugen *Alsan Bio*)
Eier	Sojamehl, Maismehl, Stärkemehl, Johannisbrotkernmehl
Eiersatz:	1 Ei = 2 Esslöffel Wasser 2 Eier = 1 Esslöffel Maismehl + 2 Esslöffel Wasser 3 Eier = 1 Teelöffel Sojamehl + 2 Esslöffel Wasser 4 Eier = 1 Teelöffel Essig + 1 Esslöffel Wasser 5 Eier = 2 Esslöffel Wasser + 1 Esslöffel Öl + ½ Teelöffel Backpulver
Eis	aus Reismilch, aus Sojamilch (selbst gemacht aus gefrorenen Früchten, Wassereis)
Gelee/Gelatine	Agar Agar, Apfelpektin
Getreide/Mehl	Type 1050 und Vollkornmehle aus Weizen, Kamut (Urweizen), Dinkel, Einkorn (nach Möglichkeit frisch gemahlen), Reismehl, Maismehl (auch feinere Ausmahlungen)
Hartfett	Kokosfett und -öl, pflanzliches Hartfett
Joghurt	Sojajoghurt
Kakao	schwach oder stark entölter Kakao; durch Carob (natürlich süß) kann der Kakao teilweise oder vollständig ersetzt werden
Kondensmilch	Sojasahne, Reissahne, Hafersahne u. a.
Kaffeesahne	Sojasahne, Reissahne, Hafersahne u. a.
Marmelade	gesüßt mit Rohrohrzucker/Agavendicksaft oder reiner Fruchtsüße

Milch	Soja-, Hafer-, Kokos-, Reismilch, Soja-Reisdrink, Mandelmilch, diverse Drinks in verschiedenen Geschmacksrichtungen
Nougat	Mandel- und Haselnussnougat ohne Milchanteil, selbst gemacht aus Schokolade und Nussmus
Öle	kalt gepresstes Raps-, Sonnenblumen- oder Olivenöl
Paniermehl	Paniermehl, Semmelbrösel, Grieß
Quark	Tofu, naturell – fein püriert mit Sojajoghurt oder im Sieb abgetropftem Sojajoghurt
Sahne	Sojasahne, Reissahne, Hafersahne u. a.
saure Sahne	Sojasahne + 1 Teelöffel Zitronensaft Sojasahne + 2 Esslöffel Sojajoghurt
Schlagsahne	Sojaschlagsahne oder selbst gemachte vegane Schlagsahne (Seite 146)
Schoko-/ Nougataufstrich	ohne Milchanteil, mit oder ohne Nussgeschmack (mit Zartbitterschokolade)
Schokolade	Zartbitterschokolade ohne Milchanteil (von süß mit 55 Prozent bis herb mit 92 Prozent Kakaoanteil)
weißer Zucker	Agavendicksaft, Ahornsirup, Xylit, Vollrohrzucker, Rohrohrzucker, Melasse, Stevia, Reis-, Malz-, Maissirup, Trockenfrüchte

Vegane Bioprodukte sind erhältlich in: Naturkost-, Bioläden, Reformhäusern. Vieles finden Sie auch in Eine-Welt-Läden und den Bio-Abteilungen von Supermärkten.

Wenn Sie nicht abwiegen wollen …

Als Ersatz für eine Waage dienen außer einem Messbecher, auch Löffel und Tasse. Unten stehend finden Sie eine Tabelle zum Umrechnen von Gramm in Tee- oder Esslöffel und Tasse für verschiedene Zutaten:

Zutaten	**1 Teelöffel** (1 TL)	**1 Teelöffel gehäuft** (1 geh. TL)	**1 Esslöffel gehäuft** (1 geh. EL)	**1 Tasse gestrichen** (1 gestr. Tasse) = 150 ml
Agar Agar	3 g	5 g	--	--
Agavendicksaft	--	--	20 g (gestr.)	--
Backpulver	3 g	6 g	--	--
Natron	6 g	9 g	--	--
Grieß	5 g	7 g	18 g	120 g
Haferflocken	4 g	6 g	16 g	75 g
Weizenmehl (Type 1050)	4 g	7 g	25 g	85 g
Reis	6 g	7 g	24 g	140 g
Rohrohrzucker	6 g	8 g	25 g	150 g
Salz	6 g	10 g	18 g	--
Semmelmehl	5 g	15 g	22 g	--
Puderzucker	5 g	8 g	22 g	--
Kakao	3 g	5 g	18 g	--
Öl	5 ml	--	13 ml	--
Wasser	5 ml	--	13 ml	160 ml

Herkömmliche Maßangaben

1 Prise	= die Menge, die sich zwischen 3 Fingern fassen lässt (z. B. 1 g Salz)	
1 Schuss	= reichlich 1 EL	
1 kg	= 1000 g	
0,1 kg	= 100 g	= 10 dg
8 EL Flüssigkeit	= 125 ml	= 1 Tasse
250 ml Flüssigkeit	= 0,25 l	= 1 Suppenteller
1 l	= 1000 ml	= 1 kg Wasser

Backempfehlungen für den Einstieg

✳ *einfach*
✳✳ *mittel*
✳✳✳ *anspruchsvoll*

Möhrenkuchen mit Schokoguss (Seite 121) ✳
Zutaten: Möhren, Mehl, Öl, Rohrohrzucker/Agavendicksaft, Backpulver, Zitronensaft, Gewürze, Schokoguss (Seite 159)

Amerikaner (Seite 236) ✳
Zutaten: Mehl, Agavendicksaft, Sojasahne, Margarine, Hirschhornsalz, Natron, Zitronenschale, Salz, Hafermilch

Krümelkuchen (Seite 115) ✳
Zutaten: Mehl, Maismehl, Speisestärke, Margarine, Salz, Sojasahne, Agavendicksaft, Zitronensaft, Erdbeerkonfitüre

Häschenwaffeln (Seite 280) ✳
Zutaten: Mehl, Wasser, Möhren, Haferflocken, Rapsöl, Sojasahne, Zimt, Salz, Backpulver

Erdbeertorte (Seite 171) ✳
Zutaten: Mehl, Speisestärke, Öl, Saft, Zitronensaft, Natron, Backpulver, Erdbeeren, Süßungsmittel, Salz, Margarine, Tortenguss

Gefüllte Bärentatzen (Seite 310) ✳
Zutaten: Margarine, Mandeln, Rohrohrzucker, Vanille, Mehl, Speisestärke, Salz, Marmelade, Schokoguss (Seite 159)

Zitronenkuchen (Seite 108) ✳
Zutaten: Mehl, Speisestärke, Agavendicksaft/Rohrohrzucker, Sojajoghurt, Margarine, Hafermilch, Backpulver, Salz, Zitronensaft und -schale, Natron, Orangensaft

Schoko-Quadros (Seite 250) ✳
Zutaten: Mehl, Backpulver, Margarine, Rohrohrzucker, Zartbitterschokolade, Hafermilch

Apfelkuchen mit Streuseln (Seite 76) ✳✳
Zutaten: Äpfel, Mehl, Margarine, Backpulver, Agavendicksaft, Salz, Zimt

Schneller Schokoladenstreuselkuchen (Seite 103) ✳
Zutaten: Sojajoghurt, Mehl, Sojasahne, Rapsöl, Rohrohrzucker, Natron, Backpulver, Margarine, Kakao

Kokosmakronen (Seite 321) ✳✳
Zutaten: Kokosraspel, Sojajoghurt, Sojasahne, Rohrohrzucker, Speisestärke, Rapsöl/Kokosmilch, Salz, Vanille, Oblaten

Schokoflakes und -rosinen (Seite 331 und 332) ✳
Zutaten: Zartbitterschokolade, Margarine, Cornflakes/Rosinen

Rosinenbrot (Seite 384) ✳✳✳
Zutaten: Mehl, Margarine, Salz, Vanille, Agavendicksaft, Hafermilch, Trockenhefe, Rosinen

Schnelle Apfelschiffchen (Seite 238) ✳✳
Zutaten: Blätterteigplatten, Äpfel, Aprikosenmarmelade, Rohrohrzucker, Margarine, Wasser/Hafermilch

Sauerkirsch-Biskuit-Kuchen (Seite 86) ✳✳
Zutaten: Mehl, Speisestärke, Agavendicksaft, Öl, Saft, Zitronensaft, Salz, Backpulver, Schattenmorellen/Sauerkirschen, Puderzucker

Heidelbeerkuchen – ganz einfach (Seite 75) ✳✳
Zutaten: Mürbeteig (Mehl, Margarine, Agavendicksaft, Backpulver, Salz, Zitronenschale), Grieß, Heidelbeeren

Nuss- und Mohnschnecken (Seite 252 ff.) ✳✳✳
Zutaten: Mehl, Margarine, Agavendicksaft/Rohrohrzucker, Hafermilch, Trockenhefe, Salz, Vanillezucker, Öl, Nüsse/Mohn

Schwarz-Weiß-Gebäck (Seite 294) ✳✳✳
Zutaten: Mehl, Agavendicksaft, Margarine, Kakao, Wasser, Backpulver, Vanille, Salz, Bittermandelaroma, Mandeln

Zwetschgen-Öl-Kuchen (Seite 71) ✳✳✳
Zutaten: Mehl, Margarine, Agavendicksaft/Rohrohrzucker, Hafermilch, Trockenhefe, Salz, Vanillezucker, Zwetschgen, Olivenöl, Zimt, Nelken

Grundrezepte verschiedener Teigarten

Mürbeteig

- Backpulver und/oder Natron mit dem Mehl vermischen, damit es sich gleichmäßig im Teig verteilt oder gemeinsam sieben.
- Hafermilch hat schon eine Eigensüße, deshalb nach persönlichem Geschmack und Belieben süßen.
- Mürbeteig nach der Zubereitung etwa 30 Minuten kühl gestellt ruhen lassen.
- Alle Rezepte in *Vegan backen* funktionieren ohne Ei, doch wer nach einem alten Rezept backen möchte, findet auf Seite 25 eine Ei-Ersatzliste.
- In ausgerollten Mürbeteig in gleichmäßigen Abständen mit einer Gabel hineinstechen, damit er flach bleibt.
- Beliebte Geschmacksverfeinerungen für Mürbeteig sind Vanillezucker, echte Vanille, abgeriebene Zitronen- und Orangenschale, Mandeln/Bittermandeln sowie Nüsse.
- Durchgebacken hat Mürbeteig eine goldgelbe bis -braune Färbung.
- Mürbeteig mit Kakao (erhöhte Flüssigkeitszugabe & eventuelles Nachsüßen), gehackten Mandeln, Nüssen, Kokosraspeln im Teig oder Guss sind immer eine schnelle, leckere Plätzchenvariante.
- Da Mürbeteig zum Teil besser bekömmlich ist als Hefeteig, kann er anstelle von Hefeteig verwendet werden.
- Mürbeteig ist eine gute Grundlage für nasse Beläge/nasse Kuchen und eignet sich bestens als Torten-/Knusperboden.

Grundrezept Mürbeteig I – hell (hefeteigähnlich)

Zutaten	**Springform** (Ø 26 cm)	**Backblech** (dünn) (etwa 35 x 37 cm)	**Backblech** (dick) (etwa 35 x 37 cm)
Weizenmehl	150 g	300 g	450 g
Margarine	60 g	120 g	180 g
Agavendicksaft	15 g	30 g	45 g
Hafermilch	60 ml	120 ml	180 ml
Salz	1 kleine Prise	1 Prise	2 Prisen
Backpulver	1 geh. TL	½ Pck.	1 Pck.
Natron	1 Msp.	2 Msp.	3 Msp.
Vanillepulver oder Zitronenschale, abgerieben	1 Prise	2 Prisen	1 Msp.

Zubereitung

Alle Zutaten in einer Schüssel zügig zu einem glatten Teig verkneten. Wenn möglich, den Teig kühl gestellt etwas ruhen lassen. Erst danach nach Rezept weiterarbeiten oder den Teig auf einem gefetteten Backblech ausrollen bzw. in eine gefettete Form geben und etwa 15 bis 20 Minuten – je nach Dicke des Bodens – im vorgeheizten Backofen bei 175 °C backen.

Grundrezept Mürbeteig II – hell (original)

Zutaten	**Springform** (Ø 26 cm)	**Backblech** (dünn) (etwa 35 x 37 cm)	**Backblech** (dick) (etwa 35 x 37 cm)
Weizenmehl	150 g	300 g	450 g
Margarine	75 g	150 g	225 g
Agavendicksaft	20 g	40 g	60 g
Salz	1 kleine Prise	1 Prise	2 Prisen
Backpulver	1 TL	½ Pck.	1 Pck.
Vanillepulver oder Zitronenschale, abgerieben	1 Prise	2 Prisen	1 Msp.

Zubereitung

Alle Zutaten in einer Schüssel zügig zu einem glatten Teig verkneten. Wenn möglich, den Teig kühl gestellt etwas ruhen lassen. Erst danach nach Rezept weiterarbeiten oder den Teig auf einem gefetteten Backblech ausrollen bzw. in eine gefettete Form geben und etwa 15 bis 20 Minuten – je nach Dicke des Bodens – im vorgeheizten Backofen bei 175 °C backen.

Grundrezept Mürbeteig I – schoko (hefeteigähnlich)

Zutaten	**Springform** (Ø 26 cm)	**Backblech** (dünn) (etwa 35 x 37 cm)	**Backblech** (dick) (etwa 35 x 37 cm)
Weizenmehl	120 g	240 g	360 g
Kakao	30 g	60 g	90 g
Margarine	60 g	120 g	180 g
Agavendicksaft	20 g	40 g	60 g
Hafermilch	60 ml	120 ml	180 ml
Salz	1 Prise	2 Prisen	3 Prisen
Backpulver	1 geh. TL	½ Pck.	1 Pck.
Natron	1 Msp.	2 Msp.	3 Msp.
Vanillepulver	1 Prise	2 Prisen	1 Msp.

Zubereitung

Alle Zutaten in einer Schüssel zügig zu einem glatten Teig verkneten. Wenn möglich, den Teig kühl gestellt etwas ruhen lassen. Erst danach nach Rezept weiterarbeiten oder den Teig auf einem gefetteten Backblech ausrollen bzw. in eine gefettete Form geben und etwa 15 bis 20 Minuten – je nach Dicke des Bodens – im vorgeheizten Backofen bei 175 °C fertig backen.

Grundrezept Mürbeteig II – schoko (original)

Zutaten	**Springform** (Ø 26 cm)	**Backblech** (dünn) (etwa 35 x 37 cm)	**Backblech** (dick) (etwa 35 x 37 cm)
Weizenmehl	120 g	240 g	360 g
Kakao	30 g	60 g	90 g
Margarine	60 g	120 g	180 g
Agavendicksaft	20 g	40 g	60 g
Backpulver	1 TL	½ Pck.	1 Pck.
Natron	1 Msp.	2 Msp.	3 Msp.
Vanillepulver	1 Prise	2 Prisen	1 Msp.
Salz	1 Prise	2 Prisen	3 Prisen

Zubereitung

Alle Zutaten in einer Schüssel zügig zu einem glatten Teig verkneten. Wenn möglich, den Teig kühl gestellt etwas ruhen lassen. Erst danach nach Rezept weiterarbeiten oder den Teig auf einem gefetteten Backblech ausrollen bzw. in eine gefettete Form geben und etwa 15 bis 20 Minuten – je nach Dicke des Bodens – im vorgeheizten Backofen bei 175 °C backen.

Grundrezept Knusperboden

Dieser Teig hat eine knusprige, waffelähnliche Konsistenz und ist deshalb sehr beliebt. Es braucht Geduld und ein scharfes Sägemesser, um den frisch gebackenen Boden anzuschneiden.

Zutaten	**Springform** (Ø 26 cm)	**Backblech** (dünn) (etwa 35 x 37 cm)	**Backblech** (dick) (etwa 35 x 37 cm)
Dinkelvollkornmehl	100 g	200 g	400 g
Weizenmehl	50 g	100 g	200 g
Backpulver	2 Msp.	½ Pck.	1 Pck.
Natron	1 Msp.	2 Msp.	3 Msp.
Margarine, handwarm	50 g	100 g	200 g
Agavendicksaft	15 g	30 g	60 g
Hafermilch	50 ml	100 ml	200 ml
Salz	1 Prise	2 Prisen	3 Prisen
Zitronenschale, abgerieben	1 Msp.	2 Msp.	3 Msp.

Zubereitung

Vom Mehl 3 Esslöffel abnehmen und mit Backpulver und Natron vermischen. Margarine, Agavendicksaft, Hafermilch und Gewürze in eine Schüssel geben und schaumig rühren.

Nach und nach restliches Mehl und Backtriebmittelmischung dazugeben, alles zu einem Teig kneten und gleichmäßig in einer gefetteten Form oder auf einem gefetteten Backblech verteilen. Den Teig im vorgeheizten Backofen etwa 20 Minuten bei 175 °C goldbraun backen.

Tipp: Dieser Boden eignet sich bestens als unterer Boden für Torten oder tortenähnliche Kuchen mit ungebackenen, nassen Belägen.

Grundrezept herzhafter Mürbeteig

Zutaten	**Springform** (Ø 26 cm)	**Backblech** (dünn) (etwa 35 x 37 cm)	**Backblech** (dick) (etwa 35 x 37 cm)
Weizenmehl	100 g	200 g	400 g
Margarine	30 g	60 g	120 g
Wasser	30 ml	60 ml	120 ml
Backpulver	1 TL	½ Pck.	1 Pck.
Paprikapulver, edelsüß	1 Msp.	½ TL	1 gestr. TL
Salz	1 Prise	2 Prisen	3 Prisen

Zubereitung

Alle Zutaten in einer Schüssel zügig zu einem glatten Teig verkneten. Anschließend den Teig mindestens 30 Minuten kalt stellen. Erst danach nach Rezept weiterarbeiten.

Hefeteig

- Sein herzhafter, charakteristischer Geschmack macht Hefeteig besonders beliebt.
- Beachten Sie alle Hinweise, gelingt Hefeteig immer. Wichtig: Rechtzeitig alle Zutaten zimmerwarm stellen!
- Hefe lebt! Bei etwa 35 °C geht der Teig am besten.
- Es empfiehlt sich, einen Vorteig zuzubereiten und damit zu arbeiten (siehe Hefeteigzubereitung I a mit Hefeansatz [Seite 40]).
- Rosinen, Korinthen oder Mandeln erst zum Schluss unter den Teig arbeiten.
- Salz am besten erst nach der Vorteigzubereitung hinzufügen.
- Ob Würfelhefe noch genügend Triebkraft besitzt, testen Sie, indem Sie ein kleines Stück davon in warmes Wasser geben. Steigt es auf, reicht die Triebkraft.
- Handrührgeräte mit Knethaken erleichtern die Zubereitung von Hefeteig.
- Für leichte Hefeteige brauchen Sie 20 bis 30 Gramm Hefe pro 500 Gramm Mehl, für schwere Hefeteige, wie z. B. für Stollen, 50 Gramm pro 500 Gramm Mehl.
- Hefeteig für Brötchen und anderes Frühstücksgebäck am Abend vorher zubereiten und über Nacht kalt stellen. Am nächsten Morgen in die gewünschte Form bringen, gehen lassen und backen (siehe Hefeteigzubereitung III [kalt; Seite 41]).
- Auch für Pfannkuchen, Stollenteig oder Langos können Sie den Hefeteig schon abends vorher ansetzen. Dann wird das Gebäck besonders luftig.
- Frühstücksgebäck vor dem Backen mit Sojamilch/Wasser bestreichen und nach Belieben mit Salz, Sonnenblumenkernen, Kürbiskernen, Sesam, Kümmel, Mohn oder Leinsamen bestreuen.
- Hefe kann „mit der Hitze" gebacken werden, das heißt, den Backofen nicht vorheizen, das Backblech hineinschieben und den Backofen erst dann hochheizen, dadurch verlängert sich die Backzeit etwas. Auf diese Weise kann sich der Hefeteig noch besser entfalten.

- Ausgerollte Hefeteige legen Sie am besten auf ein Backblech, indem Sie ein Ende über eine Teigrolle legen und das andere über Ihre freie Hand und den Teig so auf dem Blech platzieren. Oder Sie falten ihn, leicht mit Mehl bestäubt, zusammen. Auf dem Blech den Teig breit drücken bzw. ziehen und in den Boden anschließend in gleichmäßigen Abständen mit einer Gabel hineinstechen.

Grundrezept Hefeteig

Zutaten	**Springform** (Ø 26 cm)	**Backblech** (dünn) (etwa 35 x 37 cm)	**Backblech** (dick) (etwa 35 x 37 cm)
Weizenmehl	150 g	300 g	600 g
Hafermilch	75 ml	150 ml	300 ml
Trockenhefe	½ Pck.	1 Pck.	1½ Pck.
Agavendicksaft	10 g	20 g	40 g
Margarine	50 g	100 g	200 g
Salz	1 Prise	2 Prisen	3 Prisen
Vanillezucker oder	½ TL	1 TL	1 Pck.
Zitronenschale, abgerieben	1 Msp.	2 Msp.	3 Msp.

Grundrezept herzhafter Hefeteig – Pizzateig

Zutaten	**Springform** (Ø 26 cm)	**Backblech** (dünn) (etwa 35 x 37 cm)
Weizenmehl	150 g	300 g
Wasser	75 ml	150 ml
Trockenhefe	½ Pck.	1 Pck.
Margarine	50 g	100 g
Salz	3 Prisen	1 gestr. TL

Drei Zubereitungsarten von Hefeteig

I a) Mit Vorteig

Alle Zutaten sollten handwarm sein.

Mehl in eine große Schüssel geben und eine Mulde hineindrücken. Flüssigkeit, Hefe und nach Rezept Agavendicksaft in die Mulde geben und mit etwas Mehl bedecken. Restliche Zutaten am Rand auf dem Mehl verteilen.

Die Schüssel abdecken und den Teig 15 bis 30 Minuten an einem warmen Ort gehen lassen, bis der Hefeansatz Bläschen wirft (und doppelt so groß ist). Restliche Zutaten hinzugeben und zu einem glatten Teig verkneten.

Nochmals 30 bis 60 Minuten gehen lassen, bis sich sein Volumen ungefähr verdoppelt hat. Den Teig in die Form legen und weitere etwa 15 Minuten gehen lassen. Anschließend nach Rezept weiterarbeiten.

I b) Hefeansatz im Glas

Handwarme Flüssigkeit in einem ausreichend großen Gefäß mit Hefe, 2 Esslöffeln Mehl und nach Belieben 1 Esslöffel Süßungsmittel verrühren. Bei Zimmertemperatur etwa 90 Minuten (bei Stollen, Brötchen oder Langos maximal über Nacht) gehen lassen.

Restliche Zutaten hinzugeben und zu einem glatten Teig verarbeiten. Den Teig etwa 20 Minuten bei Zimmertemperatur gehen lassen, nach Rezept weiterverarbeiten und „mit der Hitze“ (Seite 38) backen.

II Hefeteig – direkte Zubereitung

Diese Zubereitung eignet sich am besten für Trockenhefe. Würfelhefe am besten vorher in der Flüssigkeit auflösen.

Trockenhefe mit den übrigen Zutaten in einer Schüssel mischen und zu einem glatten, geschmeidigen Teig verarbeiten. Die Schüssel abdecken und den Teig an einem warmen Ort 50 bis 60 Minuten gehen lassen, bis sich sein Volumen verdoppelt hat.

Den Teig noch einmal durchkneten, auf einer bemehlten Fläche ausrollen, auf ein gefettetes Backblech legen und in gleichmäßigen Abständen mit einer Gabel hineinstechen.

Den Teig nach Belieben belegen, weiterverarbeiten und nach Möglichkeit „mit der Hitze“ (Seite 38) backen.

III Hefeteig – kalte Zubereitung

Diese Zubereitungsart ist sehr beliebt bei der Stollen- und Frühstücksbäckerei. Arbeiten Sie mit Würfelhefe, verrühren Sie diese vorher in der kalten Flüssigkeit.

Trockenhefe mit den übrigen Zutaten in einer Schüssel mischen und zu einem glatten, geschmeidigen Teig verarbeiten. Diesen zu einer Kugel formen und abgedeckt oder in Folie gewickelt über Nacht (8 bis 10 Stunden) kalt stellen.

Anschließend noch einmal durchkneten, auf einer bemehlten Fläche ausrollen und auf ein gefettetes Backblech legen. Dann noch einmal etwa 20 Minuten gehen lassen.

Den Teig nach Belieben belegen, weiterverarbeiten und am besten „mit der Hitze“ (Seite 38) backen.

Biskuitteig

- Biskuitteig eignet sich besonders gut für Tortenböden und Biskuitrollen (Wickelrolle), er schmeckt auch mit Kakao gemischt als Schokoteig sehr lecker.
- Da der Teig sehr zart ist, das Backblech nach dem Fetten mit etwas Mehl bestäuben.
- Den Backofen vorheizen.
- Die Teigmasse muss unbedingt auf höchster Stufe im Mixer/Rührgerät 3 bis 5 Minuten schaumig gerührt werden und kommt, nachdem sie unverzüglich auf dem Blech ausgestrichen wurde, sofort in den Ofen.
- Den Teig im Backofen bei gleichmäßiger mittlerer Hitze backen.
- Der Biskuit ist fertig, wenn sich der Rand sacht vom Backblech löst oder sich der Teig goldbraun färbt.
- Bei dickeren Biskuitböden eine Garprobe machen. Dafür mit einem Holzstäbchen in die Mitte des Bodens stechen – bleibt das Holzstäbchen trocken, ist der Boden fertig.
- Damit sich der Biskuitboden auch nach der Weiterverarbeitung gut vom Backblech löst, ihn kurz abkühlen lassen, noch heiß stürzen, wieder etwas abkühlen lassen und gegebenenfalls auf das Backblech bzw. eine Tortenplatte zurückstürzen (muss ausdünsten, sonst klebt er auf dem Backblech).
- Für Biskuitrollen den Teig nur etwa 1 Zentimeter dick auf das Backblech streichen, nach dem Backen sofort auf ein zweites, mit Backpapier belegtes Backblech stürzen, kurz ausdünsten lassen, zurück auf das Backblech (nun mit Backpapier belegt) stürzen und mithilfe des Backpapiers sofort und beherzt noch heiß aufwickeln. Die Wickelung sofort wieder sanft lösen (das ist das Vorformen). Für die Rolle den Belag nur etwa ½ Zentimeter dick auftragen, damit der Boden nicht reißt (sehr gut geeignet ist vegane Sojaschlagsahne, Marmelade oder Ähnliches zum Füllen).

Grundrezept Biskuitteig

(Springform Ø 26 cm, Backblech dünn, etwa 35 x 37 cm)

Zutaten	**hell**		**schoko**	
	Springform	**Backblech**	**Springform**	**Backblech**
Weizenmehl	110 g	220 g	95 g	190 g
Kakao	--	--	15 g	30 g
Rohrohrzucker	80 g	160 g	85 g	170 g
Olivenöl	30 ml	60 ml	30 ml	60 ml
Wasser	125 ml	250 ml	125 ml	250 ml
Zitronensaft	2 EL	3 EL	2 EL	3 EL
Backpulver	1½ EL	3 EL	1½ EL	3 EL
Salz	1 Prise	2 Prisen	1 Prise	2 Prisen

Zubereitung

2 Esslöffel Mehl von der Gesamtmenge nehmen und in einem Schälchen mit dem Backpulver gründlich vermischen. Alle anderen Zutaten in den Mixer/ins Rührgefäß geben und 3 bis 5 Minuten zu einer schaumigen Masse schlagen, das Backpulver-Mehl-Gemisch dazugeben und gleichmäßig und zügig unterarbeiten. Den Teig auf ein gefettetes, leicht bemehltes Backblech streichen und sofort im vorgeheizten Backofen etwa 25 Minuten bei 180 °C backen.

Den Biskuit aus dem Backofen nehmen, kurz abkühlen lassen und noch heiß stürzen. Nochmals etwas abkühlen lassen und zurück auf das Backblech bzw. auf eine Tortenplatte stürzen. Nach Belieben weiterverarbeiten.

Variante Biskuitteig

(Springform Ø 26 cm, Backblech dünn, etwa 35 x 37 cm)

Zutaten	**hell**		**schoko**	
	Springform	**Backblech**	**Springform**	**Backblech**
Weizenmehl	125 g	250 g	110 g	220 g
Natron	1 Msp.	2 Msp.	1 Msp.	2 Msp.
Backpulver	1 Pck.	1½ Pck.	1 Pck.	1½ Pck.
Kakao	--	--	15 g	30 g
Speisestärke	25 g	50 g	25 g	50 g
Agavendicksaft	75 g	150 g	80 g	160 g
Rapsöl	75 ml	150 ml	75 ml	150 ml
Fruchtsaft (Wasser oder Sprudel)	125 ml	250 ml	125 ml	250 ml
Zitronensaft	1 EL	2 EL	1 EL	2 EL
Salz	1 Prise	2 Prisen	1 Prise	2 Prisen

Zubereitung

Vom Mehl 2 Esslöffel abnehmen und gleichmäßig mit Natron und Backpulver mischen. Restliche Zutaten in eine Rührschüssel, ein Rührgefäß oder einen Mixer geben, erst vorsichtig verrühren, dann 3 bis 5 Minuten auf höchster Stufe schaumig schlagen. Die Backtriebmittelmischung gleichmäßig und zügig unterarbeiten.

Den Teig sofort gleichmäßig auf ein gefettetes, leicht bemehltes Backblech geben und verstreichen. Das Backblech zügig in den vorgeheizten Backofen schieben und nicht aus den Augen lassen, um einen optimalen Backerfolg zu gewährleisten. Den Biskuit etwa 20 bis 30 Minuten bei 175 °C (Ober- und Unterhitze) backen.

Den Biskuit aus dem Backofen nehmen, kurz abkühlen lassen und noch heiß stürzen. Etwas ausdünsten lassen und zurück auf das Backblech bzw. auf eine Tortenplatte stürzen. Nach Belieben weiterverarbeiten.

Grundrezept Biskuitrolle (Backblech, etwa 35 x 37 cm)

Zutaten	hell Backblech	schoko Backblech
Weizenmehl	200 g	175 g
Natron	1 Msp.	1 Msp.
Backpulver	½ Pck.	½ Pck.
Kakao		25 g
Fruchtsaft	200 ml	200 ml
Rapsöl	150 ml	150 ml
Agavendicksaft	100 g	110 g
Zitronensaft	2 EL	2 EL
Salz	2 Prisen	2 Prisen

Zubereitung

Vom Mehl 50 Gramm abnehmen und gleichmäßig mit Natron und Backpulver mischen.

Restliche Zutaten in eine Rührschüssel, ein Rührgefäß oder einen Mixer geben, erst vorsichtig verrühren, dann auf höchster Stufe 3 bis 5 Minuten schaumig schlagen. Die Backtriebmittelmischung gleichmäßig und zügig unterarbeiten.

Den Teig etwa 1 Zentimeter dick auf ein gefettetes, leicht bemehltes Backblech streichen. Das Backblech in den vorgeheizten Backofen schieben und nicht aus den Augen lassen, weil dieser Boden sehr schnell fertig gebacken ist. Den Biskuit etwa 10 bis 15 Minuten bei 175 °C (bei Ober- und Unterhitze) backen, bis sich der Rand vom Backblech abzulösen beginnt und hellbraun verfärbt.

Den Biskuit aus dem Backofen nehmen, sofort auf ein zweites, mit Backpapier belegtes Backblech stürzen und etwas ausdünsten lassen. Die Teigplatte auf ein Geschirrtuch oder zurück auf das Backblech (nun mit Backpapier belegt) stürzen und sofort mithilfe des Backpapiers noch heiß und mit viel Fingerspitzengefühl gleichmäßig von der Längsseite her aufwickeln. Die Wickelung vorsichtig wieder sanft lösen.

Den geschmeidigen, streichfähigen Belag, z. B. Marmelade, Mus (eventuell vorher mit Zitronensaft püriert) oder Sojaschlagsahne, vorsichtig und gleichmäßig auf der Teigplatte verstreichen.

Die Biskuitrolle mithilfe des Backpapiers aufwickeln, die Naht liegt unten. Die Rolle ringsum mit purer oder eingefärbter Sojaschlagsahne bestreichen und verzieren oder nur mit Puderzucker bestäuben.

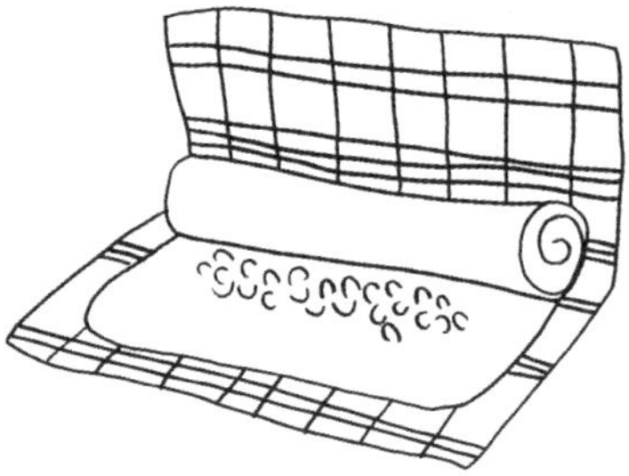

Rühr-/Backpulverteig

- Das Backpulver stets trocken und gut verschlossen aufbewahren.
- Das Rühren eines Rührteiges dauert mit dem Handrührgerät etwa 5 Minuten.
- Nur so viel Hafermilch hinzufügen, dass der Teig schwer reißend vom Löffel fällt.
- Die Backformen gut fetten, mit Mehl oder Grieß ausstreuen oder nur mit Backpapier belegen.
- Rosinen erst zum Schluss unter den Teig heben.
- Dicke, trockene Kuchen auf einem Kuchenrost abkühlen lassen. So können sie noch einmal viel Feuchtigkeit abgeben.
- Rührkuchen etwa 35 bis 50 Minuten bei etwa 175 °C (Ober- und Unterhitze) backen (je nach Menge und Zutaten).
- Bräunt der Kuchen schon, obwohl er noch nicht gar ist, muss er rechtzeitig von oben abgedeckt werden.
- Die Backofentür frühestens nach etwa 30 Minuten Backzeit öffnen.
- Für eine Garprobe mit einem Holzstäbchen in die dickste Stelle des Kuchens stechen – bleibt es trocken, ist der Kuchen fertig.

Grundrezept Rührteig und Tortenbodenteig „Lonauer Art“

Für den Teig

1-fach ergibt etwa 1 Kastenform (25 x 11 cm) oder 10–12 Muffins
1½-fach ergibt etwa 1 Kastenform (30 x 11 cm) oder 15–18 Muffins oder 1 Gugelhupfform (Ø mind. 20 cm) oder 1 Backblech (etwa 35 x 37 cm)

Zutaten	**hell**		**schoko**	
	1-fach	**1½-fach**	**1-fach**	**1½-fach**
Weizenmehl	300 g	450 g	270 g	405 g
Backpulver	2 TL	1 Pck.	2 TL	1 Pck.
Natron	½ TL	1 TL	½ TL	1 TL
Kakao			30 g	45 g
Wasser, kalt	250 ml	375 ml	250 ml	375 ml
Margarine, weich	35 g	55 g	35 g	55 g
Agavendicksaft	100 g	150 g	120 g	180 g
Salz	1 Prise	2 Prisen	1 Prise	2 Prisen

Zubereitung

Vom Mehl 50 Gramm abnehmen, mit Backpulver und Natron mischen.

Margarine in eine Rührschüssel geben, restliche Zutaten bis auf die Backtriebmittelmischung hinzugeben. Mit den Rührstäben des Handrührgeräts auf höchster Stufe etwa 5 Minuten zu einem glatten Teig verrühren. Die Backtriebmittelmischung dazugeben und gleichmäßig unterrühren.

Den Teig in die gut gefettete(n) Form(en) füllen und den Kuchen im vorgeheizten Backofen etwa 30 bis 35 Minuten bei 175 °C (Ober- und Unterhitze) backen (je nach Backformgröße auch kürzer oder länger, am besten eine Garprobe mit einem Holzstäbchen machen).

Das Gebäck sofort aus der Form bzw. aus den Formen nehmen und auf einem Kuchenrost erkalten lassen. Für die „Schnelltorte“ in Kastenform zweimal waagrecht durchschneiden und nach Belieben füllen.

Sandteig

- Sandteige sind sehr gehaltvoll und müssen gut gerührt werden.
- Zuerst die cremig-weiche Margarine in eine Rührschüssel geben, danach alle Gewürze und flüssigen Zutaten hinzufügen. Anschließend alles gut schaumig rühren. Nach und nach Stärkemehl und mit dem Mehl vermischtes Backpulver portionsweise dazugeben.
- Die Kastenform nur wenig fetten oder mit Backpapier auslegen.
- Sandkuchen bei mittlerer Hitze backen. Sollte der Kuchen zu braun werden, die Oberfläche rechtzeitig mit Backpapier abdecken.
- Sandtorte abkühlen lassen, aus der Form nehmen und mit Puderzucker aus Rohrohrzucker bestäuben oder mit einem dunklen Zartbitterschokoladenguss bestreichen.

Grundrezept Sandkuchen I (mit Speisestärke)

Zutaten	**Kastenform** (25 x 11 cm)	**Gugelhupfform** (Ø mind. 20 cm)
Margarine	100 g	200 g
Agavendicksaft	100 g	200 g
Vanillezucker	½ Pck.	1 Pck.
Zitronenschale, abgerieben	2 Msp.	½ TL
Zitronensaft	2 EL	4 EL
Sojasahne	100 ml	200 ml
Salz	2 Prisen	4 Prisen
Sojamehl	4 EL	8 EL
Speisestärke	65 g	130 g
Mehl	165 g	330 g
Backpulver	1 Pck.	2 Pck.

Grundrezept Sandkuchen II (mit Reismehl, fein gemahlen)

Zutaten	Kastenform (25 x 11 cm)	Gugelhupfform (Ø mind. 20 cm)
Margarine	200 g	400 g
Agavendicksaft	120 g	240 g
Vanillezucker	½ Pck.	1 Pck.
Zitronenschale, abgerieben	2 Msp.	½ TL
Zitronensaft	2 EL	4 EL
Sojasahne	6 EL	12 EL
Salz	2 Prisen	4 Prisen
Sojamehl	4 EL	8 EL
Reis, fein gemahlen	125 g	250 g
Weizenmehl	125 g	250 g
Backpulver	1 Pck.	2 Pck.

Zubereitung

Margarine, Agavendicksaft, Vanillezucker, Zitronenschale, -saft, Sojasahne, Salz und Sojamehl in eine Schüssel geben und mit einem Rührgerät gut schaumig rühren, restliche Zutaten hinzufügen und noch einmal etwa 5 Minuten gründlich durcharbeiten. Anschließend nach Rezept weiterarbeiten.

Blätterteig

- Aus Blätterteig entsteht ein besonders feines, aber fettreiches Gebäck. Da seine Zubereitung viel Zeit erfordert, ist backfertiger Blätterteig aus der Tiefkühltruhe sehr beliebt.
- Den Grundteig – wenn Sie ihn selbst herstellen – mindestens schon am Abend vorher zubereiten.
- Den Teig mit kalten Händen und auf einer kalten Backunterlage zügig verarbeiten.
- Blätterteig so ausstechen und -schneiden, dass wenig Reste übrig bleiben. Die Reste vor dem Ausrollen an den Kanten etwas befeuchten, so aneinanderlegen, dass sie an den Rändern knapp übereinanderliegen, und diese leicht aufeinanderdrücken.
- Das Backblech nur mit kaltem Wasser abspülen oder mit Backpapier belegen, nicht fetten!
- Das Backblech in den gut vorgeheizten Backofen schieben. Nicht zu früh die Backofentür öffnen und nach dem Teig sehen.
- Blätterteiggebäck lässt sich süß, herzhaft und kräftig würzen oder füllen. Es schmeckt frisch am besten, kann später aber auch gut aufgebacken werden.
- Süß gefüllte Stücke noch warm nach Belieben mit Zuckerguss bestreichen oder mit Puderzucker bestäuben.

Grundrezept Blätterteig

Zutaten	kleine Menge	große Menge
Margarine, kalt	250 g	500 g
Wasser, kalt	130 ml	260 ml
Mehl	250 g	500 g
Salz	2 Prisen	4 Prisen

Zubereitung
Ein Viertel der Margarine mit Wasser, Mehl und Salz in einer Schüssel zu einem zähen Teig verkneten und über Nacht kühl stellen. Restliche Margarine auf einem Teller in flache Flöckchen schneiden und ebenfalls kalt stellen.

Falttechnik (mit kühlen Händen arbeiten): Den Teig auf einer bemehlten, kühlen Backunterlage etwa ½ Zentimeter dick zu einem Rechteck ausrollen. Auf dem mittleren Drittel des Teiges ein Drittel der Margarinenflöckchen verteilen. Das rechte Teigdrittel über die Mitte schlagen. Ein weiteres Drittel der Margarineflöckchen darauflegen und das linke Teigdrittel überklappen. Die Hälfte der restlichen Margarine auf dem mittleren Teigdrittel verteilen, das obere Teigdrittel zur Mitte schlagen. Restliche Margarine daraufgeben, den Teig von unten nach oben umschlagen und im Kühlschrank durchkühlen lassen.

Den Teig erneut ausrollen und diese Falttechnik noch zweimal (ohne Margarine) wiederholen (insgesamt dreimal). Den Teig jedes Mal kalt stellen. Restliches Mehl mit einem Pinsel oder einer Bürste entfernen und den Teig nach Rezept weiterverarbeiten. Den Blätterteig etwa 10 bis 20 Minuten im gut vorgeheizten Backofen bei 175 °C backen, nicht zu zeitig nachsehen!

Tipp: Den Grundteig am besten schon am Abend vorher vorbereiten. Etwas Mehl zum Ausrollen beiseitelegen

Grundrezept Blitzblätterteig

Zutaten	kleine Menge	große Menge
Mehl	250 g	500 g
Margarine, kalt	250 g	500 g
Sojamich, kalt	1 Tasse	2 Tassen
Salz	2 Prisen	4 Prisen

Zubereitung

Alle Zutaten mit kühlen Händen zu einem Teig kneten, den Teig mindestens 24 Stunden zugedeckt bzw. in Frischhaltefolie gewickelt kalt stellen (der Teig kann bis zu 5 Tagen im Kühlschrank lagern).

Den Teig nach Rezept weiterverarbeiten und etwa 10 bis 20 Minuten im vorgeheizten Backofen bei 175 °C goldbraun backen.

Plunderteig

- Der mit Blätterteig (fettärmer) und Hefeteig verwandte Plunderteig eignet sich bestens für Kleingebäck, Taschen, Kämme, Windmühlen oder Hörnchen – egal ob süß oder herzhaft.
- Für Plunderteig das Backblech nur leicht fetten.
- Den Plunderteig etwa 5 Millimeter dick ausrollen, formen, nach Belieben ausschneiden und füllen.
- Den Plunderteig vor dem Backen nochmals 15 bis 20 Minuten auf dem Backblech gehen lassen.
- Als Plunderteigfüllungen schmecken beispielsweise Apfel-, Fruchtstücke (Trockenfrüchte), Sojaquarkmasse, Marmelade, Nüsse, Mandeln oder Mohn.
- Nach Belieben den Plunderteig noch warm mit etwas Puderzucker bestäuben.

Grundrezept Plunderteig – süß

Zutaten	kleine Menge	große Menge
Mehl	250 g	500 g
Margarine, kalt	125 g	250 g
Hafermilch	125 ml	250 ml
Trockenhefe	½ Pck.	1 Pck.
Salz	2 Prisen	4 Prisen
Agavendicksaft	10–20 g	20–40 g

Grundrezept Plunderteig – herzhaft

Zutaten	**kleine Menge**	**große Menge**
Margarine, kalt	125 g	250 g
Sojamilch	125 ml	250 ml
Mehl	250 g	500 g
Trockenhefe	½ Pck.	1 Pck.
Salz	½ gestr. TL	1 gestr. TL

Zubereitung

Ein Viertel der Margarine in einer Schüssel mit Milch, Mehl, Hefe und den Gewürzen bzw. dem Süßungsmittel zu einem etwas derberen Teig kneten und über Nacht kühl stellen.

Den Teig zusammenstoßen. Restliche Margarine auf einem Teller in flache Flöckchen schneiden und kalt stellen, damit Teig und Margarine die gleiche Temperatur bekommen.

Falttechnik (mit kühlen Händen auf einer kalten Backunterlage arbeiten): Den Teig auf einer bemehlten, kühlen Backunterlage etwa ½ Zentimeter dick zu einem Rechteck ausrollen. Auf dem mittleren Drittel des Teiges ein Drittel der Margarinenflöckchen verteilen. Das rechte Teigdrittel über die Mitte schlagen. Ein weiteres Drittel der Margarineflöckchen darauflegen und das linke Teigdrittel überklappen. Die Hälfte der restlichen Margarine auf dem mittleren Teigdrittel verteilen, das obere Teigdrittel zur Mitte schlagen. Restliche Margarine daraufgeben, den Teig von unten nach oben umschlagen und im Kühlschrank durchkühlen lassen.

Den Teig erneut ausrollen und diese Falttechnik noch zweimal (ohne Margarine) wiederholen (insgesamt dreimal). Den Teig jedes Mal kalt stellen. Restliches Mehl mit einem Pinsel oder einer Bürste entfernen und den Teig nach Rezept weiterverarbeiten. Den Plunderteig etwa 10 bis 20 Minuten im gut vorgeheizten Backofen bei 175 °C backen, nicht zu zeitig nachsehen!

MEHL

Strudelteig

- Strudelteig ähnelt Nudelteig, da er kaum Fett enthält. Je weniger Fett dieser Teig hat, desto leichter lässt er sich zu einer dünnen Platte ziehen.
- Am besten Strudel in einem tiefen Backblech backen, damit von der Füllung nichts in den Backofen laufen kann. Auch eine Kasten-/ Rehrückenform ist günstig.
- Nach dem Kneten den Strudelteig zugedeckt etwa 30 Minuten kalt stellen.
- Vor dem Füllen den Strudelteig nach Belieben mit zerlassener Margarine oder Öl bestreichen und mit Weizen- oder Maisgrieß bestreuen.
- Um zu verhindern, dass der Teig reißt, ihn nicht zu dick belegen und lieber zwei dünnere statt einer dicken Strudelrolle herstellen.
- Ein Geschirrtuch bzw. Backpapier ist hilfreich beim Einrollen.
- Als Füllung eignen sich
  geriebene Äpfel, Zucker, Zimt und ***gehackte Mandeln,***
  Quarkmasse (mit im Sieb abgetropftem Sojajoghurt; siehe Rezept Quarkkuchen [Seite 88]),
  Mohnmasse (flüssigkeitsreduziert; siehe Rezept Mohnkuchen [Seite 84]),
  Sauerkirschen, Pflaumen etc.,
  Herzhaftes, wie z. B. gedünstetes Kraut.
- Die Strudelfüllung darf nicht zu flüssig sein, damit sie nach dem Backen noch standfest ist.
- Süßen Strudel nach dem Backen mit Puderzucker bestäuben und am besten noch heiß verzehren.

Grundrezept Strudelteig

(1 Strudel, 35 cm lang, oder 2 kleinere, 20 cm lang)

Zutaten	Menge
Weizenmehl	250 g
Oliven-/Rapsöl	25 ml (plus etwas zum Bestreichen)
Wasser, warm	etwa 110 ml
Apfel-/Obstessig	ggf. 1 EL
Salz	2 Prisen

Zubereitung

Alle Zutaten in einer Schüssel zu einem geschmeidigen Teig verarbeiten. Diesen so lange kneten (schlagen), bis er nicht mehr klebt. Dann zu einer Kugel formen, mit ein wenig Öl bestreichen und etwa 30 Minuten kühl stellen.

In der Zwischenzeit die Füllung zubereiten.

Den Teig etwa ½ Zentimeter dick ausrollen und rechteckig und gleichmäßig dünn in Form ziehen (je nach Größe der Backform). Anschließend auf Backpapier legen, um das Aufrollen zu erleichtern.

Die Füllung entsprechend der Teigdicke gleichmäßig auf dem Teig verteilen, dabei jeweils einen etwa 5 Zentimeter breiten Rand frei lassen. Den Teig von der breiten Seite her aufrollen und den Rand der schmalen Seite unterschlagen, damit die Füllung nicht austreten kann.

Den Strudel mit der Naht nach unten auf ein mit Backpapier belegtes Backblech bzw. in eine mit Backpapier belegte Form legen und die Oberfläche mit etwas Öl oder Margarine bestreichen.

Den Strudel etwa 45 Minuten im vorgeheizten Backofen bei 200 °C backen, eventuell die Oberfläche abdecken.

Apfelstrudel aus Blätterteig (auch mit Strudelteig möglich) ✳✳✳

für 1 Strudel oder 2 kleinere (1 Kasten-/Rehrückenform, 30 x 11 cm)

Zutaten

Für den Blätterteig

siehe Grundrezept Blätterteig (Seite 51) bzw. Tiefkühlprodukt

Für die Füllung

1 kg Äpfel
140 g Agavendicksaft/ Rohrohrzucker
70 g Aprikosen-marmelade
70 g Rosinen
40 g Maisstärke
40 g Vanillepudding-pulver
1 TL Zitronensaft
1 TL Vanillepulver oder 2 Pck. Vanillezucker
½ TL Zitronenschale, abgerieben
½ TL Olivenöl
¼ TL Salz

Für den Guss

20 g Hafermilch
20 g Agavendicksaft
einige Tropfen Olivenöl
1 Prise Salz

Zubereitung

Den Teig nach Grundrezept zubereiten. Die noch kühlen, unverarbeiteten Blätterteigplatten auf Backfolie zu einem Rechteck (3 x 2 Platten) zusammenlegen. Dabei die sich überlappenden Ränder (etwa 1½ Zentimeter) mit Wasser bestreichen und mit einer Teigrolle andrücken, damit sie eben sind und sich miteinander verbinden. Die Teigplatte mit Agavendicksaft oder Öl bestreichen.

Semmelbrösel mit Mandeln mischen und auf den Teig streuen, dabei jeweils einen etwa 4 Zentimeter breiten Rand frei lassen.

Für die Füllung alle Zutaten (bis auf die Äpfel) in einer Schüssel mischen. Die Äpfel schälen und raspeln. Apfelraspel dazugeben und etwa 30 Minuten durchziehen lassen. Die Füllung gleichmäßig auf dem Blätterteig verteilen.

Den Strudel mithilfe der Backfolie von der breiten Seite her aufrollen, dabei die Ränder gut verschließen.

Die Strudelrolle mithilfe der Backfolie mit der Nahtseite nach unten in eine Backform legen. Den Strudel im unteren Drittel des vorgeheizten Backofens etwa 70 Minuten bei 180 °C (Umluft) backen.

Zum Bestreichen, Bestreuen und Bestäuben
etwas Agavendicksaft oder Rapsöl
30 g Semmelbrösel
50 g Mandeln, gehackt
etwas Puderzucker

In der Zwischenzeit *für den Guss* alle Zutaten miteinander verrühren. Etwa 20 Minuten vor Ende der Backzeit den Strudel mehrfach mit dem Guss bestreichen. Damit die Decke hellbraun und knusprig wird, entweder die Oberhitze einschalten oder die Oberfläche mit Backpapier abdecken.

Den Strudel vor dem Servieren mit Puderzucker bestäuben.

Tipps: Ganz besonders lecker schmeckt der Strudel mit warmer Vanillesoße oder mit einer Kugel veganem Vanilleeis. Für eine Festtagsvariante die geriebenen Äpfel noch mit 100 Gramm gehackten Mandeln verfeinern.

Mohnstrudel

✳✳✳

(1 Kasten-/Rehrückenform, 30 x 11 cm, oder 2 kleinere Formen)

Zutaten

Für den Strudelteig

siehe Grundrezept Strudelteig (Seite 57)

Für die Mohnfüllung

1 Zitrone, chemisch unbehandelt

250 g Äpfel

500 ml Wasser

70 g Grieß

100 g Agavendicksaft/ Rohrohrzucker, nach Bedarf

250 g Mohn, geröstet und gemahlen

60 g Margarine

250 g Sojajoghurt, naturell

50 g Stärkemehl

1 geh. EL Instant-Getreidekaffee

50 g Mandeln, geschält und gehackt

¼ TL Salz

1 Msp. Zimt

1 Msp. Vanillepulver

1 Tropfen Bittermandelaroma

50 g Rosinen

Zubereitung

Den Teig nach Grundrezept zubereiten.

Für die Füllung Zitrone gründlich heiß abwaschen, die Schale abreiben und den Saft auspressen. Die Äpfel schälen und raspeln. Apfelraspel mit Zitronensaft beträufeln und vermischen. Aus Wasser und Grieß in einem Topf einen dicken Brei kochen und den Brei von der Kochstelle nehmen. Agavendicksaft, Mohn, Margarine, Sojajoghurt, Apfelraspel, Stärkemehl, Getreidekaffee, Mandeln und alle Gewürze hinzugeben und zu einer glatten Masse verrühren. Zum Schluss Rosinen unterarbeiten.

Den Teig auf Backfolie legen und dünn zu einem Rechteck von etwa 35 x 40 Zentimetern ausrollen. Die Mohnfüllung auf den Teig streichen, dabei einen etwa 3 Zentimeter breiten Rand frei lassen.

Den Strudel mithilfe der Backfolie von der längeren Seite her aufrollen, mit der Nahtseite nach unten in eine Backform heben und die Seiten möglichst dicht einschlagen.

Die Form im unteren Drittel bis mittlerer Höhe in den kalten Backofen schieben und den Strudel etwa 40 Minuten bei 190 °C (Umluft) backen (eventuell die Oberfläche mit Backpapier abdecken).

Zum Bestreichen und Bestäuben
etwas Margarine
etwas Puderzucker

Gegen Ende der Backzeit den Strudel dünn mit Margarine bestreichen und vor dem Servieren mit Puderzucker bestäuben.

Tipps: Statt Margarine können Sie auch 60 Milliliter Rapsöl für die Füllung verwenden. Der Strudel schmeckt warm mit Vanillesoße einfach köstlich.

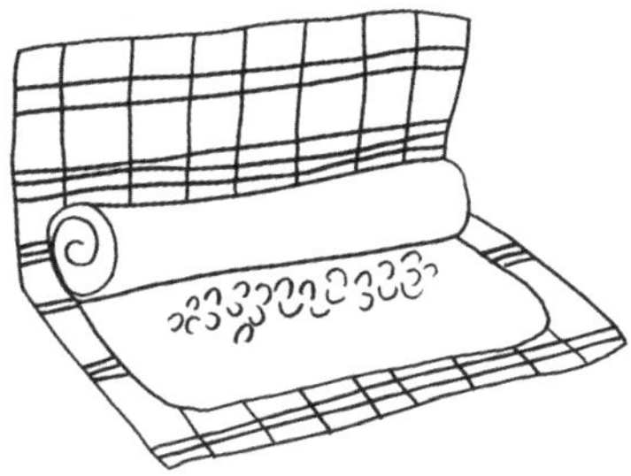

Gebackene Obstkuchenunterlagen & Kuchendecken

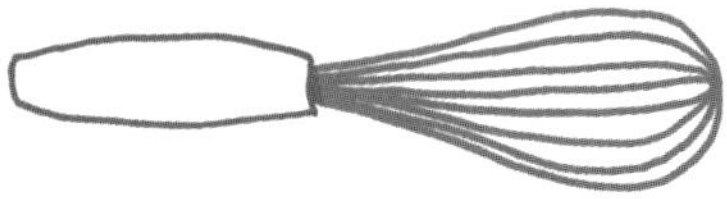

Gebackene Obstkuchenunterlagen

Puddingunterlage

Zutaten

etwa 500 ml Hafermilch (mit aufgefangenem Fruchtsaft aufgefüllt)
1½ Pck. Vanillepuddingpulver
2 Prisen Salz
etwas Agavendicksaft, nach Bedarf

Zubereitung

Fruchtsaft mit Hafermilch auf 500 Milliliter Flüssigkeit auffüllen. Aus 1 Päckchen Puddingpulver, Salz und Hafermilchmischung nach Packungsanleitung einen Pudding kochen und abkühlen lassen.

Restliches Puddingpulver gut unterrühren und nach Belieben mit Agavendicksaft nachsüßen. Den Pudding auf dem ungebackenen, mit Grieß bestreuten und auf dem – in gleichmäßigen Abständen mit einer Gabel eingestochenen – Boden verteilen. Die Früchte darauflegen.

Mehlbrei-Unterlage

Zutaten

500 ml Hafermilch
1 Prise Salz
70 g Mehl
50 ml Sojasahne
1 EL Agavendicksaft

Zubereitung

Aus Hafermilch, Salz und Mehl in einem Topf einen Brei kochen und etwas abkühlen lassen. Dann Sojasahne und Agavendicksaft unterrühren. Den leicht abgekühlten Brei auf dem ungebackenen, mit Grieß bestreuten und auf dem – in gleichmäßigen Abständen mit einer Gabel eingestochenen – Boden verteilen und die Früchte darauflegen.

Grießbrei-Unterlage

Zutaten

100 g Grieß
2 Prisen Salz
500 ml Hafermilch
50 ml Sojasahne
1 EL Agavendicksaft

Zubereitung

Aus Grieß, Salz und Hafermilch in einem Topf einen Brei kochen und etwas abkühlen lassen. Dann Sojasahne und Agavendicksaft unterrühren. Den leicht abgekühlten Brei auf dem ungebackenen, mit Grieß bestreuten und auf dem – in gleichmäßigen Abständen mit einer Gabel eingestochenen – Boden verteilen und die Früchte darauflegen.

Sojajoghurt-Unterlage

Zutaten	**Springform** (Ø 26 cm)	**Backblech** (etwa 35 x 37 cm)
Sojajoghurt, naturell	200 g	500 g
Sojasahne	50 ml	125 ml
Agavendicksaft/Rohrohrzucker	20 g	50 g
Rapsöl	20 ml	50 ml
Vanillepuddingpulver	½ Pck.	1½ Pck.
Salz	1 Prise	3 Prisen
Zitronenschale, abgerieben	1 Msp.	3 Msp.

Zubereitung

Alle Zutaten in einer Schüssel miteinander verrühren und auf dem ausgerollten, mit Grieß bestreuten Boden – in den in gleichmäßigen Abständen mit einer Gabel hineingestochen wurde – verteilen. Anschließend das gut abgetropfte Obst darauflegen.

Gebackene Kuchendecken

- Bei vielen Blechkuchen und fertig gebackenen Torten sind gebackene Kuchendecken teils nötig, teils möglich. Sie geben den Kuchen eine besondere Note, peppen sie optisch auf, schmecken lecker und sorgen zugleich für Abwechslung.
- Am beliebtesten sind Streusel und eine Sahne- oder sogenannte Sulfdecke, aber auch Mandelstäbchen oder -scheiben sowie gehackte Nüsse bilden einen köstlichen Kuchenabschluss.
- Neben normalen Streuseln gibt es die größeren, aber fettärmeren gezupften Streusel, helle oder Schokostreusel.
- Für alle Streuselarten gilt: Je süßer sie sind, desto schneller bräunen sie und desto leichter brennen sie an. Deshalb am besten Folgendes beachten:
  Bei Ober- und Unterhitze bräunen Streusel am gleichmäßigsten.
  Sollte der Kuchen noch nicht gar sein, die Streusel eventuell rechtzeitig mit Backpapier abdecken.
  Ein Nachbräunen einkalkulieren.
- Als leckere Verfeinerung nach Belieben die Streusel sofort nach dem Backen mithilfe eines Pinsels mit Hafer-, Sojamilch oder Sojasahne betupfen.
- Ein Hauch Puderzucker kurz vor dem Aufschneiden oder Servieren bringt eine weitere optische Verschönerung und zusätzliche Süße. Das ist besonders bei Obstkuchen zu überlegen, da Obst ganz unterschiedlich süß ist.

Sahne- oder Sulfdecke (1 Backblech, etwa 35 x 37 cm)

Zutaten

80 g Margarine
50 g Mehl
3 Prisen Salz
600 ml Hafermilch
125 ml Sojasahne
3 EL Agavendicksaft
1 EL Zitronensaft
1 Pck. Vanillepudding-pulver
2 Msp. Natron
1 Msp. Backpulver

Zubereitung

Margarine in einem Topf zerlassen, Mehl und Salz hinzugeben, verrühren und kurz unter Rühren aufschäumen lassen, bis es lichtgelb ist. Nach und nach Hafermilch hinzugeben und wie bei einer Mehlschwitze immer wieder glatt rühren, eventuell cremig pürieren. Anschließend abkühlen lassen. Restliche Zutaten hinzugeben und glatt pürieren.

Streusel

Verschiedene Mehle und Mehlkombinationen bringen Abwechslung und Vielfalt in die Streusel.

Zutaten	Springform (Ø 26 cm)		Backblech (etwa 35 x 37 cm)	
	hell	**schoko**	**hell**	**schoko**
Mehl	200 g	180 g	300 g	270 g
Kakao		20 g		30 g
Margarine	100 g	100 g	150 g	150 g
Rohrohrzucker	50 g	55 g	75 g	90 g
Salz	1 Prise	1 Prise	2 Prisen	2 Prisen

Nach Belieben zum Betupfen:
½ Tasse Hafermilch oder 2 EL Sojasahne

Zubereitung

Alle Zutaten in einer Schüssel locker mit den Fingern verkneten, bis Streusel entstehen. Die Streusel nach dem Backen nach Belieben mithilfe eines Pinsels mit Hafermilch oder Sojasahne betupfen, um sie zu verfeinern.

Zupfstreusel

Zutaten	Springform (Ø 26 cm)		Backblech (etwa 35 x 37 cm)	
	hell	**schoko**	**hell**	**schoko**
Dinkelmehl	75 g	75 g	150 g	150 g
Weizenmehl	70 g	50 g	140 g	100 g
Speisestärke	25 g	25 g	50 g	50 g
Kakao	--	20 g	--	40 g
Margarine	50 g	50 g	100 g	100 g
Agavendicksaft	40 g	50–60 g	60 g	80 g
Hafermilch	80 ml	80 ml	160 ml	160 ml
Backpulver	1 TL	1 TL	½ Pck.	½ Pck.
Natron	1 Msp.	1 Msp.	2 Msp.	2 Msp.
Salz	1 Prise	1 Prise	2 Prisen	2 Prisen

Nach Belieben zum Betupfen:
½ Tasse Hafermilch oder 2 EL Sojasahne

Zubereitung

Alle Zutaten in einer Schüssel zu einem Teig verkneten und zu Streuseln zupfen. Die Streusel nach dem Backen nach Belieben mithilfe eines Pinsels mit Hafermilch oder Sojasahne betupfen, um sie zu verfeinern.

Blechkuchen

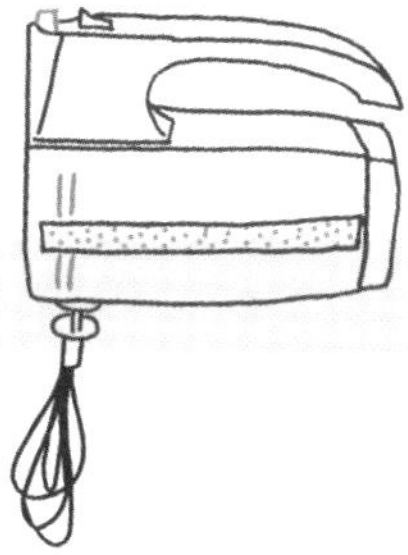

- Für Blechkuchen werden vor allem Hefe- und Backpulverteige verwendet – als nasse oder trockene Kuchen.
- Damit der Belag geschmacklich im Vordergrund steht, den Teig so gleichmäßig und dünn wie möglich ausrollen.
- Für nasse Kuchen am besten ein tiefes Backblech nehmen.
- Den Teigrand entsprechend der Belaghöhe hochziehen.
- Den ausgerollten Teig bei nassen Kuchen mit Weizen- oder Maisgrieß bestreuen, bevor der Belag daraufkommt. Das verhindert das Aufweichen des Bodens (Restflüssigkeit wird gebunden).
- Ein geschmeidiger Teig lässt sich ausrollen oder mit bemehlten oder fettigen Händen breit drücken.
- Vor dem Belegen in den Teigboden mit der Gabel in regelmäßigen Abständen von etwa 4 Zentimetern hineinstechen, um Blasen oder Bodenwölbungen zu verhindern.
- Blechkuchen am besten mit Ober- und Unterhitze bei mäßiger Hitze backen. So bräunt und backt der Kuchen gleichmäßig durch.
- Bei normaler Kuchendicke zeigt der Bräunungsgrad, ob der Kuchen gar ist. In Zweifelsfällen mit einem Holzstäbchen eine Garprobe machen.
- Hefeteig nach dem Belegen etwa 20 Minuten gehen lassen.
- Obstkuchen bestehen meist aus: Boden (Mürbe-/Hefeteig); Unterlagen aus Brei (Seite 62–64); Obstbelag: frisch oder aus der Dose (dann den Saft im Brei mitverwenden); Kuchendecke (siehe Rezepte gebackene Kuchendecken [Seite 65 ff.])

Nasse Kuchen

Pflaumenkuchen mit Streuseln (1 Backblech, etwa 35 x 37 cm) ***

Zutaten

Für den Boden
siehe Grundrezept Hefeteig, Backblech dünn (Seite 39)

Für die Unterlage
siehe Grundrezept Pudding-, Mehlbrei oder Sojajoghurt-Unterlage (Seite 62 ff.)

Für den Belag
1½ kg Zwetschgen oder Pflaumen
etwas Rohrohrzucker, nach Bedarf
½ TL Zimt
1 Msp. Nelken, gemahlen
2 Prisen Salz
2–4 EL Olivenöl

Für die Streusel
200 g Mehl
100 g Margarine
50 g Rohrohrzucker
1 Prise Salz

Zum Bestreuen
3–6 EL Grieß

Zubereitung

Für den Boden den Teig nach Grundrezept zubereiten, auf einem gefetteten Backblech ausbreiten und ringsherum einen etwa 2 Zentimeter hohen Rand hochziehen. In den Teigboden in gleichmäßigen Abständen mit einer Gabel hineinstechen. Den Teig gleichmäßig mit 3 bis 6 Esslöffeln Grieß bestreuen.

Für die Unterlage eine Unterlage nach Wahl nach Grundrezept zubereiten und auf dem Teig verteilen.

Für den Belag Zwetschgen oder Pflaumen abspülen, abtrocknen, entstielen, halbieren und entsteinen. Die Früchte noch zweimal längs durchschneiden und in eine Schüssel geben. Etwas Rohrohrzucker, Gewürze und Öl dazugeben, gut vermischen und ziehen lassen. Das vorbereitete Obst auf dem Teigboden verteilen.

Für die Streusel alle Zutaten in einer Schüssel vermischen, zu Streuseln verarbeiten und auf den Früchten verteilen.

Den Kuchen im vorgeheizten Backofen etwa 40 Minuten bei 175 °C backen, bis die Streusel goldgelb sind.

Zwetschgen-Öl-Kuchen (1 Backblech, etwa 35 x 37 cm) ✳✳✳

Zutaten

Für den Boden

siehe Grundrezept Hefeteig, Backblech dünn (Seite 39)

Für den Belag

1½ kg Zwetschgen
etwas Rohrohrzucker, nach Bedarf
½–1 TL Zimt
1 Msp. Nelken, gemahlen
2 Prisen Salz
4–8 EL Olivenöl, nach Belieben

Zum Bestreuen

3 EL Grieß

Zubereitung

Für den Boden den Teig nach Grundrezept zubereiten, auf einem gefetteten Backblech ausbreiten und ringsherum einen etwa 2 Zentimeter hohen Rand hochziehen. In den Teig gleichmäßig mit Grieß bestreuen und mit einer Gabel in gleichmäßigen Abständen hineinstechen.

Für den Belag Zwetschgen abspülen, abtrocknen, entstielen, halbieren und entsteinen. Zwetschgen noch zweimal längs durchschneiden und in eine Schüssel geben. Etwas Rohrohrzucker, Gewürze und Öl dazugeben, gut vermischen und etwas ziehen lassen.

Das vorbereitete Obst auf dem Teigboden verteilen. Den Kuchen im vorgeheizten Backofen, etwa 30 Minuten bei 175 °C backen, bis der Rand und die Zwetschgenkanten leicht bräunen.

Tipp: Anstelle von Zwetschgen schmecken auf diesem Kuchen auch Äpfel wunderbar.

Rhabarberkuchen (1 Backblech, etwa 35 x 37 cm) ***

Zutaten

Für den Boden

siehe Grundrezept Hefeteig, Backblech dünn (Seite 39)

Für die Unterlage

siehe Grundrezept Puddingunterlage (Seite 62)

etwa 400 ml Hafermilch (mit aufgefangenem Rhabarbersaft)

1½ Pck. Vanillepuddingpulver

2 Prisen Salz

etwas Agavendicksaft, nach Bedarf

Für den Belag

1½ kg Rhabarber, geschält

260 g Rohrohrzucker/Agavendicksaft

3 EL Olivenöl

1 TL Zimt

½ TL Zitronenschale, abgerieben

2 EL Zitronensaft

2 Prisen Salz

Für die Sulfdecke

80 g Margarine

2 EL Mehl

Zubereitung

Für den Boden den Teig nach Grundrezept zubereiten, auf einem gefetteten tiefen Backblech ausrollen und ringsherum einen etwa 2 Zentimeter hohen Rand hochziehen. Den Teig gleichmäßig mit etwa 3 Esslöffeln Grieß bestreuen und mit einer Gabel in gleichmäßigen Abständen in ihn hineinstechen.

Für den Belag Rhabarber in 1 Zentimeter dicke Stücke schneiden (dicke Stiele eventuell vorher halbieren) und in eine Schüssel geben. Rhabarberstücke mit Zucker, Öl, Zimt, Salz, Zitronenschale und -saft vermischen und etwa 2 Stunden ziehen lassen. Anschließend in einem Sieb abtropfen lassen und den Saft dabei auffangen.

In der Zwischenzeit eine Puddingunterlage nach Rezept, aber mit den hier angegebenen Mengen, zubereiten. Die Obstkuchenunterlage auf den Teigboden streichen, Rhabarberstücke darauf verteilen und mit den Händen etwas andrücken.

Für die Sulfdecke Margarine in einem Topf zerlassen, Mehl und Salz hinzugeben, verrühren und kurz unter Rühren aufschäumen lassen, bis es lichtgelb ist. Nach und nach Hafermilch hinzugeben und wie bei einer Mehlschwitze immer

2 Prisen Salz
600 ml Hafermilch
125 ml Sojasahne
3 EL Agavendicksaft
1 TL Zitronensaft
1 Pck. Vanillepudding-pulver
1 Msp. Natron/Back-pulver

Zum Bestreuen

3 EL Grieß

wieder glatt rühren. Anschließend abkühlen lassen. Restliche Zutaten hinzugeben und glatt rühren, eventuell cremig pürieren.

Die Sulfdecke gleichmäßig auf dem Rhabarber verteilen und glatt streichen. Den Kuchen etwa 40 Minuten im vorgeheizten Backofen bei 175 °C backen. Sollte der Kuchen zu braun werden, die Oberfläche eventuell mit Backpapier abdecken.

Tipps: Als Unterlagen für diesen Rhabarberkuchen schmecken auch eine Sojajoghurt- (Seite 64), eine Mehlbrei- (Seite 63) oder eine Grießbrei-Unterlage (Seite 63). Wählen Sie ganz nach Geschmack. Oder probieren Sie den Kuchen mit Streuseln (Seite 67).

Andere Obstkuchen – Varianten vom Rhabarberkuchen

Die folgenden Varianten werden wie der Rhabarberkuchen (Seite 72) zubereitet, das Obst sollten Sie dann aber nach eigenem Ermessen süßen.

Apfelkuchen
Die Äpfel mit etwas Zimt, Zitronensaft, Agavendicksaft und 2 bis 3 Esslöffeln Olivenöl marinieren.

Heidelbeerkuchen

Johannisbeerkuchen (benötigt etwa 200 Gramm Rohrohrzucker pro 1 Kilogramm Frucht) . Dieser Kuchen schmeckt besonders gut, wenn er mit einem Teil Schwarzen Johannisbeeren hergestellt wird (eventuell noch einige Himbeeren dazugeben).

Vierfruchtkuchen
Kirschen, Erdbeeren, Himbeeren und Rote Johannisbeeren mischen und die Fruchtmischung auf den Teigboden geben.

Kirsch-/Sauerkirschkuchen
Es können entsteinte Kirschen oder Kirschen mit Kernen verwendet werden. Nach Bedarf süßen.

Pflaumen- oder Zwetschgenkuchen
Diesen Kuchen mit etwas Zimt, ein wenig gemahlenen Nelken und Olivenöl würzen.

Heidelbeerkuchen – ganz einfach

(1 Backblech, etwa 35 x 37 cm) ✳✳

Zutaten

Für den Boden

siehe Grundrezept Hefeteig, Backblech dünn (Seite 39) oder Grundrezept Mürbeteig I – hell, dünn (Seite 32)

Für den Belag

etwa 1½ kg Heidelbeeren

etwa 5–6 EL Rohrohrzucker

Zum Bestreuen

3–6 EL Grieß

Zubereitung

Für den Boden den Teig nach Grundrezept zubereiten, auf einem gefetteten Backblech ausrollen und ringsherum einen etwa 2 Zentimeter hohen Rand hochziehen. In den Teigboden mit einer Gabel in gleichmäßigen Abständen hineinstechen. Den Teig gleichmäßig mit 3 bis 6 Esslöffeln Grieß bestreuen.

Für den Belag Heidelbeeren verlesen, vorsichtig abspülen, gut abtropfen lassen und mit Küchenpapier trocken tupfen. Vorbereitete Heidelbeeren auf dem Teig verteilen.

Den Kuchen etwa 40 Minuten im vorgeheizten Backofen bei 175 °C backen. Den Kuchen aus dem Backofen nehmen und sofort mit etwas Rohrohrzucker bestreuen.

Tipp: Anstatt den Kuchen mit Zucker zu bestäuben, können Sie auch eine Kuchendecke aus Streuseln zubereiten.

Apfelkuchen mit Streuseln (1 Backblech, etwa 35 x 37 cm) ✻✻

Zutaten

Für den Mürbeteigboden
300 g Mehl
200 g Margarine, weich
100 g Agavendicksaft
½ Pck. Backpulver
1 Prise Salz

Für den Belag
etwa 8 große Äpfel
etwas Zimt, nach Belieben
etwas Agavendicksaft

Für die Streusel
200 g Mehl
100 g Margarine, weich
100 g Agavendicksaft, nach Bedarf
½ Pck. Backpulver
1 Prise Salz

Zubereitung

Für den Boden alle Zutaten in einer Schüssel zu einem griffigen Teig verkneten und auf einem gefetteten Backblech ausrollen.

Für den Belag Äpfel waschen, abtrocknen, halbieren und entkernen. Äpfel achteln und in etwa 2 Millimeter dicke Scheiben schneiden. Die Apfelscheiben in einer Schüssel mit Zimt und Agavendicksaft mischen und ziehen lassen.

In der Zwischenzeit *für die Streusel* alle Zutaten in einer Schüssel vermischen und verarbeiten.

Die Apfelscheiben gleichmäßig auf dem Teigboden verteilen und die Streusel daraufgeben.

Den Kuchen etwa 20 bis 30 Minuten im vorgeheizten Backofen bei 180 °C (Umluft) backen.

05.08.14 trocken, nicht ohne Sahne!

Apfelmuskuchen (1 Backblech, etwa 35 x 37 cm) ✳✳

Zutaten

Für den Boden

siehe Grundrezept Mürbeteig I – hell, Backblech dünn, doppelte Menge (Seite 32)

Für den Belag

1½ kg Apfelmus, dickflüssig
50 g Mandeln, gemahlen/gehackt
etwa 75 g Rosinen
½ gestr. TL Zimt
80 g Speisestärke
1 Pck. Vanillepuddingpulver
50 ml Rapsöl
100 ml Sojasahne
2 Prisen Salz
etwas Zitronenschale, abgerieben

Zum Bestreuen

2–3 EL Grieß
evtl. etwas Vanillezucker

Zubereitung

Für den Boden den Teig nach Grundrezept zubereiten. Zwei Drittel des Teiges ausrollen und in ein gefettetes tiefes Backblech legen, dabei einen etwa 2 Zentimeter hohen Rand hochziehen. Den Teig mit Grieß bestreuen und andrücken. In den Teigboden mit einer Gabel in gleichmäßigen Abständen hineinstechen.

Für den Belag alle Zutaten in einer Schüssel zu einer glatten Masse verrühren. Die Apfelmusmasse gleichmäßig auf den Boden streichen.

Den restlichen Teig

1. zu Streusel zupfen *oder*

2. in 2 Zentimeter breite Streifen schneiden und über Kreuz auf den Kuchen legen (Skizze siehe S. 79) *oder*

3. mit einer geschlossenen, dünnen Teigplatte abdecken (vorsichtig mit einer Gabel in gleichmäßigen Abständen hineinstechen, um Blasenbildung zu vermeiden).

Den Kuchen etwa 30 bis 40 Minuten im vorgeheizten Backofen bei 275 °C backen.

Ist der Kuchen mit Streuseln oder Teigstreifen bedeckt, den Kuchen erkalten lassen und mit Vanillezucker bestreuen. Ist er mit einer Teigplatte bedeckt, schmeckt eine Zitronenzuckerguss (Seite 155) am besten.

Apfelkuchen mit „Magnetgitter" ***

Zutaten ***Für den Boden***	**Springform** (Ø 26 cm)	**Backblech** (etwa 35 x 37 cm)
Margarine, weich	70 g	140 g
Rohrohrzucker	45 g	90 g
Vanillezucker	½ Pck.	1 Pck.
Salz	1 Prise	2 Prisen
Hafermilch	90 ml	180 ml
Dinkelvollkornmehl	150 g	300 g
Weizenmehl	150 g	300 g
Backpulver	½ Pck.	1 Pck.

Für den Belag	**Springform** (Ø 26 cm)	**Backblech** (etwa 35 x 37 cm)
Äpfel	700 g–1 kg	1½–2 kg
Rosinen	1 Tasse	2 Tassen
Zitronensaft	etwa 2 EL	4 EL
Mandeln, geschält und gehackt	100 g	200 g
Zimt und Rohrohrzucker, je nach Süße der Äpfel	etwas	etwas

Zum Bestreuen	**Springform** (Ø 26 cm)	**Backblech** (etwa 35 x 37 cm)
Mais- oder Weizengrieß (bei sehr saftigen Äpfeln Grießmenge verdoppeln)	2–3 EL	4–6 EL
Mandeln, gehackt/gestiftelt	25 g	50 g
Puderzucker	etwas	etwas

Zubereitung

Für den Boden weiche Margarine, Rohrohrzucker, Vanillezucker, Salz und Hafermilch in einer Schüssel schaumig rühren. Mehl mit Backpulver mischen, hinzugeben und zu einem glatten Teig verkneten.

Für den Belag Äpfel waschen, abtrocknen, grob raspeln und in eine Schüssel geben. Restliche Zutaten für den Belag darauf verteilen und gut vermischen. Apfelmasse einige Zeit durchziehen lassen.

Etwa ein Drittel (120 Gramm) des Teiges für das Magnetgitter beiseitelegen. Restlichen Teig auf einer gefetteten Form ausrollen oder mit mehligen Händen gleichmäßig in ein gefettetes Backblech drücken, dabei einen etwa 3 Zentimeter hohen Rand hochziehen. In den Teigboden mit einer Gabel in gleichmäßigen Abständen hineinstechen und den Boden dann mit Grieß bestreuen.

Die Apfelmasse darauf verteilen. Mandeln auf die Apfelmasse streuen.

Den beiseitegelegten Teig ausrollen und in etwa 2 Zentimeter breite Streifen schneiden. Die Streifen gitterartig auf die Apfelmasse legen.

Den Kuchen etwa 30 bis 40 Minuten im vorgeheizten Backofen bei 175 °C goldbraun backen. Anschließend erkalten lassen und mit Puderzucker bestäuben.

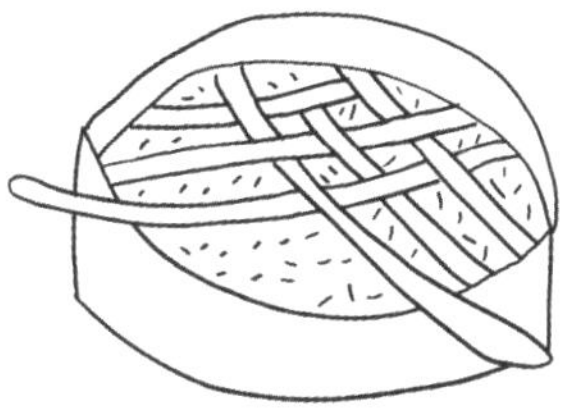

Apfel-Marzipan-Kuchen (1 Springform, Ø 26 cm) ***

Zutaten

Für den Mürbeteigboden

170 g Weizenmehl
70 g Margarine, weich
35 ml Wasser
70 g Rohrohrzucker/Agavendicksaft, nach Bedarf
1 Prise Kurkuma
1 Prise Salz

Für den Rührteig

125 g Margarine
125 g Rohrohrzucker/Agavendicksaft
1 Pck. Vanillezucker
1 Prise Salz
40 ml Hafermilch
200 g Weizenmehl
2 TL Backpulver

Für den Belag

3–6 mittelgroße Äpfel
150 g Marzipan-Rohmasse, gekauft/selbst gemacht (Seite 149)

Zum Bestreichen

2 EL Aprikosenmarmelade
1 EL Wasser

Zubereitung

Für den Mürbeteigboden alle Zutaten in einer Schüssel gut verkneten, in Frischhaltefolie wickeln und mindestens 30 Minuten kühl stellen.

In der Zwischenzeit *für den Rührteig* Margarine in einer Schüssel mit einem Rührgerät schaumig rühren, Zucker, Vanillezucker und Salz unterrühren, bis eine glatte Masse entsteht. Hafermilch hinzufügen. Mehl mit Backpulver mischen und nach und nach unterrühren.

Den Mürbeteig etwa 4 Millimeter dick ausrollen und auf einen gefetteten Springformboden legen. Eine dünne Schicht Rührteig darauf verteilen.

Für den Belag Äpfel waschen, abtrocknen, entkernen, in kleine Stücke schneiden und darauf verteilen. Restlichen Rührteig auf die Apfelstücke streichen.

Marzipan durchkneten, zwischen Daumen und Zeigefinger flach drücken und auf dem Kuchen verteilen.

Den Kuchen etwa 40 bis 50 Minuten im vorgeheizten Backofen bei 180 °C backen.

Aprikosenmarmelade mit Wasser verrühren. Den Kuchen aus dem Backofen nehmen und noch warm mit der verrührten Marmelade bestreichen (aprikotieren).

Eiscreme-Früchtekuchen (1 Backblech, etwa 35 x 37 cm) ⁂

Zutaten

Für den Boden

siehe Grundrezepte Mürbeteig nach eigener Wahl (Seite 32 ff.)

Für den Belag

1½–2 kg Früchte, z. B. rote Sommerbeerenmischung, unreife Stachelbeeren oder Sauerkirschen – aber auch alle Beerensorten einzeln sind möglich

etwas Rohrohrzucker, je nach Süße der Früchte

3 EL Grieß (bei frischem Obst 5 EL), zum Bestreuen

6 EL Kartoffelmehl, zum Andicken des Fruchtsaftes

Für die Eiscreme

300 g Kokosfett

300 g Puderzucker aus Rohrohrzucker

4 EL Zitronensaft

2 Prisen Salz

Für den Guss

siehe Rezept Schokoladenguss I (Seite 159)

Zubereitung

Den Boden auf einem gefetteten Backblech ausrollen und ringsherum einen etwa 2 Zentimeter hohen Rand hochziehen. Den Teig gleichmäßig mit Grieß bestreuen und anschließend in den Boden mit einer Gabel in gleichmäßigen Abständen hineinstechen.

Für den Belag frische Früchte waschen, entstielen und zuckern. Gut 3 Stunden durchziehen lassen, Saft auffangen. Aus dem aufgefangenen Fruchtsaft und Kartoffelmehl in einem Topf einen festen Brei kochen. Die Früchte unterheben und die Fruchtmasse auf dem Teigboden verteilen.

Den Kuchen etwa 30 bis 35 Minuten im vorgeheizten Backofen bei 175 °C goldbraun backen. Abkühlen lassen.

Für die Eiscreme Kokosfett in einer Pfanne zerlassen. Restliche Zutaten mit dem zerlassenen Kokosfett in einer Schüssel schaumig rühren. Die Masse auf die abgekühlte Beerenschicht träufeln und abkühlen lassen.

Für den Guss den Schokoladenguss nach Rezept zubereiten und den Kuchen damit überziehen.

Eiscreme-Früchtekuchen im Kühlschrank aufbewahren und zum Servieren in kleine Stücke schneiden.

Gefüllter Mirabellenkuchen (1 Backblech, etwa 35 x 37 cm) ✳✳✳

Zutaten

Für den Boden

siehe Grundrezept Hefeteig, Backblech dünn (Seite 39)

Für die Füllung

400 g Mirabellen
100 g Rohrohrzucker, je nach Süße der Früchte
250 ml Hafermilch
2 Pck. Vanillepuddingpulver
100 g Margarine
2 EL Rohrohrzucker, nach Belieben mehr
100 ml Sojasahne
200 g Sojajoghurt
2 Prisen Salz
1 TL Zitronenschale, abgerieben
2 EL Zitronensaft
1 Prise Vanillepulver

Für die Streusel

siehe Rezept nach eigener Wahl (Seite 67 ff.)

Zubereitung

Für den Boden den Teig nach Grundrezept zubereiten, auf einem gefetteten Backblech ausrollen und ringsherum einen etwa 2 Zentimeter hohen Rand hochziehen.

In den Teigboden mit einer Gabel in gleichmäßigen Abständen hineinstechen und warm gestellt gehen lassen.

Für die Füllung Mirabellen abspülen, abtropfen lassen, entstielen und entsteinen. Mirabellen in einer Schüssel mit Rohrohrzucker bestreuen und Saft ziehen lassen.

Aus Hafermilch und 1 Päckchen Puddingpulver nach Packungsanleitung einen Pudding kochen und abkühlen lassen.

Margarine, Rohrohrzucker, Sojasahne, Sojajoghurt, Salz, Zitronensaft, -schale, Mirabellensaft und Vanillepulver einrühren. Das zweite Päckchen Puddingpulver glatt unterrühren (dickt beim Backen an). Die Hälfte der Früchte unterziehen.

Den Hefeboden im oberen Drittel etwa 10 Minuten im vorgeheizten Backofen bei 175 °C vorbacken, bis der Teig lichtbraun ist.

Inzwischen *Streusel* nach Wahl nach Rezept zubereiten.

Das Backblech herausnehmen (der Backofen bleibt an). Die Füllung sofort auf den vorgebackenen Gebäckboden geben, restliche Früchte darauf verteilen und das Ganze mit Streuseln bedecken.

Den Kuchen zügig wieder auf derselben Schiene in den Backofen schieben und weitere 20 bis 25 Minuten bei 175 °C backen, bis die Streusel goldbraun sind. Da die Puddingfüllung noch flüssig ist, den Kuchen vorsichtig aus dem Backofen nehmen und abkühlen lassen (der Pudding wird nun fest).

Tipp: Pflaumen, Mispeln, anderes Obst und Marmeladen sind als Fruchtfüllung ebenfalls möglich.

Mohnkuchen (1 Backblech, etwa 35 x 37 cm) ***

Zutaten

Für den Boden

siehe Grundrezept Hefeteig, Backblech dünn (Seite 39)

Für die Mohnmasse

300 g Rosinen
etwa 4 EL Zitronensaft (von 1 ausgepressten Zitrone)
1 TL Zitronenschale, abgerieben
700 ml Hafermilch
1 gestr. TL Salz
200 g Mehl
250 g Mohn, vorsichtig angeröstet und gemahlen
100 g Margarine
100 g Mandeln, geschält und gehackt
100 g Agavendicksaft, nach Bedarf
3–4 säuerliche Äpfel (nach Bedarf geschält), geraspelt (oder ¾ Glas Apfelmus [400 g], dickflüssig)
1 Pck. Vanillepuddingpulver
100 g Speisestärke

Zubereitung

Für die Mohnmasse Rosinen mit Zitronensaft und -schale in einer Schüssel mischen und zugedeckt mindestens 2 bis 3 Stunden (am besten über Nacht) einweichen lassen.

500 Milliliter von der Hafermilch mit Salz in einem Topf zum Kochen bringen, Mehl in die restliche Hafermilch rühren und aus der Mehlmischung und der kochenden Hafermilch einen dicken Brei kochen. Sofort Mohn und anschließend Margarine unterrühren und den Brei abkühlen lassen. Restliche Zutaten dazugeben und glatt rühren. Zum Schluss eingeweichte Rosinen unterheben.

Für den Boden den Teig nach Grundrezept zubereiten, auf einem gefetteten Backblech ausrollen und ringsherum einen etwa 2 Zentimeter hohen Rand hochziehen. Den Teig gleichmäßig mit Grieß bestreuen und anschließend in den Boden mit einer Gabel in gleichmäßigen Abständen hineinstechen. Die Mohnmasse auf dem Teigboden verteilen und glatt streichen. Den Kuchen etwa 30 Minuten im vorgeheizten Backofen bei 175 °C backen.

In der Zwischenzeit für die *Sulfdecke* Margarine in einem Topf zerlassen, Mehl und Salz hinzugeben, verrühren

125 ml Sojasahne
2 Tropfen Bittermandelaroma/ 3 Bittermandeln, fein gemahlen
100 ml Rapsöl

Für die Sulfdecke
80 g Margarine
1½ EL Mehl
2 Prisen Salz
600 ml Hafermilch
125 ml Sojasahne
3 EL Agavendicksaft
1 EL Zitronensaft
1 Pck. Vanillepuddingpulver
2 Msp. Natron/Backpulver

Zum Bestreuen
3 EL Grieß

und kurz unter Rühren aufschäumen lassen, bis es lichtgelb ist. Nach und nach Hafermilch hinzugeben und wie bei einer Mehlschwitze immer wieder glatt rühren. Anschließend abkühlen lassen. Restliche Zutaten hinzugeben und glatt pürieren.

Den Kuchen aus dem Backofen nehmen, die Sulfdecke gleichmäßig auf dem Kuchen verteilen und den Kuchen in weiteren 15 bis 20 Minuten fertig backen, bis die Decke goldbraun ist.

Tipps: Die Sulfdecke kann weggelassen werden, dafür den Kuchen gleich fertig backen und nach dem Auskühlen einen Schokoladenguss für 1 Backblech (Seite 159) daraufstreichen. Aber auch Streusel (Seite 67 ff.) sind eine köstliche Variante.

Sauerkirsch-Biskuit-Kuchen (1 Backblech, etwa 35 x 37 cm) ✻✻

Zutaten

Für den Teig

siehe Grundrezept Biskuitteig – hell, Backblech (Seite 43)

Für den Belag

700 g–1 kg frische Schattenmorellen oder

1 großes Glas Sauerkirschen (etwa 680 g)

Zum Bestäuben

etwas Puderzucker

Zubereitung

Den Teig nach Grundrezept zubereiten (dabei Natron weglassen und dafür die 1½-fache Menge Backpulver verwenden) und vorsichtig auf ein gefettetes, bemehltes Backblech streichen.

Für den Belag Schattenmorellen abspülen, abtropfen lassen, entstielen und nach Belieben entsteinen. Oder Sauerkirschen in einem Sieb abtropfen lassen. Kirschen gleichmäßig auf dem Teig verteilen.

Den Kuchen sofort für etwa 20 bis 25 Minuten im vorgeheizten Backofen bei 175 °C backen.

Vor dem Servieren mit etwas Puderzucker bestäuben.

Tipps: Besonders lecker schmeckt vegane Schlagsahne dazu. Zu den Sauerkirschen passt auch ein Schokoladenbiskuit als Boden hervorragend.

Kleckselkuchen (1 Backblech, etwa 35 x 37 cm) ***

Zutaten

Für den Boden

siehe Grundrezept Hefeteig, Backblech dünn (Seite 39)

Für die Füllung

½ Sojaquarkmasse (siehe Rezepte Quark-/Käsekuchen aus Sojaquark [Seite 88 ff.])

½ Mohnmasse (siehe Rezept Mohnkuchen [Seite 84])

Für die Kuchendecke

1. Streusel

siehe Grundrezept (Seite 67 ff)

oder

2. Apfel–Mandeldecke

2 Äpfel, fein geschnitten

½ Tasse Mandelsplitter, geröstet

Zum Bestreuen, Bestreichen und Bestäuben

3 EL Grieß

etwas Margarine, zerlassen

etwas Puderzucker aus Rohrohrzucker

Zubereitung

Für den Boden den Teig nach Grundrezept zubereiten, auf einem gefetteten Backblech ausrollen und ringsherum einen etwa 2 Zentimeter hohen Rand hochziehen. Den Teig gleichmäßig mit Grieß bestreuen und anschließend in gleichmäßigen Abständen mit einer Gabel in den Boden hineinstechen.

Für die Füllung die Sojaquark- und die Mohnmasse nach Rezept zubereiten. Die Sojaquarkmasse auf dem Teigboden verteilen, die Mohnmasse mit einem Esslöffel als Kleckse hineinsetzen.

Für die Kuchendecke (1.) die Streusel nach Grundrezept zubereiten oder (2.) Äpfel mit Mandelsplittern mischen und auf dem Kuchen verteilen.

Den Kuchen etwa 45 Minuten im vorgeheizten Backofen bei 175 °C backen.

Den Kuchen aus dem Backofen nehmen, sofort mit zerlassener Margarine bestreichen und leicht mit Puderzucker bestäuben.

Tipp: Beide Decken-Varianten schmecken sehr gut, da hilft nur Ausprobieren.

Quark-/Käsekuchen aus Sojaquark

(1 Backblech, etwa 35 x 37 cm) ***

Zutaten

Für den Boden

siehe Grundrezept Hefeteig, Backblech dünn (Seite 39)

Für die Sojaquarkmasse

200–250 g Rosinen
3 EL Zitronensaft
½ TL Zitronenschale, abgerieben
800 g Tofu, naturell
1 kg Sojajoghurt, naturell
200 g Margarine
100 ml Rapsöl
2 Pck. Vanillepuddingpulver
120 g Speisestärke
etwa 280 g Agavendicksaft, nach Belieben
200 ml Sojasahne
½ TL Orangenschale, abgerieben (wenn vorhanden)
3 Prisen Salz

Für die Sulfdecke

80 g Margarine
1½ EL Mehl
3 Prisen Salz
600 ml Hafermilch

Zubereitung

Für die Sojaquarkmasse Rosinen mit Zitronensaft und -schale in einer Schüssel vermischen und zugedeckt mindestens 2 bis 3 Stunden (oder über Nacht) einweichen lassen.

Für den Boden den Teig nach Grundrezept zubereiten, auf einem gefetteten Backblech ausrollen und ringsherum einen etwa 2 Zentimeter hohen Rand hochziehen. Den Teig gleichmäßig mit Grieß bestreuen und anschließend in gleichmäßigen Abständen mit einer Gabel in den Boden hineinstechen.

Für die Sojaquarkmasse Tofu in kleine Würfel schneiden und mit dem Mixer fein pürieren. Nach und nach Sojajoghurt und restliche Zutaten (außer Rosinen) dazugeben und cremig pürieren. Die eingeweichten Rosinen unterrühren. Die Masse auf dem Teigboden verteilen und glatt streichen.

Den Kuchen etwa 30 Minuten im vorgeheizten Backofen bei 175 °C backen.

In der Zwischenzeit *für die Sulfdecke* Margarine in einem Topf zerlassen, Mehl und Salz hinzugeben, verrühren und kurz unter Rühren aufschäumen lassen, bis es lichtgelb ist. Nach und nach Hafermilch hinzugeben und wie bei einer Mehlschwitze immer wieder glatt rühren.

125 ml Sojasahne
3 EL Agavendicksaft
1 EL Zitronensaft
1 Pck. Vanillepudding-pulver
2 Msp. Natron/Back-pulver

Zum Bestreuen
3 EL Grieß

Anschließend abkühlen lassen. Restliche Zutaten hinzugeben und glatt pürieren.

Nach 30 Minuten Backzeit den Kuchen kurz aus dem Backofen nehmen, die Sulfdecke zügig auf der Quarkmasse verteilen und den Kuchen in weiteren 15 bis 20 Minuten fertig backen.

Tipps: Gehackte Mandeln veredeln die Quarkmasse. Mandelstifte oder gehobelte Mandeln sowie Streusel (Seite 67 ff.) sind auch ein willkommener Oberflächen-abschluss. Einfach und lecker ist der Quarkkuchen, wenn Sie auf die Sulfdecke verzichten und den leicht abgekühlten Kuchen nach dem Backen mit flüssiger Margarine beträufeln und mit Puder-zucker bestäuben.

Zupfkuchen „Lonauer Art" (1 Backblech, etwa 35 x 37 cm) ✻✻

Zutaten

Für Boden und Streusel

340 g Dinkelmehl
200 g Weizenmehl
140 g Speisestärke
300 g Margarine
140 g Agavendicksaft
360 ml Hafermilch
82 g Kakao
½ Pck. Backpulver
½ TL Natron
3 Prisen Salz

Für die Sojaquarkmasse

800 g Tofu, naturell (so klein schneiden, dass er sich pürieren lässt)
500 g Sojajoghurt, naturell
170 ml Sojasahne
170 g Agavendicksaft
40 ml Hafermilch
2 Pck. Vanillepudding-pulver
3 EL Zitronensaft
3 Prisen Salz
1 TL Zitronenschale, abgerieben

Zum Bestreuen und Betupfen

3 EL Grieß
etwa 6 EL Hafermilch

Zubereitung

Für den Boden und die Streusel alle Zutaten in einer Schüssel miteinander vermischen. Ein Drittel bis die Hälfte des Teiges als Boden auf ein gefettetes Backblech zupfen und gleichmäßig breit drücken, sodass der Boden bedeckt ist. Dabei ringsherum einen etwa 2 Zentimeter hohen Rand hochziehen. Den Boden dünn mit Grieß bestreuen.

Für die Sojaquarkmasse alle Zutaten in einer Schüssel vermischen, pürieren und schaumig schlagen. Die Sojaquarkmasse gleichmäßig auf dem Teigboden verteilen und den restlichen Teig gleichmäßig darauf zupfen.

Den Kuchen etwa 35 bis 45 Minuten im vorgeheizten Backofen bei 175 °C backen. Sollte der Kuchen zu braun werden, eventuell die Oberfläche mit Backpapier abdecken.

Den Kuchen aus dem Backofen nehmen und nach Belieben mithilfe eines Pinsels mit Hafermilch betupfen.

Tipp: Den Kuchen vor dem Servieren leicht mit etwas Puderzucker bestäuben.

Sojaquarkkuchen ohne Boden

Zutaten	Springform (Ø 26 cm)	Backblech (etwa 35 x 37 cm)
Tofu, naturell	200 g	400 g
Sojajoghurt, naturell	500 g	1 kg
Margarine	100 g	200 g
Agavendicksaft	80 g	160 g
Zitronensaft	50 ml	100 ml
Sojasahne	100 ml	200 ml
Rapsöl	30 ml	60 g
Vanillepuddingpulver	3 Pck.	6 Pck.
oder Speisestärke	120 g	240 g
Zitronenschale, abgerieben	½ TL	1 TL
Vanillepulver	1 Msp.	2 Msp.
Salz	2 Prisen	4 Prisen
Natron	½ gestr. TL	1 TL
Backpulver	½ TL	1 TL
Rosinen	100 g	200 g
Zum Bestreuen: Grieß	6 EL	6 EL

Zubereitung

Tofu klein schneiden, in eine Schüssel geben und im Mixer pürieren. Alle anderen Zutaten (außer Rosinen) dazugeben, schaumig rühren, abschmecken. Rosinen von Hand unter die Quarkmasse arbeiten.

Die Sojaquarkmasse sofort auf ein gefettetes, mit Grieß bestreutes tiefes Backblech oder in eine ebenso vorbereitete Springform geben. 60 Minuten im vorgeheizten Backofen bei 175 °C goldbraun backen.

Tipp: Der Sojaquarkkuchen schmeckt frisch gebacken am besten.

Hummelstich (1 Backblech, etwa 35 x 37 cm) ***

Zutaten

Für den Boden

1 Pck. Backpulver
200 g Dinkelmehl (Vollkorn-, frisch gemahlen)
100 g Weizenmehl
50 g Stärkemehl
100 g Agavendicksaft
150 ml Hafermilch
100 ml Sojasahne
150 g Margarine, warm
50 ml Rapsöl
1 EL Zitronensaft
1 Prise Salz
etwas Zitronenschale, abgerieben

Für die Füllung

1 großes Glas Aprikosenhälften (ca. 680 g)
250 ml Aprikosensaft (mit Hafermilch aufgefüllt)
40 g Agavendicksaft
1 Pck. Vanillepuddingpulver
20 g Margarine
1 Prise Salz
etwas Zitronenschale, abgerieben

Zubereitung

Für den Boden Backpulver gut mit Mehl vermischen. Alle Zutaten in einer Schüssel zu einem Teig verkneten und auf einem gefetteten Backblech ausbreiten, dabei ringsherum einen leichten Rand hochziehen. In den Teigboden mit einer Gabel in gleichmäßigen Abständen hineinstechen. Den Boden etwa 10 bis 15 Minuten im vorgeheizten Backofen bei 175 °C zartbraun vorbacken.

In der Zwischenzeit *für die Füllung* Aprikosen in einem Sieb abtropfen lassen, dabei den Saft auffangen. Aprikosen etwas zerkleinern. Aprikosensaft mit Hafermilch auf 250 Milliliter auffüllen und Agavendicksaft gut darin auflösen, damit er später nicht anbrennt. Aus Puddingpulver und Aprikosensaftmischung nach Packungsanleitung einen festen Pudding kochen und abkühlen lassen. Anschließend Margarine, Zitronenschale und Salz unterrühren.

Für die Hummelstichmasse alle Zutaten in einer Schüssel zu einer geschmeidigen, streichfähigen Masse verrühren.

Den Gebäckboden aus dem Backofen nehmen. Den Pudding zügig mit den Fruchtstücken auf den noch heißen, vorgebackenen Boden streichen und mit den aneinandergereihten Blätterteigplatten abdecken. Gleichmäßig mit der

Für die Hummelstichmasse
200 g Margarine
200 g Rohrohrzucker/ Agavendicksaft
300 g Mandeln, gemahlen/Nüsse, gehackt
3–5 Bittermandeln, gemahlen/2–3 Tropfen Bittermandelaroma
3 Prisen Salz
6 EL Sojasahne, nach Bedarf mehr
1 EL Zitronensaft

Für die Kuchendecke
9 TK-Blätterteigplatten (etwa 12 x 12 cm)

Hummelstichmasse bestreichen.

Den Kuchen im oberen Drittel wieder in den Backofen schieben und weitere 25 bis 30 Minuten bei 175 °C fertig backen, bis die Decke goldgelb ist.

Tipps: Eine einfache Variante ist die ohne Blätterteig. Den vorgebackenen Boden mit 1 Glas Aprikosenmarmelade bestreichen, einfach mit der Hummelstichmasse bestreichen und fertig backen. Kleine Stücke schneiden – der Kuchen ist sehr gehaltvoll! Etwas einfacher, aber auch sehr lecker schmeckt der Kuchen, wenn die Füllung nur aus eingeweichten getrockneten Aprikosen ohne Pudding besteht.

(Pflaumen-) Muskuchen (1 Backblech, etwa 35 x 37 cm) ✳✳

Zutaten

Für den Boden

siehe Grundrezept Mürbeteig I oder II – hell, Backblech dünn (Seite 32/33)
oder Grundrezept Blitzblätterteig (Seite 52)

Für den Belag

2 Gläser Pflaumenmus (je 450 g)
2 EL Zitronensaft
50–100 g Mandeln, süß/ Nüsse, gemahlen
3–5 EL Sojasahne

Für die Kuchendecke

9 TK-Blätterteigplatten (11½ x 12 cm)

Für den Guss

siehe Rezept Zitronenzuckerguss (Seite 155)

Zubereitung

Für den Boden den Teig nach Grundrezept zubereiten und auf einem gefetteten Backblech ausrollen, dabei einen leichten Rand hochziehen.

Für den Belag Pflaumenmus mit Zitronensaft in einer Schüssel pürieren und Mandeln unterrühren. Die Masse auf den Teigboden streichen und mit Blätterteigplatten abdecken.

Den Kuchen etwa 15 bis 20 Minuten im vorgeheizten Backofen bei 175 °C hellgelb backen, anschließend erkalten lassen.

In der Zwischenzeit den Zitronenzuckerguss nach Rezept zubereiten. Den erkalteten Kuchen damit bestreichen.

Tipp: Statt den Kuchen mit Guss zu bestreichen, können Sie ihn auch mit etwas Puderzucker bestäuben.

Trockene Kuchen

Flachländer marmoriert

Zutaten

Für den Teig

80 g Margarine
100 g Weizenmehl
80 g Kartoffelmehl
2 Prisen Salz
430 ml Hafermilch
125 ml Sojasahne
50 ml Rapsöl
1 Pck. Vanillepudding-pulver
3–4 EL Agavendicksaft, nach Belieben
2 EL Zitronensaft
1 geh. TL Backpulver
1 gestr. TL Natron
2 EL Kakao

Nach Belieben zum Bestäuben

etwas Puderzucker

Zubereitung

Margarine in einem Topf zerlassen, Mehl und Salz hinzugeben, verrühren und kurz unter Rühren aufschäumen lassen, bis es lichtgelb ist. Nach und nach Hafermilch hinzugeben und wie bei einer Mehlschwitze immer wieder glatt rühren, eventuell cremig pürieren. Anschließend abkühlen lassen.

Restliche Zutaten (außer Kakao) hinzugeben und in die Masse einarbeiten, bis die Konsistenz eines Biskuitteigs erreicht ist. Den Teig halbieren, unter eine Hälfte Kakao rühren.

Den hellen Teig auf ein gefettetes, bemehltes Backblech streichen und den Kakaoteig in kleinen Klecksen darauf verteilen.

Den Kuchen etwa 20 bis 30 Minuten im vorgeheizten Backofen bei 175 °C backen, bis die Decke goldgelb ist.

Vor dem Servieren nach Belieben leicht mit Puderzucker bestäuben.

Marzipan- oder Winterkuchen (½ Backblech) ***

Zutaten

Für den Boden
440 g Weizenmehl
400 ml Hafermilch
180 g Agavendicksaft/ Rohrohrzucker
100 ml Sojasahne
60 g Kakao
50 g Zitronat, fein gehackt
40 g Margarine
10 g Lebkuchengewürz
10 g Pottasche
2 TL Natron
1 TL Zitronenschale, abgerieben
2 Prisen Salz
4 Stück Bittermandeln, fein gemahlen/Bittermandelaroma

Für die Mandelfüllung
200 g Mandeln, geschält und gemahlen
50 g Agavendicksaft
6 EL Wasser
2 EL Mandel-/Rapsöl
2 Bittermandeln, fein gemahlen/ 2 Tropfen Bittermandelaroma
1 Msp. Vanillepulver
1 Prise Salz

Zubereitung

Für den Boden schon am Abend vorher alle Zutaten in einer Schüssel zu einem geschmeidigen Teig verarbeiten und den Teig kühl gestellt über Nacht ruhen lassen.

Für die Mandelfüllung alle Zutaten in einer Schüssel zu einer glatten Masse verrühren.

Den Teig gleichmäßig auf einem gefetteten Backblech verstreichen. Den Boden etwa 15 Minuten im vorgeheizten Backofen bei 175 °C vorbacken, aus dem Backofen nehmen (der Backofen bleibt an) und die Mandelfüllung daraufstreichen. Den Kuchen sofort weitere etwa 8 Minuten backen und erkalten lassen.

Für das Grießmarzipan Margarine in einem Topf zerlassen, Grieß, Hafermilch, Agavendicksaft, Salz und Vanillepulver einrühren, kurz aufkochen und gar köcheln lassen, zuletzt Bittermandelaroma/-öl unterziehen.

Den Boden einmal senkrecht in der Mitte durchschneiden. Die Hälfte der warmen Marzipanmasse auf eine Kuchenhälfte streichen, die andere Kuchenhälfte daraufsetzen.

Restliches Marzipan auf die Kuchenoberfläche streichen und den Kuchen abkühlen lassen.

Für das Grießmarzipan
400 g Margarine
400 g Weizengrieß (Vollkorn-)
600 ml Hafermilch
250 g Agavendicksaft
2 Prisen Salz
1 Prise Vanillepulver
½ Röhrchen Bittermandelaroma/-öl

Zum Verzieren
50 g Zartbitterschokolade
30 g Kakao
20 g Mandeln, gehackt

Zum Verzieren Schokolade in einer Schüssel im Wasserbad schmelzen. Den Kuchen mit Kakao bestäuben, die geschmolzene Schokolade im Zickzackmuster darüberträufeln und Mandeln darüberstreuen.

Tipps: Den Kuchen am besten in kleine Stücke schneiden, da er sehr gehaltvoll ist. Wer den Kuchen gern das ganze Jahr über, und nicht nur im Winter essen möchte, lässt das Lebkuchengewürz und die Pottasche im Teig weg und ersetzt sie durch 10 Gramm Backpulver.

Mandel-Bienenstich (oder Kokos-/Nuss-Bienenstich)

(1 Backblech, etwa 35 x 37 cm) ✳✳✳

Zutaten

Für den Boden

siehe Grundrezept Hefeteig, Backblech dick (Seite 39)

Für die Kuchendecke

150 g Margarine
2 Prisen Salz
120 g Rohrohrzucker
200 g Mandeln, geschält und gehackt (oder Kokosflocken/Nüsse, gehackt)
5 Bittermandeln, gemahlen/3 Tropfen Bittermandelaroma
2 EL Sojasahne

Zubereitung

Für den Boden den Teig nach Grundrezept zubereiten, auf einem gefetteten Backblech ausrollen und ringsherum einen leichten Rand hochziehen. In den Teigboden mit einer Gabel in gleichmäßigen Abständen hineinstechen.

Für die Kuchendecke Margarine, Salz und Rohrohrzucker in einem Topf kurz aufkochen lassen, von der Kochstelle nehmen und Mandeln, gemischt mit den Bittermandeln bzw. dem -aroma, und Sahne unterrühren. Die Masse auf dem Teigboden verteilen und vorsichtig breit streichen.

Den Kuchen etwa 25 Minuten im vorgeheizten Backofen bei 175 °C backen. Sollte der Kuchen zu braun werden, die Oberfläche mit Backpapier abdecken.

Tipp: Sobald die Bienenstichmasse zu bräunen beginnt, etwas kaltes Wasser daraufsprenkeln, das verstärkt das typische Aussehen des Kuchens.

Gefüllter Bienenstich (1 Backblech, etwa 35 x 37 cm) ✳✳✳

Zutaten

Für den Boden

siehe Grundrezept Hefeteig, Backblech dünn (Seite 39)

Für die Füllung

250 ml Hafermilch
2 Pck. Vanillepuddingpulver
100 g Margarine
2 EL Rohrohrzucker, nach Belieben mehr
100 ml Sojasahne
200 g Sojajoghurt, naturell
2 Prisen Salz
1 Prise Vanillepulver

Für die Kuchendecke

siehe Rezept Mandel-Bienenstich (Seite 98)

Zubereitung

Für den Boden den Teig nach Grundrezept zubereiten, auf einem gefetteten Backblech ausrollen und ringsherum einen etwa 2 Zentimeter hohen Rand hochziehen. In den Boden mit einer Gabel in gleichmäßigen Abständen hineinstechen und den Teig dann etwas gehen lassen.

Für die Füllung aus Hafermilch und 1 Päckchen Puddingpulver nach Packungsanleitung einen Pudding kochen und abkühlen lassen.

Margarine, Rohrohrzucker, Sojasahne, Sojajoghurt, Salz und Vanillepulver einrühren und das zweite Päckchen Puddingpulver glatt unterrühren.

Den Hefeboden im oberen Drittel 10 Minuten im vorgeheizten Backofen bei 175 °C vorbacken, bis der Teig lichtbraun ist.

Inzwischen die Kuchendecke nach Rezept zubereiten.

Backblech aus dem Backofen nehmen. Die Füllung sofort gleichmäßig auf den vorgebackenen Boden streichen und die zubereitete Decke vorsichtig darüberziehen.

Den Kuchen zügig in den Backofen schieben und weitere 20 bis 25 Minuten bei 175 °C fertig backen, bis die Decke goldbraun ist. Den Kuchen vorsichtig herausnehmen und abkühlen lassen.

Sahnestreuselkuchen (1 Backblech, etwa 35 x 37 cm) ✳✳

Zutaten

Für den Boden

siehe Grundrezept Hefeteig I, Backblech dick (Seite 39)

oder nach Belieben Grundrezept Mürbeteig I – hell, Backblech dick (Seite 32)

Für die Zupfstreusel

300 g Weizenmehl (oder gemischt mit Dinkelvollkornmehl)

1 Pck. Vanillepuddingpulver/40 g Speisestärke

2 Prisen Salz

2 Msp. Natron/Backpulver

100 g Margarine

100 ml Hafermilch

70 g Agavendicksaft

Zum Bestreichen und Bestreuen

200 ml Sojaschlagsahne/Sojasahne

etwas Puderzucker

Zubereitung

Den Hefeteig nach Grundrezept zubereiten, auf einem gefetteten Backblech ausrollen und ringsherum einen leichten Rand hochziehen. In den Boden mit einer Gabel in gleichmäßigen Abständen hineinstechen und den Teig dann warm gestellt gehen lassen.

In der Zwischenzeit *für die Streusel* die trockenen Zutaten miteinander mischen. Die flüssigen Zutaten in einer Schüssel verrühren, die trockenen Zutaten dazugeben und zu einem geschmeidigen Teig verarbeiten. Die Streusel zu Flöckchen zupfen und auf dem Teigboden verteilen.

Den Kuchen 15 bis 20 Minuten auf der mittleren Schiene im vorgeheizten Backofen bei 175 °C goldbraun backen.

Den Kuchen aus dem Backofen nehmen und die Sojasahne sofort mit einem Esslöffel auf dem heißen Kuchen verteilen. Den Kuchen erkalten lassen. Vor dem Servieren den Kuchen mit Puderzucker bestäuben.

Tipp: Etwas weniger gehaltvoll wird der Kuchen, wenn Sie nach dem Backen statt Sahne Soja- oder Hafermilch darauf verteilen.

Gefüllter Sahnestreuselkuchen (1 Backblech, etwa 35 x 37 cm) ✻✻✻

Zutaten

Für den Boden

siehe Grundrezept Hefeteig, Backblech dünn (Seite 39)

Für die Füllung

250 ml Hafermilch
2 Pck. Vanillepuddingpulver
100 g Margarine
2 EL Rohrohrzucker, nach Belieben mehr
100 ml Sojasahne
200 g Sojajoghurt, naturell
1 Prise Salz
1 Prise Vanillepulver

Für die Zupfstreusel

siehe Rezept Sahnestreuselkuchen (Seite 100)

Zum Betupfen und Bestäuben

etwas Sojasahne
etwas Puderzucker

Zubereitung

Den Boden auf einem gefetteten Backblech ausrollen, ringsherum einen etwa 2 Zentimeter hohen Rand hochziehen. Mit einer Gabel hineinstechen.

Für die Füllung aus Hafermilch und 1 Päckchen Puddingpulver einen Pudding kochen und abkühlen lassen.

Margarine, Rohrohrzucker, Sojasahne, Sojajoghurt, Salz und Vanillepulver einrühren und das zweite Päckchen Puddingpulver glatt unterrühren.

Den Hefeboden im oberen Drittel etwa 10 Minuten im vorgeheizten Backofen bei 175 °C vorbacken, bis der Teig lichtbraun ist.

Die Zupfstreusel nach Rezept zubereiten.

Das Backblech aus dem Backofen nehmen (der Backofen bleibt an). Die Füllung sofort gleichmäßig auf dem Boden verstreichen und die Streusel darauf verteilen.

Den Kuchen zügig wieder auf derselben Schiene in den Backofen schieben und weitere 20 bis 25 Minuten bei 175 °C backen, bis die Streusel goldbraun sind. Da die Puddingfüllung noch flüssig ist, den Kuchen vorsichtig aus dem Backofen nehmen, mit einem Pinsel leicht mit etwas Sojasahne betupfen und abkühlen lassen (der Pudding wird nun fest).

Nach Belieben mit Puderzucker bestäuben.

Streuselkuchen – zweifarbig (1 Backblech, etwa 35 x 37 cm) ⁂

Zutaten

Für den Boden
siehe Grundrezept Hefeteig, Backblech dick (Seite 39)

Für die zweifarbigen Streusel
400 g Weizenmehl
200 g Margarine
2 EL Rapsöl
250 g Rohrohrzucker
2 Prisen Salz
30 g Kakao

Zum Bestreichen und Betupfen
1 Glas Schwarze Johannisbeermarmelade (250 g)
2 EL Zitronensaft
etwas Hafermilch

Zubereitung

Den Teig nach Grundrezept zubereiten, auf einem gefetteten Backblech ausrollen und ringsherum einen leichten Rand hochziehen. Marmelade mit Zitronensaft verrühren und gleichmäßig darauf verstreichen.

Für die Streusel Mehl, Margarine, Öl, 200 Gramm Zucker und Salz in einer Schüssel zu Streuseln verarbeiten. Die Streusel halbieren. Restlichen Zucker mit Kakao vermischen und unter eine Streuselhälfte kneten.

Die hellen und die Schokostreusel abwechselnd auf dem Teigboden verteilen.

Den Kuchen etwa 25 bis 30 Minuten im vorgeheizten Backofen bei 175 °C backen. Das Backblech aus dem Backofen nehmen und die Streusel sofort mithilfe eines Pinsels mit Hafermilch betupfen.

Tipps: Den Kuchen nach Belieben vor dem Servieren mit etwas Puderzucker aus Rohrohrzucker bestäuben. Einfacher Streuselkuchen besteht nur aus Hefeteig und Streuseln der eigenen Wahl. Den Kuchenteig mit Marmelade zu bestreichen ist eine beliebte, fruchtige Variation. Alternativ können Sie auch nur Schokostreusel oder Schokozupfstreusel (Seite 67–68) auf dem Teig verteilen.

Schneller Schokoladenstreuselkuchen

(1 Backblech, etwa 35 x 37 cm)

Zutaten

Für den Boden

400 g Sojajoghurt, naturell
300 g Weizenmehl
6 EL Sojasahne
6 EL Rapsöl
1 EL Rohrohrzucker
1 gestr. TL Natron
1 TL Backpulver
2 Prisen Salz

Für die Schokostreusel

200 g Weizenmehl
100 g Margarine
70 g Rohrohrzucker
30 g Kakao
1 Prise Salz

Zubereitung

Für den Boden Sojajoghurt in einem Sieb abtropfen lassen. Alle Zutaten mit den Händen zu einem Teig verarbeiten und auf einem gefetteten Backblech ausbreiten.

Für die Streusel alle Zutaten in einer Schüssel vermischen, zu Streuseln verarbeiten. und die Streusel auf dem Teigboden verteilen.

Den Kuchen etwa 25 bis 30 Minuten im vorgeheizten Backofen bei 175 °C backen.

Tipps: Der Boden eignet sich auch wunderbar für Obstkuchen und kann auch mit Marmelade und/oder Obst belegt werden. Die Schokostreusel können durch helle ersetzt werden.

Festtags- oder Schweizer Kuchen ***

Zutaten ***Für den Boden***	**Springform** (Ø 26 cm)	**Backblech** (etwa 35 x 37 cm)
Margarine, weich	70 g	140 g
Rohrohrzucker	45 g	90 g
Vanillezucker	½ Pck.	1 Pck.
Hafermilch	90 ml	180 ml
Salz	1 Prise	2 Prisen
Dinkelvollkornmehl	150 g	300 g
Weizenmehl	150 g	300 g
Backpulver	½ Pck.	1 Pck.
Natron	1 Msp.	2 Msp.

Für den Belag	**Springform** (Ø 26 cm)	**Backblech** (etwa 35 x 37 cm)
Puderzucker	50 g	100 g
Sojasahne	170 ml	340 ml
Vanillepuddingpulver	1 Pck.	2 Pck.
Vanillezucker/-pulver	1 Pck.	2 Pck.
Salz	2 Prisen	4 Prisen
Margarine, weich	50 g	100 g
Walnüsse, gehackt	200 g	400 g

Für den Guss siehe Rezept Schokoladenguss I (Seite 159)

Zum Bestreichen	**Springform** (Ø 26 cm)	**Backblech** (etwa 35 x 37 cm)
Rotes Johannisbeergelee, säuerlich	etwa 800 g	etwa 400 g
Zitronen- oder anderer Fruchtsaft	evtl. 1 EL	evtl. 2 EL

Zubereitung

Für den Boden Margarine, Rohrohrzucker, Vanillezucker, Hafermilch und Salz in einer Schüssel schaumig rühren. Mehl mit Backpulver und Natron vermischen, hinzugeben und zu einem glatten Teig verkneten. Den Teig etwas kühl stellen.

Den Teig mit den Händen in eine gefettete Form drücken bzw. auf einem gefetteten Backblech ausbreiten, dabei einen etwa 1½ Zentimeter hohen Rand hochziehen. In den Teigboden mit einer Gabel in gleichmäßigen Abständen hineinstechen.

Das Gelee nach Bedarf mit etwas Fruchtsaft verrühren und den Teigboden dick damit bestreichen.

Für den Belag alle Zutaten (bis auf Nüsse) in einer Schüssel mit Margarine gut verrühren. Nüsse dazugeben und alles noch einmal miteinander mischen. Den Belag vorsichtig auf dem bestrichenen Teigboden verteilen.

Den Kuchen etwa 30 bis 40 Minuten im vorgeheizten Backofen bei 175 °C goldgelb backen, anschließend erkalten lassen.

Den Schokoladenguss nach Rezept zubereiten und den Kuchen damit überziehen.

Tipps: Statt mit Johannisbeergelee schmeckt der Kuchen auch lecker, wenn der Teigboden mit Marmelade oder Pflaumenmus bestrichen wird. Anstelle gehackter Walnüsse können Sie auch geschälte und gehackte Mandeln verwenden.

Nusstorte (1 Springform, Ø 26 cm)

Zutaten

Für den Teig

1 TL Natron

1 TL Backpulver

1 Prise Salz

1½ Pck. Vanillepudding-pulver (Schoko)

200 ml Sojasahne

200 g Hasel-/Walnüsse, gemahlen

100 g Agavendicksaft

Für den Guss

siehe Rezept Schokoladenguss I (Seite 159)

Zubereitung

Für den Teig die Backtriebmittel mit Salz und Puddingpulver mischen. Sojasahne in eine Schüssel geben und Nüsse und Agavendicksaft unterrühren. Nach und nach die Backtriebmittelmischung unterarbeiten. Den Teig sofort in eine gefettete Springform geben.

Den Kuchen etwa 20 Minuten im vorgeheizten Backofen bei 175 °C goldbraun backen, anschließend erkalten lassen.

Den Schokoladenguss nach Rezept zubereiten und den Kuchen damit überziehen.

Gut, ist aber nicht aufgegangen!

Haferflockenkuchen (1 Springform, Ø 26 cm)

Zutaten

Für den Teig

125 g Margarine
60–100 g Agavendicksaft
250 g Apfelmus
100 ml Sojasahne
1 Pck. Vanillezucker
1 Msp. Zitronenschale, abgerieben
1 Prise Salz
375 g Haferflocken
125 g Rosinen
½ Pck. Backpulver
1 Msp. Natron

Für den Guss

siehe Rezept Zitronenzuckerguss (Seite 155)

Zubereitung

Für den Teig Margarine in einer Pfanne zerlassen und mit Agavendicksaft, Apfelmus, Sojasahne, Vanillezucker, Zitronenschale und Salz in einer Schüssel glatt verrühren. Danach restliche Zutaten unterarbeiten. Den Teig in eine gefettete flache Form geben.

Den Kuchen etwa 20 Minuten im vorgeheizten Backofen bei 175 °C goldbraun backen, anschließend erkalten lassen.

Den Zitronenzuckerguss nach Rezept zubereiten und den Kuchen damit überziehen.

Tipps: Lassen Sie den Haferflockenkuchen einen Tag durchziehen. Dann schmeckt er besonders gut. Schneiden Sie diesen deftigen Kuchen in kleine Stücke, er ist sehr gehaltvoll.

Zitronenkuchen (1 Backblech, etwa 35 x 37 cm)

Zutaten

Für den Teig
150 g Dinkelvollkornmehl, frisch gemahlen
100 g Speisestärke
150 g Weizenmehl
200 g Agavendicksaft
150 g Sojajoghurt, naturell
100 g Margarine, weich
100 ml Hafermilch
¾ Pck. Backpulver
2 Prisen Salz
1 TL Zitronenschale, abgerieben
1 Msp. Natron

Zum Tränken und Bestäuben
100 ml Zitronensaft, frisch gepresst
25 ml Orangensaft, frisch gepresst
2 EL Agavendicksaft
1 TL Zitronenschale, fein gerieben
etwas Puderzucker

Zubereitung

Für den Teig alle Zutaten in einer Schüssel mit einem Rührgerät etwa 5 Minuten zu einem schaumigen Teig verrühren. Den Teig gleichmäßig dick auf einem gefetteten Backblech verstreichen.

Den Kuchen etwa 20 Minuten im vorgeheizten Backofen bei 175 °C goldbraun backen.

In der Zwischenzeit *zum Bestreichen* Zitronen-, Orangensaft, Agavendicksaft und Zitronenschale in einer Schüssel miteinander verrühren.

Den Gebäckboden aus dem Backofen nehmen, etwas abkühlen lassen und mit einem Holzstäbchen viele Löcher in die Oberfläche stechen. Die Saftmischung mit einem Esslöffel darauf verteilen und vom Kuchen aufsaugen lassen. Den Kuchen am besten über Nacht durchziehen lassen.

Den Kuchen vor dem Servieren nach Belieben mit Puderzucker bestäuben.

Tipp: Den Saft zum Tränken des Bodens können Sie nach Belieben variieren.

Schokoladenkuchen I ⁎⁎

Zutaten *Für den Boden*	**Springform** (Ø 26 cm)	**Backblech** (etwa 35 x 37 cm)
Weizenmehl	220 g	440 g
Kakao	30 g	60 g
Natron	1 geh. TL	2 TL, gehäuft
Backpulver	1 geh. TL	2 TL
Zitronenschale, fein abgerieben	½ TL	1 TL
Salz	1 Prise	2 Prisen
Agavendicksaft/Rohrohrzucker	90 g	180 g
Sojasahne	50 ml	100 ml
Margarine	20 g	40 g
Hafermilch/Wasser	etwa 200 ml	etwa 400 ml

Für den Guss siehe Rezept Zitronenzuckerguss (Seite 155)

Zubereitung

Für den Teig die trockenen Zutaten miteinander mischen. Die flüssigen Zutaten in einer Schüssel miteinander verrühren und mit den trockenen Zutaten zu einem geschmeidigen Teig verarbeiten. Den Teig auf ein mit Backpapier belegtes oder gefettetes und leicht bemehltes Backblech streichen.

Den Kuchen etwa 15 bis 20 Minuten auf mittlere Schiene im vorgeheizten Backofen bei 175 °C backen, bis sich die Ränder leicht färben. Den Kuchen erkalten lassen.

Den Zitronenzuckerguss nach Rezept zubereiten und den Kuchen damit überziehen oder nach Belieben damit anders verzieren.

Schokoladenkuchen II (1 Backblech, etwa 35 x 37 cm) ✳✳

Zutaten

Für den Teig

150 g Dinkelvollkornmehl, frisch gemahlen
100 g Speisestärke
110 g Weizenmehl
40 g Kakao
200 g Agavendicksaft
150 g Sojajoghurt, naturell
100 g Margarine, weich
150 ml Hafermilch
2 TL Natron
1 TL Backpulver
2 Prisen Salz
3 Tropfen Bittermandelaroma

Für den Guss

siehe Rezept Zitronenzuckerguss (Seite 155)

Zubereitung

Für den Teig alle Zutaten mit dem Rührgerät in einer Schüssel etwa 5 Minuten zu einem schaumigen Teig verrühren. Den Teig auf ein mit Backpapier belegtes oder gefettetes und leicht bemehltes Backblech streichen.

Den Kuchen auf mittlerer Schiene etwa 15 bis 20 Minuten im vorgeheizten Backofen bei 175 °C backen, bis sich die Ränder leicht färben. Den Kuchen erkalten lassen.

Den Zitronenzuckerguss nach Rezept zubereiten und den Kuchen damit überziehen.

Hirschhornkuchen I

Zutaten ***Für den Boden***	**Springform** (Ø 26 cm)	**Backblech** (etwa 35 x 37 cm)
Hirschhornsalz	10 g	20 g
Hafermilch/Wasser, kalt		etwa 200 mletwa
400 ml		
Agavendicksaft/Rohrohrzucker	90 g	180 g
Sojasahne	50 ml	100 ml
Margarine, weich	20 g	40 g
Weizenmehl	250 g	500 g
Natron	1 Msp.	2 Msp.
Zitronenschale, fein abgerieben	½ TL	1 TL
Salz	1 Prise	2 Prisen

Für den Guss siehe Rezept Zitronenzuckerguss (Seite 155) oder Rezept Schokoladenguss I fest (Seite 159)

Zubereitung

Für den Teig Hirschhornsalz in Hafermilch auflösen und beiseitestellen.

Restliche flüssige Zutaten in einer Schüssel schaumig rühren, die trockenen Zutaten hinzugeben und alles gut miteinander verrühren. Aufgelöstes Hirschhornsalz hinzugeben und noch einmal glatt rühren. Den Teig auf einem gefetteten oder mit Backpapier belegten Backblech verstreichen.

Den Kuchen auf mittlerer Schiene etwa 15 bis 20 Minuten im vorgeheizten Backofen bei 175 °C goldbraun backen, anschließend abkühlen und ausdünsten lassen.

Den *Zitronenzuckerguss* nach Rezept zubereiten und den Kuchen damit überziehen.

Hirschhornkuchen II (1 Backblech, etwa 35 x 37 cm) ✳✳

Zutaten

Für den Teig

20 g Hirschhornsalz
150 ml Hafermilch, kalt
150 g Dinkelvollkornmehl, frisch gemahlen
100 g Speisestärke
150 g Weizenmehl
200 g Agavendicksaft
150 g Sojajoghurt, naturell
100 g Margarine, weich
2 Prisen Salz
1 Msp. Zitronenschale, abgerieben

Für den Guss

siehe Rezept Schokoladenguss I (Seite 158 oder 159)

Zubereitung

Für den Teig Hirschhornsalz in Hafermilch auflösen und beiseitestellen. Restliche Zutaten mit dem Rührgerät in einer Schüssel etwa 5 Minuten zu einem schaumigen Teig verrühren, das aufgelöste Hirschhornsalz gut unterarbeiten und den Teig auf einem gefetteten Backblech verstreichen.

Den Kuchen etwa 20 Minuten im vorgeheizten Backofen bei 175 °C goldbraun backen, anschließend abkühlen und ausdünsten lassen.

Den Schokoladenguss nach Rezept zubereiten und den Kuchen damit überziehen.

Kirmeskuchen (1 Backblech, etwa 35 x 37 cm) ✳✳

Zutaten

Für den Boden

250 g Buchweizen, frisch gemahlen
60 ml Hafermilch
50 g Margarine
1 EL Agavendicksaft oder Rohrohrzucker
½ Pck. Backpulver
2 Prisen Salz
etwas Vanillepulver

Für die Streusel

270 g Dinkelmehl (Type 1050)
20 g Kakao
150 g Margarine, zimmerwarm
90 g Rohrohrzucker
2 Prisen Salz

Zum Bestreichen und Bestreuen

250 g Rote Johannisbeer-marmelade
100 g Cashewkerne, grob gehackt

Zum Beträufeln und Verzieren

etwas Sojasahne, nach Belieben
siehe Rezept Schoko-ladenguss I (Seite 158)

Zubereitung

Für den Boden das Backpulver mit dem Buchweizenmehl mischen und zusammen mit den restlichen Zutaten einen Teig bereiten.

Alle Streuselzutaten zusammen in einer Schüssel zu lockeren Streuseln vermengen. Den Teig dünn auf ein gefettetes Backblech streichen und dann in den Boden mit einer Gabel in gleichmäßigen Abständen hineinstechen. Den Teigboden mit Marmelade bestreichen, Cashewkerne darüberstreuen und mit den Streuseln bedecken.

Den Kuchen etwa 25 bis 30 Minuten im vorgeheizten Backofen bei 175 °C backen. Den Kuchen aus dem Backofen nehmen.

Den Kuchen nach Belieben noch heiß mit etwas Sojasahne beträufeln. Nach Belieben den Schokoladenguss nach Rezept zubereiten und noch lauwarm in großen Bewegungen auf dem Kuchen verteilen.

Zwiebackkuchen

✳✳

Zutaten

Für den Teig

siehe Grundrezept Hefeteig, Backblech dünn (Seite 39)

Für den Belag

150 ml Sojasahne

80 g Nüsse/Mandeln, grob gehackt

300 ml Hafermilch

2 Prisen Salz

1 Prise Vanillepulver

200 g Zwieback, fein zerbröckelt

80 g Rohrohrzucker

Zum Beträufeln

80 g Margarine

Nach Belieben für den Guss

siehe Rezept Zitronenzuckerguss (Seite 155)

Zubereitung

Den Teig nach Grundrezept zubereiten, gut gehen lassen und auf einem gefetteten Backblech ausrollen, dabei ringsherum einen leichten Rand hochziehen.

Für den Belag Sojasahne auf den Teig streichen und mit Nüssen bestreuen

Hafermilch mit Salz und Vanille verrühren und Zwieback kurz darin wenden. Zwiebackbrösel sofort auf den Teigboden geben und mit Zucker bestreuen.

Den Kuchen etwa 25 Minuten im vorgeheizten Backofen bei 175 °C backen.

Margarine in einer Pfanne zerlassen. Den Kuchen aus dem Backofen nehmen und sofort mit der zerlassenen Margarine beträufeln.

Nach Belieben nach Rezept einen dünnen Zitronenzuckerguss zubereiten und den Kuchen damit überziehen.

Krümelkuchen mit Marmelade (1 Springform, Ø 26 cm)

Zutaten

Für den Boden und die Streusel

150 g Weizenmehl
50 g Maismehl
50 g Mais-/Speisestärke
¼ gestr. TL Salz
120 g Margarine, kalt
30 ml Sojasahne
2 EL Agavendicksaft, nach Bedarf auch mehr

Für die Füllung

160 g Erdbeerkonfitüre
20 ml Zitronensaft

Zubereitung

Für den Boden alle Zutaten in einer Schüssel locker mit den Fingern zerkrümeln, sodass grobe Streusel entstehen (Margarinestückchen zerlaufen beim Backen).

Die Hälfte des Teiges auf einen gefetteten oder mit Backpapier belegten Springformboden krümeln und leicht andrücken.

Für die Füllung Konfitüre mit Zitronensaft verrühren und auf den Teig streichen. Den Teig mit den restlichen Streuseln bedecken.

Den Kuchen etwa 15 bis 20 Minuten im vorgeheizten Backofen bei 220 °C backen.

Tipps: Herzhaft schmecken Himbeer- und Rote Johannisbeerkonfitüre als Füllungen. Statt Agavendicksaft können Sie im Teig auch Rohrohrzucker verwenden. Dieser Kuchen schmeckt auch mit einem Zitronenzuckerguss (Seite 155) wunderbar.

Hohe Kuchen

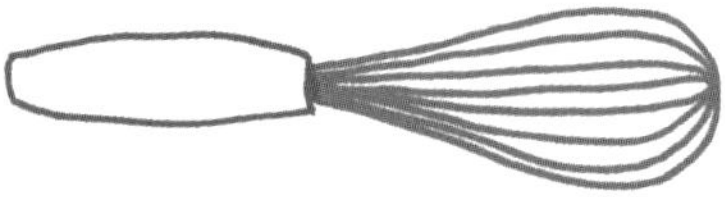

- Hohe Kuchen sind durch ihre Form oft saftiger und haben eine knackigere Kruste als flache Kuchen.
- Hohe Kuchen müssen sanfter gebacken werden, um außen nicht zu verbrennen und innen durchgebacken zu sein: Bei niedrigerer Temperatur länger backen.
- Bräunt der Kuchen schon zeitig, muss er rechtzeitig von oben mit einem Stück Backpapier abgedeckt werden.
- Da die Backzeit sehr unterschiedlich sein kann, sollten Sie eine Garprobe machen: Dafür mit einem langen Holzstäbchen am Ende der Backzeit in die dickste Stelle des Kuchens einstechen. Haftet am Stäbchen kein Teig mehr, ist der Kuchen gar.
- Hohe Kuchen werden unterhalb der Mitte in den Backofen geschoben – etwa in die vorletzte Schiene von unten.
- Als Geschmacksverfeinerungen für hohe Kuchen sind Vanillezucker, echte Vanille, abgeriebene Zitronen- und Orangenschale, Mandeln/Bittermandeln, Nüsse, Kokosraspel, Rosinen, Kakao oder auch Zitronat und Orangeat sehr beliebt.
- Die bekanntesten Kuchen dieser Art sind Rühr-, Asch- und Sandkuchen. Sie können in Gugelhupf- oder in Kastenformen gebacken werden.
- Die unterschiedlichen Formen und die Teigdicke beeinflussen die Backzeit und den Geschmack hoher Kuchen.
- Hohe Kuchen werden gern mit Puderzucker bestäubt, mit Guss überzogen oder einfach natur belassen.
- Hohe Kuchen auf einem Kuchenrost ausdünsten lassen.

Verschiedene Rührkuchen

Feiner (Schoko-) Rührkuchen „Lonauer Art“

1-fach: ergibt etwa 1 Kastenform (25 x 11 cm)
1½-fach: ergibt etwa 1 Rührkuchen- oder Springform (Ø 26 cm)

Zutaten	**hell**		**schoko**	
	1-fach	1½-fach	1-fach	1½-fach
Weizenmehl	300 g	450 g	270 g	405 g
Backpulver	½ Pck.	1 Pck.	½ Pck.	1 Pck.
Natron (leicht geh. TL)	2 TL	3 TL	2 TL	3 TL
Margarine, warm	35 g	55 g	35 g	55 g
Kakao	--	--	30 g	45 g
Soja-/Hafermilch	250 ml	375 ml	250 ml	375 ml
Agavendicksaft	100 g	150 g	120 g	180 g
Salz	1 Prise	2 Prisen	1 Prise	2 Prisen

Für den Guss siehe Rezept Schokoladenguss I (Seite 159)

Zubereitung

Für den Teig vom Mehl 50 Gramm abnehmen und mit Backpulver und Natron gut mischen. Margarine in eine Schüssel geben, restliche Zutaten hinzufügen und mit einem Rührgerät auf höchster Stufe etwa 5 Minuten schaumig rühren.

Mehl-Backpulver-Mischung unterheben und gleichmäßig verrühren. Den Teig in eine gut gefettete Form geben.

Den Kuchen etwa 30 bis 35 Minuten im vorgeheizten Backofen bei Ober- und Unterhitze bei 175 °C backen. Mit einem Holzstäbchen eine Garprobe machen. Kuchen eventuell mit Backpapier abdecken.

Den Kuchen aus dem Backofen nehmen, sofort aus der Form auf einen Kuchenrost stürzen und abkühlen lassen.

Den Schokoladenguss zubereiten und den Kuchen damit überziehen.

Rührkuchen mit Rosinen (1 Kastenform, 25 x 11 cm)

Zutaten

Für den Teig

35 g Margarine, handwarm
80–100 g Agavendicksaft
250 ml Wasser, kalt
300 g Weizenmehl
2 TL Natron
½ Pck. Backpulver
1 Prise Salz
160 g Rosinen

Für den Guss

siehe Rezept Schokoladenguss I (Seite 159)

Zubereitung

Für den Teig Margarine, Agavendicksaft und Wasser in einer Schüssel mit dem Handrührgerät etwa 5 Minuten schaumig rühren. Mehl, Natron und Salz dazugeben und noch einmal mit dem Knethaken gründlich zu einem zähfließenden Teig verarbeiten. Zuletzt Rosinen unterheben.

Den fertigen Teig in eine gefettete Kastenform füllen und etwa 35 Minuten im vorgeheizten Backofen bei Ober- und Unterhitze 175 °C goldbraun backen. Mit einem Holzstäbchen eine Garprobe machen: Bleibt das Stäbchen sauber, ist der Kuchen fertig.

Den Kuchen aus dem Backofen nehmen, sofort aus der Form auf einen Kuchenrost stürzen und abkühlen lassen.

Den Schokoladenguss nach Rezept zubereiten und den Kuchen damit überziehen.

Versunkener Früchtekuchen (1 Kastenform, 30 x 11 cm) ✳

Zutaten

Für den Teig
siehe Rezept feiner Rührkuchen 1-fache Menge (Seite 47)

Für den Belag
etwa 200 g Apfel-/Birnen-/Aprikosen-/Ananasstücke/Kirschen, entsteint

Zum Bestäuben
etwas Puderzucker, nach Belieben

Zubereitung

Den Teig nach Rezept zubereiten und in eine gefettete Form geben. Nach Belieben Apfel- oder Birnenscheiben, Aprikosenstücke, Ananasstücke oder Kirschen in den Teig drücken und nach Rezept backen. Den Kuchen erkalten lassen.

Anschließend nach Belieben mit Puderzucker bestäuben.

Tipp: Durch die Feuchtigkeit der Fruchtstücke braucht der Kuchen etwas mehr Mehl oder eine etwas längere Garzeit, dann die Kuchenoberfläche eventuell mit Backpapier abdecken.

Marmorierter Rührkuchen (1 Kastenform, 25 x 11 cm) ✳✳

Zutaten

Für den Teig
300 g Weizenmehl
250 ml Wasser, kalt
35 g Margarine, handwarm
90–100 g Agavendicksaft
2 TL Natron
½ Pck. Backpulver
20 g Kakao
1 Prise Salz

Zum Bestäuben
etwas Puderzucker aus Rohrohrzucker

Zubereitung

Für den Teig Mehl, Wasser, Margarine und Agavendicksaft in einer Schüssel mit dem Handrührgerät etwa 5 Minuten schaumig rühren. Natron dazugeben und gründlich unter den Teig arbeiten. Den Teig halbieren und unter eine Teighälfte Kakao rühren.

Den hellen Teig in eine gefettete Kastenform füllen und den Schokoteig daraufgeben. Mit einer Gabel mehrfach sanfte Kreisbewegungen von der Oberfläche zum Boden der Form machen, sodass eine Marmorierung entsteht.

Den Kuchen etwa 35 Minuten im vorgeheizten Backofen bei 175 °C goldbraun backen. Mit einem Holzstäbchen eine Garprobe machen.

Den Kuchen aus dem Backofen nehmen, sofort aus der Form auf einen Kuchenrost stürzen und abkühlen (bzw. ausdünsten) lassen.

Den Kuchen mit Puderzucker bestäuben.

Andere hohe Kuchen

Möhrenkuchen (1 Gugelhupfform, Ø 20 cm)

Zutaten

Für den Teig

400 g Möhren
400 g Mehl
200 ml Rapsöl
200 g Agavendicksaft
1 Pck. Backpulver
1 TL Zimt
2 TL Zitronenschale, abgerieben
1 TL Zitronensaft
2 Prisen Salz
2 Msp. Vanillepulver

Für den Guss

siehe Rezept Schokoladenguss I (Seite 158 oder 159)

Zubereitung

Für den Teig Möhren waschen (gründlich abbürsten – bei Bedarf schälen oder ausschneiden), abtrocknen und grob raspeln. Restliche Zutaten in eine Schüssel geben und mit Knethaken gut verkneten. Möhrenraspel dazugeben und gründlich unterkneten. Den Teig in eine gefettete Gugelhupfform füllen.

Den Kuchen etwa 40 bis 50 Minuten im vorgeheizten Backofen bei 180 °C backen. Mit einem Holzstäbchen eine Garprobe machen.

Den Kuchen aus dem Backofen nehmen, sofort aus der Form auf einen Kuchenrost stürzen und abkühlen lassen.

Den Schokoladenguss nach Rezept zubereiten und den Kuchen damit überziehen.

Hefeaschkuchen

(1 Gugelhupfform, Ø 20 cm, oder 1 Aschkuchenform, 20 cm) ✳✳

Zutaten

Für den Teig

450 g Weizenmehl, nach Bedarf etwas mehr
90 g Margarine
45 g Agavendicksaft
275 ml Hafermilch
1 Pck. Trockenhefe
2 Prisen Salz
1 TL Vanillezucker/Vanillepulver
½ TL Zitronenschale, abgerieben

Nach Belieben (nicht notwendig)

150 g Rosinen
50 g Mandeln, gehackt
5 Bittermandeln, gemahlen/3 Tropfen Bittermandelaroma
30 g Zitronat

Zum Bestreichen und Bestäuben

etwa 50 g Margarine, nach Belieben
etwas Puderzucker, nach Belieben

Zubereitung

Den Hefeteig (Seite 40 ff.) zubereiten und gehen lassen.

Zutaten Ihrer Wahl unter den gut gegangenen Hefeteig arbeiten.

Den Teig in eine gefettete, bemehlte Form füllen und noch einmal etwa 20 Minuten gehen lassen. Dann auf der zweiten unteren Schiene etwa 40 bis 60 Minuten im vorgeheizten Backofen bei 160 °C backen (je nach Backformgröße). Aus dem Backofen nehmen und abkühlen lassen. Danach aus der Form stürzen.

Margarine in einer Pfanne zerlassen und etwas abkühlen lassen. Den Kuchen mit flüssiger Margarine bestreichen und mit Puderzucker bestäuben.

Tipps: Als *Kranzkuchen* den Hefeteig zu 3 etwa 30 Zentimeter langen Rollen formen, auf ein gefettetes Backblech legen und zu einem Kranz flechten. Den Kuchen auf der zweiten unteren Schiene im vorgeheizten Backofen bei 160 °C hellbraun backen und danach mit etwa 100 Milliliter Sojasahne bestreichen. Dieser Kuchen schmeckt auch ohne Sonderzutaten, mit Marmelade oder Mus bestrichen wunderbar.

Hefekartoffelzopf (1 Zopf) ✳✳✳

Zutaten

Für den Teig

250 g Kartoffeln
400 g Weizenmehl, nach Bedarf mehr
180 ml Wasser
100 ml Sojasahne
1 Pck. Trockenhefe
3 EL Olivenöl
½ TL Salz

Süß

200 g Rosinen/Sultaninen
etwas Zitronensaft

oder herzhaft

100 g Oliven
50 g getrocknete Tomaten

Zum Bestreichen

etwas Sojasahne

Zubereitung

Für den Teig am Vortag Kartoffeln putzen, waschen, schälen, kochen, abkühlen lassen und fein reiben.

Am Abend vorher auch den Hefeteig mit 300 Gramm Mehl, Wasser, Sojasahne, Trockenhefe, Olivenöl und Salz nach Grundrezept (Seite 40 ff.) zubereiten.

Nach Belieben *für einen süßen Teig* Rosinen mit etwas Zitronensaft in einer Schüssel beträufeln und abgedeckt über Nacht einweichen lassen. *Für eine herzhafte Variante* Oliven und getrocknete Tomaten klein schneiden und mischen.

Den Teig kräftig durchrühren und nach und nach restliches Mehl hinzugeben, bis ein wattiger Teig entsteht. Zum Schluss nach Belieben eingeweichte Rosinen oder Oliven-Tomaten-Mischung unterarbeiten.

Den Teig mit bemehlten Händen in 3 gleich große Stücke teilen, zu Rollen formen und auf einem mit Backpapier belegten Backblech zu einem Zopf flechten (auch mehrere kleine Zöpfchen).

Den Kuchen etwa 20 Minuten im Backofen bei 50 °C gehen lassen. Anschließend etwa 35 bis 40 Minuten bei 175 °C backen, bis er sich goldgelb färbt, aus dem Backofen nehmen, mit Sojasahne bestreichen und weitere etwa 10 Minuten fertig backen.

Sandkuchen I (1 Gugelhupfform, Ø 20 cm)

Zutaten

Für den Teig

200 g Agavendicksaft
200 g Margarine
200 ml Sojasahne
1 Msp. Vanillepulver
2 Prisen Salz
4 EL Zitronensaft
1 TL Zitronenschale, abgerieben
8 EL Sojamehl
330 g Weizenmehl
125 g Speisestärke
2 Pck. Backpulver

Zum Bestäuben

etwas Puderzucker aus Rohrohrzucker

Zubereitung

Für den Teig Agavendicksaft, Margarine, Sojasahne, Vanillepulver, Salz, Zitronensaft, -schale und Sojamehl in eine Schüssel geben und mit einem Rührgerät schaumig rühren. Restliche Zutaten mischen, hinzufügen und noch einmal mit einem Rührgerät etwa 5 Minuten gründlich durcharbeiten.

Den Teig in eine gefettete Gugelhupfform geben und etwa 50 bis 60 Minuten im vorgeheizten Backofen bei 160 °C backen, bis er innen gar ist.

Den Kuchen erkalten lassen und mit Puderzucker bestäuben.

Tipp: Sie können den Teig auch in 2 Muffinformen (für je 8 Muffins) geben und 16 Muffins daraus backen.

Sandkuchen II (1 Kastenform, 25 x 11 cm)

Zutaten

Für den Teig

200 g Margarine
120 g Agavendicksaft
1 Msp. Vanillepulver
1 Prise Salz
2 EL Zitronensaft
1 TL Zitronenschale, abgerieben
6 EL Sojasahne
4 EL Sojamehl
125 g Reis, fein gemahlen
125 g Weizenmehl
1 Pck. Backpulver

Zum Bestäuben

etwas Puderzucker aus Rohrohrzucker

Zubereitung

Für den Teig Margarine, Agavendicksaft, Vanillepulver, Salz, Zitronensaft, -schale und Sojasahne in eine Schüssel geben und mit einem Rührgerät schaumig rühren. Restliche Zutaten mischen, hinzufügen und noch einmal mit einem Rührgerät etwa 5 Minuten gründlich durcharbeiten. Den Teig in eine gefettete Kastenform geben.

Den Kuchen etwa 50 bis 60 Minuten im vorgeheizten Backofen bei 160 °C backen, bis er innen gar ist.

Den Kuchen erkalten lassen und mit Puderzucker bestäuben.

Tipp: Als Verfeinerung Zitronat oder Orangeat unter den Teig kneten.

Napfkuchen (1 Gugelhupfform, Ø 20 cm)

Zutaten

Für den Teig

250 g Margarine, handwarm
150 g Agavendicksaft
½ TL Vanillepulver
2 Prisen Salz
4 EL Orangensaft
1 TL Zitronenschale, abgerieben
205 ml Wasser, kalt
500 g Weizenmehl
1 Pck. Backpulver
4 EL Sojamehl

Für den Guss oder zum Bestäuben

siehe Rezept Schokoladenguss I (Seite 159) oder
etwas Puderzucker

Zubereitung

Für den Teig Margarine, Agavendicksaft, Vanillepulver, Salz, Orangensaft, Zitronenschale und Wasser in eine Schüssel geben und mit einem Rührgerät schaumig rühren. Restliche Zutaten mischen, hinzufügen und noch einmal mit einem Rührgerät etwa 5 Minuten gründlich durcharbeiten. Den Teig in eine gefettete Gugelhupfform geben.

Den Kuchen etwa 60 bis 70 Minuten im vorgeheizten Backofen bei 160 bis 170 °C backen, bis er innen gar ist. Den Kuchen erkalten lassen.

Den Schokoladenguss nach Rezept zubereiten und den Kuchen damit überziehen. Oder den Kuchen mit Puderzucker bestäuben.

Hefegugelhupf mit Marzipan (1 Gugelhupf, Ø 20 cm) ✳✳✳

Zutaten

Für den Teig

375 g Dinkelmehl (Type 630)/ Weizenmehl
15 g Agavendicksaft
150 ml Hafermilch
1 Pck. Trockenhefe
90 g Margarine
½ gestr. TL Salz
3 Msp. Vanillepulver
2 EL Zitronenschale, abgerieben
2 EL Orangenschale, abgerieben
100 g Mandelstifte
200 g Marzipan-Rohmasse, gekauft/selbst gemacht (Seite 149)

Zum Bestreichen und Bestäuben

etwas Sojasahne
etwas Puderzucker

Zubereitung

Für den Teig Mehl in eine Schüssel geben und eine Mulde hineindrücken. Agavendicksaft mit 1 Esslöffel Mehl, 50 Millilitern Hafermilch und der Hefe anrühren, in die Mehlmulde geben und mit Mehl bedecken. Den Vorteig abgedeckt an einem warmen Ort etwa 1 Stunde gehen lassen, bis sich sein Volumen verdoppelt hat.

Margarine, Salz, Vanillepulver, Zitronen- und Orangenschale in die Schüssel geben und alles gut durchkneten. Danach die Mandeln unterarbeiten.

Ein Drittel des Teiges in eine gefettete Gugelhupfform geben und die Hälfte der Marzipanmasse in Flöckchen daraufgeben. Ein weiteres Teigdrittel und restliches Marzipan in Flöckchen daraufgeben. Restlichen Teig daraufgeben und alles noch einmal etwa 15 Minuten gehen lassen.

Den Kuchen etwa 50 Minuten im vorgeheizten Backofen bei 150 bis 175 °C backen. Bei Bedarf rechtzeitig von oben mit etwas Backpapier abdecken.

Den Kuchen aus dem Backofen nehmen, noch heiß mit Sojasahne bestreichen und erkalten lassen. Danach mit Puderzucker bestäuben.

Tipp: Alle Zutaten für den Teig sollten zimmerwarm sein.

Quarkstriezel, vegan (1 Backblech) ✻✻✻

Zutaten

Für den Teig

siehe Grundrezept Hefeteig (Seite 39)

Für die Füllung

400 g Sojajoghurt, naturell

1 Pck. Vanillepuddingpulver

200 g Tofu, naturell

80 g Agavendicksaft, nach Bedarf

50 g Margarine

30 ml Sojasahne

1 EL Rapsöl

2 TL Zitronensaft

2 Prisen Salz

1 Msp. Vanillepulver/ Vanillezucker

1 Bittermandel, gemahlen/1 Tropfen Bittermandelaroma

Zum Bestreichen

etwas Aprikosenmarmelade

Zubereitung

Für die Füllung Sojajoghurt über Nacht in einem feinem Sieb abtropfen lassen.

Sojajoghurtwasser und Puddingpulver in einem kleinen Topf verrühren, zum Kochen bringen und leicht köcheln lassen, bis die Masse angedickt ist. Restliche Zutaten in einer Schüssel cremig pürieren und mit dem noch heißen Pudding vermischen.

Den Teig nach Grundrezept zubereiten, auf einem gefetteten Backblech oder in einer gefetteten Form etwa 1 Zentimeter dick zu einem Rechteck (in Länge der Form) ausrollen und mit der Quarkmasse bestreichen. Den Teig von der langen Seite her aufrollen.

Die Teigrolle mit einem Messer längs in der Mitte zu zwei Strängen teilen. Die Stränge vorsichtig, aber fest umeinander herumwickeln, sodass ein gedrehter Zopf entsteht.

Den Zopf auf ein mit Backpapier belegtes Blech legen und etwa 30 Minuten gehen lassen, bis sich sein Volumen sichtbar vergrößert hat.

Den Zopf etwa 20 bis 25 Minuten auf der zweiten Schiene von unten im vorgeheizten Backofen bei 200 °C backen. Sollte der Zopf zu braun werden, die Oberfläche mit Backpapier abdecken.

Zum Bestreichen Aprikosenmarmelade mit etwas Wasser verrühren. Striezel aus dem Backofen nehmen und den noch heißen Striezel mit Marmelade bestreichen.

Rosentorte (1 Springform, Ø 26 cm) ✻✻✻

Zutaten

Für den Teig

siehe Grundrezept Hefeteig (Seite 39)

Für die Mandelfüllung

100 g Mandeln
30 g Margarine
30 g Agavendicksaft
1 Prise Salz

Für den Guss

40 g Hafermilch
2 EL Agavendicksaft
1 Msp. Salz
1 Msp. Vanillepulver

Zubereitung

Den Teig mit Hefeteigzubereitung I a (Seite 40) nach Grundrezept zubereiten.

In der Zwischenzeit *für die Füllung* Mandeln grob hacken. Margarine in einem Topf zerlassen, Agavendicksaft, Salz und Mandelstücke dazugeben und köcheln lassen, bis die Mandeln goldgelb sind. Die Füllung abkühlen lassen.

Den Teig auf einer leicht bemehlten Backunterlage etwa ½ Zentimeter dick zu einem Rechteck ausrollen und die Mandelfüllung darauf verteilen. Den Teig der Länge nach locker aufrollen und in 9 Scheiben schneiden. Die Scheiben auf die Seite legen und oben etwas zusammendrücken.

Die Teigscheiben mit den zusammengedrückten Seiten nach unten in eine mit Backpapier belegte Springform setzen, sodass die Röschen nach oben offen sind: Dafür eine Scheibe in die Mitte setzen und die anderen ringsherum verteilen. Eventuelle Restflüssigkeit der Mandelfüllung in die Röschen gießen.

Den Kuchen an einem warmen Ort gehen lassen, bis die Röschen ineinander wachsen.

Dann den Kuchen etwa 40 Minuten im vorgeheizten Backofen bei 175 °C backen.

Für den Guss alle Zutaten in einer Schüssel verrühren und die Rosen etwa 5 Minuten vor Ende der Backzeit damit begießen. Den Kuchen fertig backen, bis die Röschen goldbraun sind.

Die Rosentorte aus dem Backofen nehmen, in der Form erkalten lassen und auf einer Tortenplatte servieren.

Tipp: Eine beliebte Variante ist eine Mohnfüllung. Dafür anstelle der Mandeln Mohn verwenden.

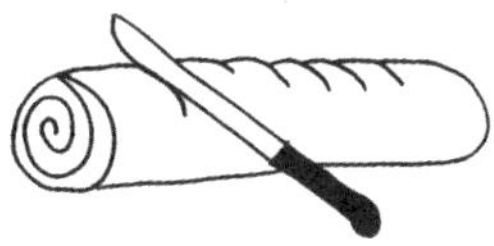

Füllungen, Güsse und Dekorationen

- Füllungen, Güsse und Dekorationen geben Torten, Kuchen, Kleingebäcken und anderen Köstlichkeiten eine ganz besondere Note.
- Um eine geschmeidige, sahnige Creme zu erhalten, sollten alle Zutaten die gleiche Temperatur haben, d. h. zimmerwarm sein.
- Sollte die Creme ausflocken, kann etwas zerlassenes Kokosfett oder kurzes Pürieren schnell wieder für Bindung sorgen.
- Creme erhält einen besseren Stand, wenn Sie zum Schluss ein wenig Agar-Agar-Sud hinzugeben.
- Um Cremetorten möglichst einfach schneiden zu können, vor jedem Schnitt ein scharfes Messer in heißes Wasser tauchen.
- Gleiche Gebäcke jeweils mit anderen Füllungen oder Cremes zubereiten.
- Anstelle von Agavendicksaft können Sie in gleicher Menge auch Rohrohrzucker, Vollrohrzucker oder Sirup verwenden (Xylit verhindert das Festwerden des Puddings).
- Bei Güssen auf die Qualitäten der Süßungsmittel achten (Masse, Flüssigkeitsgehalt, Süßkraft).
- Süßungsmittel nach Bedarf und Geschmack einsetzen.
- Für Zuckergüsse erst Rohrzucker in die Schüssel geben und danach allmählich und nur sehr vorsichtig dosiert Flüssigkeit hinzugeben – ein Zuviel ist schnell geschehen.
- Geben Sie etwas Fett, z. B. ein paar Tropfen Öl oder flüssiges Kokosfett, zum Zuckerguss, so reißt er nicht.

Füllungen

Für **verschiedene Geschmacksrichtungen**

frische Beeren und Feinfrostbeeren (sind am aromatischsten),
abgeriebene Schale und Saft von unbehandelten Zitronen oder Orangen,
Haselnussmus, Mandelmus oder andere Nussmuse,
verschiedene Marmeladen, Konfitüren oder Fruchtmark,
Mandel- oder Nusskrokant,
geschmolzene Schokolade,
Gewürze wie Kakao, Zimt oder Vanille,
Kokosflocken oder -butter

unter die Creme mischen (Flüssigkeitsmengen beachten!).

Einfärben lassen sich die Cremes mit Marmeladen, Fruchtsoßen, Fruchtmark, Gewürzen und Säften aus

Schwarzer Johannisbeere, Heidelbeere → ***Blau, Lila***
roten Beeren, Kirschen, Rote-Bete-Pulver → ***Rot***
Mango, Orange, Aprikose, Kurkuma (Gelbwurz) → ***Gelb, Orange***
Spirulina (Algen), Getreidegraspulver etc. → ***Grün***
Schokolade, Kakao → ***Braun***

Zum Verfeinern mit flüssigeren Zutaten die im Rezept angegebene Flüssigkeitsmenge verringern, um eine standfeste Creme zu erhalten.

Schnitt- und standfeste Cremes bekommen Sie, wenn Sie nach Packungsanleitung Agar Agar (pflanzliches Geliermittel) hinzugeben. Das eignet sich vorwiegend bei Sahne- und Joghurtcremes, siehe Rezepte Cremetorten und -kuchen (Seite 138 ff.). Oder zum Schluss eine kleine Menge Agar-Agar-Sud hinzufügen.

Fettarme Füllungen schmecken auch wunderbar als Süßspeise.

Tortenring benutzen: Viele Füllungen bekommen ihre Standfestigkeit erst, nachdem sie vollständig erkaltet sind. Deshalb vor dem Füllen einen Ring um den Gebäckboden legen.

Bei veganer (Butter-)Creme sollten Pudding und Margarine (*Alsan Bio*) ungefähr die gleiche Temperatur haben.

Grundrezept Puddingcreme

(für 1 Backblech, etwa 35 x 37 cm, oder 2 Springformböden, Ø 26 cm) *

Zutaten	Menge
Hafermilch	750 ml
Vanillepuddingpulver	3 Pck.
(oder Speisestärke	120 g)
Agavendicksaft	6–8 EL, nach Belieben mehr
Salz	1 Prise
Margarine	200 g
Früchte, Marmelade o. Ä.	nach Belieben (als Geschmacksnuancen)

Zubereitung

600 Milliliter von der Hafermilch in einem Topf zum Kochen bringen. Vanillepuddingpulver oder Speisestärke, Agavendicksaft und Salz mit der restlichen Milch verrühren und in die aufkochende Hafermilch rühren. Die Creme gut durchkochen lassen, dann von der Kochstelle nehmen und Margarine kräftig unterrühren. Nun nach Belieben die verfeinernden Zutaten für die unterschiedlichen Geschmacksnuancen einrühren. Die Puddingcreme warm auf den Gebäckboden streichen.

Grundrezept Früchtecreme (für 1 Backblech, etwa 35 x 37 cm, oder die Hälfte der Masse für 1 Springformboden, Ø 26 cm) ✳✳

Zutaten	Menge
frische Früchte/Fruchtstücke (aus dem Glas)	1,1 kg, nach Belieben
Hafermilch	900 ml
Vanillepuddingpulver	4 Pck.
(oder Speisestärke	160 g)
Agavendicksaft	6–8 EL
Salz	2 Prisen
Margarine	200 g
Zitronensaft	2 EL
Zitronenschale, abgerieben	½ TL

Zubereitung

Die frischen Früchte putzen, abspülen und klein schneiden. Diese in eine Schüssel geben, mit Zucker bestreuen und Saft ziehen lassen. Früchte in einem Sieb abtropfen lassen, dabei den Saft auffangen.

Den Fruchtsaft mit Hafermilch auf 800 Milliliter auffüllen und in einem Topf zum Kochen bringen. Vanillepuddingpulver oder Speisestärke, Agavendicksaft und Salz mit der restlichen Milch verrühren und zügig in die aufkochende Flüssigkeit einrühren. Die Creme gut durchkochen lassen, von der Kochstelle nehmen und Margarine kräftig unterrühren, bis eine glatte Creme entsteht.

Dann Früchte, Zitronensaft und abgeriebene Zitronenschale hinzugeben und gut verrühren. Die Früchtecreme noch warm auf den Gebäckboden streichen.

Grundrezept Joghurtcreme

(für 1 Backblech, etwa 35 x 37 cm, oder 2 Springformböden, Ø 26 cm) ✳✳

Zutaten	Menge
Sojajoghurt, naturell	500 g
Hafermilch (mit aufgefangener Sojajoghurtflüssigkeit aufgefüllt)	400 ml
Vanillepuddingpulver	2 Pck.
Agavendicksaft	80 g
Salz	2 Prisen
Vanillezucker	1 Pck.
Margarine, kalt	60 g

Zubereitung

Sojajoghurt über Nacht in einem feinen Sieb abtropfen lassen, die Flüssigkeit dabei auffangen.

Sojajoghurtflüssigkeit mit Hafermilch auf 400 Milliliter Flüssigkeit auffüllen. 300 Milliliter davon in einem Topf zum Kochen bringen.

Puddingpulver, Agavendicksaft, Salz und Vanillezucker mit der restlichen Hafermilch verrühren und in die aufkochende Hafermilch-Sojaflüssigkeit einrühren. Die Creme kurz aufkochen lassen, von der Kochstelle nehmen und Margarine kräftig unterrühren. Die Creme auf lauwarme Temperatur abkühlen lassen.

Sojajoghurt in den Pudding geben und gut verrühren. Für einen guten Stand die Creme richtig durchkühlen lassen.

Grundrezept Sahnecreme

(für 1 Backblech, etwa 35 x 37 cm, oder 2 Springformböden, Ø 26 cm) ***

Zutaten	Menge
Hafermilch	500 ml
Vanillepuddingpulver	2 Pck.
Agavendicksaft	4–6 EL
Vanillezucker/Vanillepulver	1 Pck./1 Msp.
Salz	2 Prisen
Margarine	30 g
Sojaschlagsahne/vegane oder Schlagsahne, selbst gemacht (Seite 146)	600 ml

Zubereitung

400 Milliliter von der Hafermilch in einem Topf zum Kochen bringen.

Puddingpulver, Agavendicksaft, Vanillezucker und Salz mit der restlichen Hafermilch verrühren und in die aufkochende Hafermilch einrühren. Die Creme kurz aufkochen lassen, von der Kochstelle nehmen und Margarine kräftig unterrühren. Die Creme auf Zimmertemperatur abkühlen lassen.

Sahne steif schlagen, unter den noch lauwarmen Pudding heben und die Creme – für einen guten Stand – richtig durchkühlen lassen.

Sojaquarkcreme – ungebacken

(für 1 Backblech, etwa 35 x 37 cm, oder 2 Springformböden, Ø 26 cm) ✳✳✳

Zutaten

Für die Creme

200 g Tofu, naturell
500 g Sojajoghurt, naturell
100 g Margarine
80 g Agavendicksaft
3 EL Zitronensaft
2 EL Sojasahne
1 EL Rapsöl
1 gestr. TL Zitronenschale, abgerieben
1 Msp. Vanillepulver
3 Prisen Salz

Zum Stabilisieren

1 geh. TL Agar Agar, je nach Qualität (siehe Packungsanleitung)
125 ml Wasser

Zubereitung

Für die Creme Tofu klein schneiden und im Mixer pürieren. Restliche Zutaten dazugeben und alles schaumig rühren.

Zum Stabilisieren Agar Agar im Wasser auflösen, etwa 3 Minuten aufkochen lassen und zügig unter die Quarkmasse arbeiten.

Die Sojaquarkcreme sofort auf dem Gebäckboden verstreichen (mit Tortenring umlegt bzw. in einem tiefen Backblech), sie wird sehr schnell fest.

Tipp: Die ungebackene Sojaquarkcreme hat Stand und eignet sich somit sowohl für Torten als auch als Süßspeise.

Sahne-Sojaquarkcreme – ungebacken

(für 1 Backblech, etwa 35 x 37 cm, oder 2 Springformböden, Ø 26 cm) ✳✳✳

Zutaten

Für die Creme

200 g Tofu, naturell
500 g Sojajoghurt, naturell
100 g Margarine
80 g Agavendicksaft
3 EL Zitronensaft
2 EL Sojasahne
1 EL Rapsöl
1 gestr. TL Zitronenschale, abgerieben
1 Msp. Vanillepulver
3 Prisen Salz
300 ml Sojaschlagsahne

Zum Stabilisieren

2 geh. TL Agar Agar, je nach Qualität (siehe Packungsanleitung)
250 ml Wasser

Zubereitung

Für die Creme Tofu klein schneiden und im Mixer pürieren. Restliche Zutaten (außer Sojaschlagsahne) dazugeben und schaumig rühren. Sojaschlagsahne steif schlagen.

Zum Stabilisieren Agar Agar im Wasser auflösen, kurz aufkochen lassen und zügig unter die Quarkmasse arbeiten. Sofort steif geschlagene Sahne vorsichtig unterheben und etwas glatt rühren.

Die Sahne-Sojaquarkcreme sofort auf dem Gebäckboden verstreichen (mit Tortenring umlegt bzw. in einem tiefen Backblech), sie wird sehr schnell fest.

Tipp: Die ungebackene Sahne-Sojaquarkcreme hat Stand und eignet sich somit sowohl für Torten als auch als Süßspeise.

Schokoladencreme (für 1 Springformboden, Ø 26 cm)

Zutaten

300 ml Hafermilch
1 EL Kakao
2 TL Instant-Getreide-kaffee
1 Pck. Schokoladen-puddingpulver
2 Prisen Salz
100 g Margarine, weich
50 g Puderzucker, gesiebt

Zubereitung

200 Milliliter von der Hafermilch zum Kochen bringen.

Kakao, Getreidekaffee, Puddingpulver und Salz in der restlichen Hafermilch anrühren und in die kochende Hafermilch geben. Pudding durchkochen und abkühlen lassen.

Margarine in einer Schüssel schaumig rühren, Puderzucker hinzugeben und unterrühren. Margarine-Puderzucker-Mischung löffelweise in den Pudding einrühren, dabei darauf achten, dass Pudding und Margarine dieselbe Temperatur haben.

Sahne-Joghurt-Creme

(für 1 Backblech, etwa 35 x 37 cm, oder 1 Torte mit 2 Schichten, Ø 26 cm) ✳✳✳

Zutaten

500 g Sojajoghurt, naturell
80 g Puderzucker
2 Prisen Salz
600 ml Sojaschlagsahne
2–3 Pck. Sahnesteif

Zubereitung

Sojajoghurt in einem feinen Sieb abtropfen lassen (mindestens 2 Stunden), in eine Schüssel geben und mit Puderzucker und Salz cremig rühren.

Joghurt und Sahne halbieren (da sich die Sahne in zwei kleineren Portionen besser schlagen lässt). Jeweils eine Hälfte in eine Schüssel geben und kurz aufschlagen, je die Hälfte Sahnesteif dazugeben und weiterschlagen, bis sich Spitzen bilden.

Variante

Um eine schnittfeste, stabile Creme zu erhalten, statt Sahnesteif Agar Agar hinzugeben: Dafür für das oben genannte Grundrezept 300 Milliliter Wasser mit Agar Agar nach Packungsanleitung zubereiten und leicht abkühlen lassen. Sahne steif schlagen. Joghurt esslöffelweise unterrühren, sofort Sahne hinzugeben und die Creme auf dem Gebäckboden verteilen.

Krokantfüllung (für 1 Springformboden, Ø 26 cm) ✳✳

Zutaten

100 g Nüsse/Haferflocken, abgesiebt
30 g Margarine
100 g Rohrohrzucker/Agavendicksaft
3 EL Marmelade

Zubereitung

Nüsse nicht zu fein hacken. Margarine und Zucker bei geringer Hitze in einer Pfanne zerlassen. Nüsse dazugeben und unter ständigem Rühren leicht bräunen. Krokant vom Herd nehmen und Marmelade unterrühren.

Tipp: Sehr gut schmeckt es auch, wenn Sie Vanille oder Kakao zur Krokantfüllung geben.

Zitronencreme

(1 Backblech, etwa 35 x 37 cm, oder 2 Springformböden, Ø 26 cm) ✳✳✳

Zutaten

Für die Creme

500 g Sojajoghurt, naturell
180 g Agavendicksaft
2 EL Sojasahne
1 EL Rapsöl
1 Msp. Vanillepulver
3 Prisen Salz
3–4 Zitronen
1 TL Zitronenschale, abgerieben
300 ml Sojaschlagsahne

Zum Stabilisieren

2½ geh. TL Agar Agar, je nach Qualität (siehe Packungsanleitung)
250 ml Wasser

Zubereitung

Für die Creme alle Zutaten (außer Sojaschlagsahne) in einem Mix- oder Rührgerät schaumig rühren. Sojaschlagsahne steif schlagen.

Zum Stabilisieren Agar Agar im Wasser auflösen, etwa 3 Minuten kochen lassen und zügig unter die Sojajoghurtmasse arbeiten. Sofort steif geschlagene Sahne vorsichtig unterheben und etwas glatt rühren.

Die Zitronencreme sofort auf dem Gebäckboden verstreichen (mit Tortenring umlegt bzw. in einem tiefen Backblech), sie wird sehr schnell fest.

Tipp: Die Zitronencreme hat Stand und eignet sich somit sowohl für Torten als auch als Süßspeise.

Mousse au Chocolat (für 1 Springformboden, Ø 26 cm) ✳✳✳

Zutaten

600 ml Sojaschlagsahne
150 g Zartbitter-schokolade/-kuvertüre
3 Pck. Sahnesteif
1 Prise Salz

Zubereitung

Sahne und Salz in einem Topf aufkochen. Schokolade darin schmelzen und im Kühlschrank vollständig erkalten lassen.

Die Masse cremig rühren. Sahnesteif hinzugeben und die Masse sehr steif schlagen.

Trüffelcreme I

(für 1 Springformboden, Ø 26 cm, und eine etwa 4 cm dicke Schicht) ✳✳

Zutaten

200 g Zartbitter-schokolade
400 ml Sojaschlagsahne

Zubereitung

Schokolade in Stücke hacken und in einer Schüssel im Wasserbad schmelzen. Sahne steif schlagen und unterheben.

Trüffelcreme II (für 1 Springformboden, Ø 26 cm) ✳✳

Zutaten

400 ml Sojaschlagsahne
350 g Zartbitter-schokolade

Zubereitung

Sahne in einem Topf erhitzen, aber nicht kochen lassen. Schokolade darin auflösen und etwa 2 Stunden kalt stellen. Anschließend Schokosahne etwa 10 Minuten schaumig schlagen.

Karamellcreme (für 1 Springformboden, Ø 26 cm) ✳✳✳

Zutaten

30 g Margarine
50 g Rohrohr-/ Vollrohrzucker
400 ml Hafersahne
5 EL Reismehl
1 Prise Salz
3 EL Malzsirup

Zubereitung

Margarine und 30 Gramm Rohrzucker in einem kleinen Topf unter ständigem Rühren erhitzen, bis eine glatte Masse entsteht. 250 Milliliter von der Hafersahne unterrühren und langsam aufkochen lassen.

Reismehl langsam in die restliche Hafersahne einstreuen und klümpchenfrei verrühren. Restlichen Zucker und Salz dazugeben. Alles unter ständigem Rühren in die aufkochende Zucker-Sahne-Masse rühren und 1 bis 2 Minuten leicht köcheln lassen, bis die Masse eindickt. Zum Schluss Malzsirup hinzugeben.

Vegane Schlagsahne, selbst gemacht ⁂

Zutaten

150 g Margarine
(*Alsan Bio*)
15 g Kokosfett
2 Msp. Vanillepulver
1 Prise Salz
250 ml Sojamilch
1 EL Rohrohrzucker,
nach Belieben mehr

Zubereitung

Die Sojamilch, Margarine mit Kokosfett, Vanillepulver, Rohrohrzucker und Salz in einem Topf erhitzen, bis das Fett vollständig gelöst und geschmolzen ist. Die Masse auf etwa 40 °C abkühlen lassen, etwa 3 bis 5 Minuten im Mixer auf höchster Stufe aufschlagen und in ein hohes Gefäß geben. Etwa 24 Stunden abgedeckt in den Kühlschrank stellen.

Am nächsten Tag die Sahne in einem Mixer oder mit dem Schneebesen in einer breiten Schüssel aufschlagen (Achtung: Sahne sehr schnell steif und auch sehr schnell klumpig!).

Grundrezept „Vegane Buttercreme" **

Zutaten	1 Springform (Ø 26 cm)	1 Backblech (etwa 35 x 37 cm)
Hafermilch	500 ml	1 l
Vanillepuddingpulver	1½ Pck.	3 Pck.
Agavendicksaft	3 EL	6 EL
Vanillezucker	1 Pck.	1½ Pck.
Salz	1 Prise	2 Prisen
Margarine, warm	125 g	250 g
Puderzucker	20 g	40 g

Zubereitung

400 Milliliter von der Hafermilch in einem Topf zum Kochen bringen. Puddingpulver, Agavendicksaft, Vanillezucker und Salz mit der restlichen Hafermilch verrühren und in die aufkochende Milch einrühren. Die Masse kurz kochen lassen, vom Herd nehmen und unter Rühren auf Zimmertemperatur abkühlen lassen, damit sich keine Haut bildet.

Margarine mit Puderzucker in einer Schüssel mit Handrührgerät schaumig rühren. Den Pudding esslöffelweise dazugeben und kräftig schaumig schlagen, bis eine „buttrig", sahnige Creme entsteht.

Tipps: Sie können die „vegane Buttercreme" nach Belieben aromatisieren und einfärben:

I. Braun: 200 Gramm gehackte Bitterschokolade in einer Schüssel im Wasserbad schmelzen, abkühlen lassen und in die fertige „Buttercreme" rühren. Oder statt Vanillepuddingpulver Schokoladenpudding mit 2 Esslöffeln Kakao in die Buttercreme rühren.

II. Mokka: 2 Esslöffel Instant-Getreidekaffee in 2 Esslöffeln heißem Wasser lösen, erkalten lassen und in die „Buttercreme" einrühren.

III. Rot: 300 Gramm frische oder aufgetaute Himbeeren (oder Erdbeeren, Brombeeren ...) pürieren, durch ein Sieb streichen und unter die Buttercreme mischen.

Marzipan

Marzipan sollte Zimmertemperatur haben, bevor es verarbeitet wird.

Bewahren Sie Marzipan in Frischhaltefolie eingewickelt im Kühlschrank auf.

Zum **Einfärben** von Marzipan gibt es natürliche Einfärber, wie Kakao, Kurkuma (Gelbwurz), Rote-Bete-Pulver, Spirulinapulver, Gerstengraspulver ...

Figuren, Blumen oder Blätter – frei Hand, mit Ausstechförmchen oder Schablonen geformt – sind reizvolle Dekorationen auf jedem Gebäck.

Um Marzipan **mit Schokolade zu überziehen,** Kuvertüre in einer Schüssel im Wasserbad schmelzen, Marzipanteilchen auf ein Spießchen stechen und nach Belieben in die Schokolade tauchen. Marzipanteilchen auf Backpapier abkühlen lassen.

Zum Überziehen oder Füllen einer Torte oder eines Kuchen das Marzipan zwischen 2 Lagen Backpapier/Frischhaltefolie ausrollen und der Torten- oder Kuchengröße entsprechend ausschneiden bzw. ausstechen.

Das leicht herzustellende Grießmarzipan eignet sich besonders gut zum Füllen von Plätzchen, Kuchenteilen, Kuchen und Torten. Es kann zusätzlich mit gemahlenen Mandeln veredelt werden.

Echtes Marzipan, Grundrezept (für etwa 250 g Rohmasse) ✳✳

Zutaten

125 g süße Mandeln
3–5 Bittermandeln, gemahlen/3 Tropfen Bittermandelaroma
125 g Puderzucker, gesiebt
1 EL Rosenwasser/Wasser

Zubereitung

Mandeln mit heißem Wasser überbrühen, abziehen und vollständig erkalten lassen. Die erkalteten Mandeln zweimal durch eine Mandelmühle drehen oder eine Schlagmühle benutzen.

Puderzucker untermischen und alles möglichst noch zweimal durch die Mandelmühle treiben. Danach Flüssigkeit unterarbeiten.

Tipps: Echtes Marzipan ist sowohl zum Herstellen von Marzipanbroten (Seite 333) und Marzipankugeln (Seite 345) als auch zum Füllen von Plätzchen, Kuchenteilen, Kuchen und Torten geeignet. Auch sehr lecker schmeckt Haselnussmarzipan: Dafür Haselnüsse in einer Pfanne leicht rösten, bis sich die braunen Häutchen lösen, und anstelle von Mandeln verwenden.

Marzipanvariante (für etwa 420 g Masse) ✻✻

Zutaten

40 ml Wasser
15 g Margarine
25 g Weizenmehl
250 g Marzipan-Rohmasse, gekauft/selbst gemacht (Seite 149)
90 g Puderzucker aus Rohrohrzucker

Zubereitung

Wasser und Margarine in einem Topf aufkochen, Mehl mit einem Schneebesen unterrühren. Den Teig unter ständigem Rühren so lange kochen, bis sich die Masse als Kloß vom Boden löst. Topf von der Herdplatte nehmen und die Masse abkühlen lassen.

Marzipan-Rohmasse auf einer Küchenreibe grob raspeln und mit Puderzucker unter den erkalteten Mehlteig arbeiten, bis eine glatte Masse entsteht.

Entweder nach Rezept weiterverarbeiten oder fertiges Marzipan in Frischhaltefolie wickeln und kühl aufbewahren.

Tipps: Durch die feste Konsistenz eignet sich dieses Marzipan bestens zur Herstellung von Marzipanfiguren, -früchten, -kugeln, -pralinen und -broten. Auch als Füllung für Kuchen und Torten ist es prima.

Grießmarzipan (für etwa 800 g Masse) **

Zutaten

200 g Margarine
200 g Weizengrieß
300 ml Hafermilch
125 ml Agavendicksaft
1 Prise Salz
5 Bittermandeln, gemahlen/5–7 Tropfen Bittermandelaroma
1 Prise Vanillepulver

Zubereitung

Margarine in einem Topf zerlassen. Grieß unter Rühren einstreuen.

Hafermilch, Agavendicksaft und Salz dazugeben, unter weiterem Rühren aufkochen, etwas köcheln lassen und von der Kochstelle nehmen.

Bittermandeln oder Bittermandelaroma und Vanillepulver unter die Masse ziehen und zur Weiterverarbeitung etwas abkühlen lassen.

Kartoffelmarzipan (für 600 g Masse) **

Zutaten

200 g Kartoffeln, gekocht und fein gerieben
250 g Puderzucker aus Rohrohrzucker
1 Prise Vanillepulver
5 Tropfen Bittermandelaroma
2 Prisen Salz
125 g Mandeln/Nüsse, gemahlen
50 g Agavendicksaft

Zubereitung

Kartoffeln und Puderzucker in einem Topf bei geringer Hitze rühren, bis die Masse geschmeidig ist. Gewürze hinzugeben.

Dann Mandeln hinzugeben und die Masse unter Rühren erkalten lassen, dabei Agavendicksaft unterarbeiten.

Güsse

Mit einem hochtourigen Schlagwerk können Sie Puderzucker beispielsweise aus Rohrohrzucker selbst herstellen.

Eine Tortenspritze/spitze Tüte aus Pergamentpapier erleichtert das genaue Auftragen von Güssen beim Verzieren.

Für einen **Schokoguss** die Schokolade immer zuerst auf nur lauwarmer Kochstelle schmelzen, dann Margarine und restliche Zutaten zugeben *oder*

Schokolade in einer Schüssel im Wasserbad schmelzen. Dafür

1. ***Schokolade in kleine, gleich große Stücke brechen und in eine hitzebeständige Schüssel geben.***
2. ***Schüssel in einen Topf mit etwa 45 °C warmen Wasser hängen, ohne dass er den Topfboden berührt.***
3. ***Schokolade unter Rühren schmelzen.***

Das **„Spinnennetz"** ist eine beliebte Verzierung für helle Torten (verzieren, solange der Guss noch nicht fest ist). Dafür

1. ***Schoko- oder farbigen Guss mit einer Tortenspritze/spitzen Tüte spiralförmig auf den hellen Guss aufspritzen.***
2. ***Guss in 8 Abschnitte einteilen und mit einer Messerspitze entsprechend der Einteilung von der Mitte zum Rand über die farbigen Linien ziehen.***
3. ***In jedem der 8 Segmente die Messerspitze nochmals von außen nach innen führen.***

Cremige Güsse auf glatten Oberflächen können sehr gut mit der Gabel verziert werden: als Flecht- oder Eichenbaummuster (aneinandergereihte Gabelstriche in eine Richtung).

Tortenguss – für Obstböden, Grundrezept ✳✳✳

Zutaten	Springform (Ø 26 cm)	Backblech (etwa 35 x 37 cm)
Agar Agar	1 geh. EL	3 gestr. EL
Flüssigkeit, kalt (Wasser/Fruchtsaft)	150 ml	300 ml
Rohrohrzucker oder	10 g	20 g
Agavendicksaft	1 EL	2 EL
Salz	1 Prise	2 Prisen

Zubereitung
Agar Agar mit kalter Flüssigkeit in einem Topf klümpchenfrei verrühren, unter ständigem Rühren aufkochen und 3 bis 4 Minuten köcheln. Von der Kochstelle nehmen und restliche Zutaten einrühren. Den Guss über den mit Früchten belegten Tortenboden gießen.

Einfacher Zuckerguss ✳

Zutaten	Springform (Ø 26 cm)	Backblech (etwa 35 x 37 cm)
Puderzucker	175 g	350 g
Wasser/Hafermilch, heiß	3–4 EL	6–8 EL
Salz	1 Prise	2 Prisen

Zubereitung
Puderzucker sieben. Nach und nach gesiebten Puderzucker mit der möglichst heißen Flüssigkeit und Salz verrühren.

Tipps: Der Guss reicht dünn für 1 Backblech aus und eignet sich sehr gut für Plätzchen. Zum Einfärben statt Wasser Fruchtsaft verwenden. Vanille, Zimt, Orangen- oder Zitronenöl verfeinern den Geschmack.

Zitronenzuckerguss **

Zutaten	Springform (Ø 26 cm)	Backblech (etwa 35 x 37 cm)
Puderzucker aus Rohrohrzucker	100 g	200 g
Kokosfett/-öl	40 g	80 g
Salz	1 Prise	2 Prisen
Zitronensaft	etwa 2 EL	etwa 4 EL

Zubereitung

Puderzucker sieben. Kokosfett in einer Pfanne zerlassen. Gesiebten Puderzucker mit Salz, Zitronensaft und warmem, zerlassenem Kokosfett schaumig rühren. Achtung: Nicht zu viel Flüssigkeit verwenden! Der Guss wird sonst nicht fest.

Tipps: Statt Zitronensaft können Sie auch andere Fruchtsäfte nehmen. Geben Sie etwas mehr Fett hinzu, reißen Güsse nicht.

Weißer Schokoladenguss „Lonau de luxe" – matt ⁂

Zutaten	Springform (Ø 26 cm)	Backblech (etwa 35 x 37 cm)
Kakaobutter	5 g	10 g
Margarine, weich	100 g	200 g
Puderzucker	120 g	240 g
Zitronensaft	3–4 EL	6–8 EL
Salz	2 Prisen	3 Prisen

Zubereitung

Kakaobutter sacht in einem Topf erwärmen. Weiche Margarine hinzugeben und kurz erwärmen, sodass eine cremige Masse entsteht. Den Topf von der Kochstelle nehmen (feste Bestandteile lösen sich noch mit der Restwärme). Achtung: Das Fett nicht zu heiß werden lassen, sonst erhält der Guss nicht die gewünschte Konsistenz!

Puderzucker klümpchenfrei hineinrühren, Zitronensaft und Salz hinzugeben und alles noch einmal kräftig rühren (eventuell pürieren). Den Guss abkühlen lassen und bei cremiger Konsistenz weiterverarbeiten.

Weißer Zuckerguss – glänzend **

Zutaten	Springform (Ø 26 cm)	Backblech (etwa 35 x 37 cm)
Kokosfett	80 g	160 g
Margarine, weich	120 g	240 g
Puderzucker	240 g	480 g
Zitronensaft	100 ml	200 ml
Salz	3 Prisen	6 Prisen

Zubereitung

Kokosfett sacht in einem Topf erwärmen. Margarine dazugeben und kurz erwärmen, sodass eine cremige Masse entsteht. Den Topf von der Kochstelle nehmen (feste Bestandteile lösen sich noch mit der Restwärme). Achtung: Das Fett nicht zu heiß werden lassen, sonst erhält der Guss nicht die gewünschte Konsistenz!

Puderzucker klümpchenfrei hineinrühren, Zitronensaft und Salz hinzugeben und alles noch einmal kräftig rühren (eventuell pürieren). Den Guss abkühlen lassen und bei cremiger Konsistenz weiterverarbeiten.

Schokoladenguss I „Lonau de luxe" – weich ⁎⁎

Zutaten	Springform (Ø 26 cm)	Backblech (etwa 35 x 37 cm)
Margarine, warm	125 g	250 g
Agavendicksaft	40–50 g	80–100 g
Kakao	20–25 g	40–50 g
Instant-Getreidekaffee	1 TL	2 TL
Zitronensaft	2 TL	1½ EL
Salz	1 Prise	2 Prisen
Bohnenkaffee, nach Belieben	1 Prise	2 Prisen

Zubereitung

Warme Margarine in einem Topf auf der leicht warmen Kochstelle nur ein wenig (nicht ganz) zergehen lassen (ein Viertel der Margarine muss noch etwas fest sein). Restliche Zutaten hinzufügen und alles mit dem Pürierstab gründlich durchpassieren.

Je nach gewünschter Konsistenz (von hellbraun-cremig/schaumig (beliebtere Variante) bis dunkelbraun-zähfließend) die Masse eventuell noch einmal vorsichtig unter ständigem Rühren kurz erwärmen (sie darf auf keinen Fall zu warm (flüssig) werden, sonst kippt sie und ihre Cremigkeit geht verloren).

Nach Belieben den Kuchen gleichmäßig mit Guss bestreichen oder mit einem Esslöffel in kreisenden Bewegungen willkürliche Muster gießen.

Tipps: Soll der Guss fester werden, die Margarine komplett oder teilweise durch Kokosfett ersetzen – dadurch wird die Konsistenz fester. Oder das folgende Rezept Schokoladenguss I fest (Seite 159) für den Guss wählen.

Schokoladenguss I „Lonau de luxe" – fest **

Zutaten	Springform (Ø 26 cm)	Backblech (etwa 35 x 37 cm)
Zartbitterschokolade	25 g	50 g
Margarine, warm	125 g	250 g
Agavendicksaft	40–50 g	80–100 g
Kakao	20–25 g	40–50 g
Instant-Getreidekaffee	1 TL	2 TL
Zitronensaft	2 TL	1½ EL
Salz	1 Prise	2 Prisen
Bohnenkaffee, nach Belieben	1 Prise	2 Prisen

Zubereitung

Zartbitterschokolade in einem Topf sehr vorsichtig auf nur lauwarmer Kochstelle völlig schmelzen. Danach weiche Margarine hinzugeben und nach Rezept Schokoladenguss I weich (Seite 158) mit den restlichen Zutaten einen Schokoladenguss zubereiten.

Schokoladenguss II **

Zutaten	Springform (Ø 26 cm)	Backblech (etwa 35 x 37 cm)
Bitterschokolade (70 Prozent Kakaoanteil)	150 g	250 g
oder Schokoaufstrich, zartbitter	150 g	250 g

Zubereitung

Schokolade zerkleinern und im Wasserbad unter Rühren schmelzen.

Schokoladenguss III ⁎⁎

Zutaten	Springform (Ø 26 cm)	Backblech (etwa 35 x 37 cm)
Puderzucker	150 g	300 g
Kakao	2 EL	4 EL
Salz	1 Prise	2 Prisen
Wasser, heiß	3–4 EL	7–8 EL

Zubereitung

Puderzucker und Kakao in eine Schüssel sieben, Salz dazugeben und alles nach und nach mit heißem Wasser verrühren.

Nougatguss ⁎⁎

Zutaten	Springform (Ø 26 cm)	Backblech (etwa 35 x 37 cm)
Zartbitterschokolade (55 Prozent Kakaoanteil)	90 g	180 g
Margarine	60 g	120 g
Nussmus	3 EL	6 EL

Zubereitung

Schokolade zerkleinern und mit Margarine in einer Schüssel im heißen Wasserbad schmelzen, Nussmus hinzufügen, gut verrühren und nach Belieben nachsüßen.

Carobguss „Lonau de luxe“– weich ✻✻

Zutaten	Springform (Ø 26 cm)	Backblech (etwa 35 x 37 cm)
Margarine, warm	125 g	250 g
Agavendicksaft	50 g	100 g
Kakao, nach Belieben auch weniger	10 g	20 g
Carob, nach Belieben auch mehr	20 g	40 g
Instant-Getreidekaffee	1 TL	2 TL
Zitronensaft	2 TL	1½ EL
Salz	1 Prise	2 Prisen
Bohnenkaffee, nach Belieben	1 Prise	2 Prisen

Zubereitung

Warme Margarine in einem Topf auf der leicht warmen Kochstelle nur ein wenig (nicht ganz) zergehen lassen (ein Viertel der Margarine muss noch etwas fest sein). Restliche Zutaten hinzufügen und alles mit dem Pürierstab gründlich durchpassieren.

Je nach gewünschter Konsistenz (von hellbraun-cremig/schaumig [beliebtere Variante] bis dunkelbraun-zähfließend) die Masse eventuell noch einmal vorsichtig unter ständigem Rühren kurz erwärmen (sie darf auf keinen Fall zu warm [flüssig] werden, sonst kippt sie und ihre Cremigkeit geht verloren).

Nach Belieben den Kuchen gleichmäßig mit Guss bestreichen oder mit einem Esslöffel in kreisenden Bewegungen willkürliche Muster gießen.

Tipps: Soll der Guss fester werden, die Margarine komplett oder teilweise durch Kokosfett ersetzen– dadurch wird die Konsistenz fester. Oder das folgende Rezept Carobguss fest (Seite 162) für den Guss zubereiten.

Carobguss „Lonau de luxe" – fest ⁂

Zutaten	Springform (Ø 26 cm)	Backblech (etwa 35 x 37 cm)
Zartbitterschokolade	25 g	50 g
Margarine, warm	125 g	250 g
Agavendicksaft	50 g	100 g
Kakao, nach Belieben auch weniger	10 g	20 g
Carob, nach Belieben auch mehr	20 g	40 g
Instant-Getreidekaffee	1 TL	2 TL
Zitronensaft	2 TL	1½ EL
Salz	1 Prise	2 Prisen
Bohnenkaffee, nach Belieben	1 Prise	2 Prisen

Zubereitung
Zartbitterschokolade in einem Topf sehr vorsichtig auf nur lauwarmer Kochstelle völlig schmelzen. Danach weiche Margarine hinzugeben und nach Rezept Carobguss weich (Seite 161) mit den restlichen Zutaten einen Schokoladenguss zubereiten.

Tipp: Dieser Guss lässt sich auch nur mit Carob, also ohne Kakao, zubereiten.

Dekorationen

Dekorationen peppen Kuchen und Torten optisch enorm auf. Ganz einfach dekorieren Sie mit Kokosraspeln, gehackten Mandeln oder Nüssen, Mandelscheiben, Schokoladentropfen, -raspeln, -splittern, -blättchen oder Borkenschokolade, bunten Zucker- oder Schokoladenstreuseln, Waffelblättchen, Gummibärchen (ohne Gelatine), Cremes und Früchten.

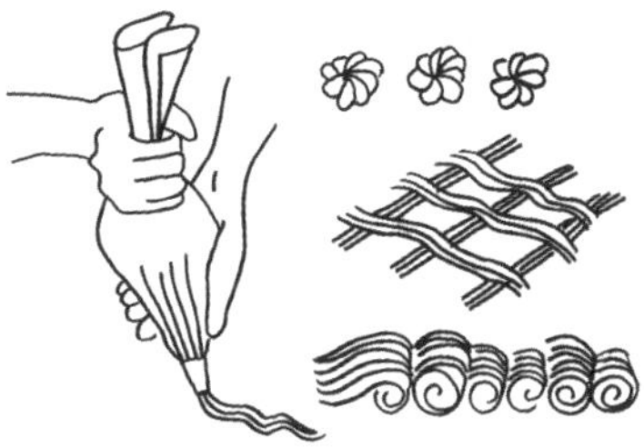

Creme- und Sahne-Deko

Mit einer Tortenspritze oder einem Spritzbeutel lassen sich Cremes oder Sahne sehr dekorativ auf Torten spritzen. Dafür

1. die Spritze oder den Beutel mit Creme oder Sahne füllen und gut verschließen,

2. mit einer Tülle nach Wahl (sehr leicht zu handhaben ist die Sterntülle) die Torte nach Herzenslust verzieren.

Mit folgenden natürlichen Farbstoffen bekommt man Farbe auf die Torten:

***Gelb**: gelbe Marmeladen, Fruchtsäfte, Kurkuma (Gelbwurz),*
***Rot**: rote Marmeladen, Fruchtsäfte, roter Tortenguss (kurz vor dem Gelierpunkt vorsichtig unterarbeiten),*
***Blau**: Heidelbeer-/Holundermarmelade,*
***Grün**: Spirulina-/Gerstengraspulver (Algen/Nahrungsergänzung, fein gemörsert).*

Zum Verzieren Marmeladen ohne Kerne verwenden bzw. diese vorher sehr fein pürieren oder am besten durch ein Sieb streichen. Sonst verstopft die Tülle leicht.

Marmeladen, Gewürze und Pulver unter die Creme oder Sahne rühren.

Wenn Sie Säfte zum Einfärben verwenden möchten, sollten Sie sie in der Creme, z. B. im Pudding, verarbeiten.

Schokoladendekoration ✻✻✻

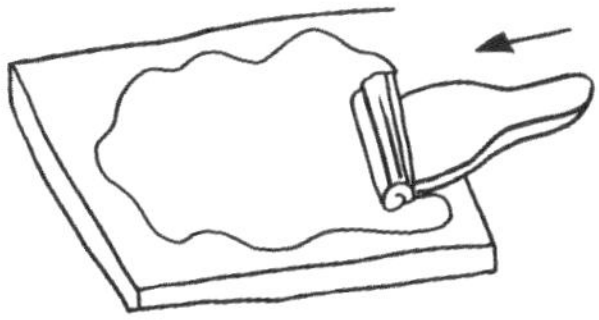

Schokoladenborken

1. Geschmolzene Schokolade auf ein sauberes Kunststoff-Küchenbrett streichen und fest werden lassen.

2. Brett gut festhalten, ein großes Messer mit glatter Klinge auf die Schokolade setzen und im 45°-Winkel so übers Brett ziehen, dass lange, unregelmäßig geformte Schokoladenborken entstehen. Borken mit dem Messer vorsichtig vom Brett heben.

Schokoladenblätter

1. Frisch gepflückte Blätter mit deutlicher Äderung verwenden, die sauber, trocken und geschmeidig sind.

2. Blätter am Stiel festhalten, die Ober-/Unterseite mit geschmolzener Schokolade glatt bepinseln und mit der Schokoseite nach oben auf ein Backpapier legen.

3. Mindestens 1 Stunde kühl stellen, bis die Schokolade fest ist. Dann die frischen Blätter von der Schokoladenschicht abziehen.

Schokoladensplitter

1. Geschmolzene Schokolade auf ein mit Backpapier belegtes Backblech gießen, gleichmäßig dünn verteilen und fest werden lassen.

2. Schokolade in Splitter brechen: Dafür mit einem Messer die Größe und Form der Splitter vorritzen.

Schokoraspel

1. Blockschokolade auf Zimmertemperatur bringen. Die Schokolade muss zum Raspeln fest genug sein, deshalb bei warmem Wetter vorher im Kühlschrank kühlen.

2. Einen scharfen Sparschäler mit leichtem Druck über die Schokolade ziehen, um feine Raspeln zu erzeugen. Mit höherem Druck entstehen größere Raspeln.

Krokant (für etwa 120 g Masse) ⁎⁎

Zutaten	Menge
Nüsse	100 g
Agavendicksaft	3–4 EL
Salz	1 Prise

Zubereitung

Nüsse fein hacken und in einer Pfanne ohne Fett anrösten. Agavendicksaft und Salz hinzugeben und unter Rühren leicht bräunen. Die Masse auf Backpapier streichen, erkalten lassen und mit den Händen fein bröseln oder mit einem Messer klein hacken.

Bunt gefärbte Schlagsahne oder Cremes zum Verzieren

(aus steif geschlagener Sojaschlagsahne oder veganer Schlagsahne, selbst gemacht [Seite 146] oder anderen hellen Cremes) ⁎⁎

Hellbraun: 2 geh. EL Schlagsahne = 50 g + 1 geh. EL Kakao = 18 g
Grün: 2 geh. EL Schlagsahne = 50 g + Algen/Getreidegraspulver = 6 g (im Mörser zerkleinert)
Rosa: 2 geh. EL Schlagsahne = 50 g + 1 geh. EL Kirschmarmelade = 50 g
Rotviolett: 2 geh. EL Schlagsahne = 50 g + 1 geh. EL Schwarze Johannisbeermarmelade = 50 g
Gelb: Aprikosenmarmelade, z. B. für Blumenmitte, am besten pur

Cremetorten und -kuchen

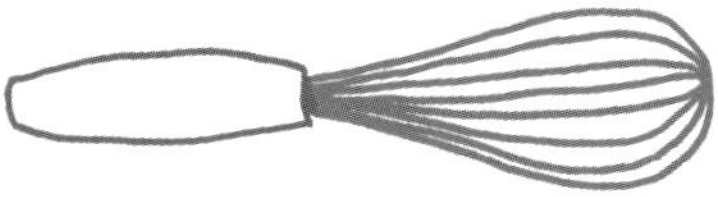

- Cremetorten und -kuchen sind meist optische und kulinarische Highlights für besondere Anlässe.
- Auch hier (wie im ganzen Buch) sind alle Rezepturen im Gegensatz zu herkömmlichen Rezepten stark an Fettgehalt und Süße reduziert. Nachwürzen kann jeder selbst.
- Als Böden haben sich unsere Standardteige bewährt.
- Jeder kann sich nach eigenen Wünschen seine Torte selbst bauen. Es gibt viele Cremes, Beläge und Güsse zur Auswahl.
- Es hat sich bewährt, Torten als Blechkuchen zuzubereiten, da sie dann flacher sind und in kleinere Stücke geschnitten werden können. Doch manchmal muss es eben eine Torte in Tortenform sein.
- Füllungen, Güsse und Dekorationen geben Torten, Kuchen, Kleingebäcken und anderen Köstlichkeiten eine ganz besondere Note.
- Alle Zutaten der Cremes sollten die gleiche Temperatur haben – zimmerwarm sein.
- Sollte die Creme ausflocken, kann etwas zerlassenes Kokosfett oder kurzes Pürieren schnell wieder für Bindung sorgen.
- Creme erhält einen besseren Stand, wenn Sie zum Schluss eine kleine Menge Agar-Agar-Sud hinzugeben.
- Um Cremetorten möglichst einfach zu schneiden, vor jedem Schnitt das scharfes Messer in heißes Wasser tauchen.
- Gleiche Gebäcke können Sie jeweils mit anderen Füllungen oder Cremes zubereiten. Das bringt Abwechslung.
- Anstelle von Agavendicksaft können Sie die gleiche Menge Rohrohrzucker oder Vollrohrzucker verwenden.
- Tortenböden waagerecht mit einem scharfen Messer aufschneiden (Wiener Boden).

- Die meisten Füllungen und Cremes werden erst standfest, nachdem sie vollkommen erkaltet sind. Daher vor dem Einschichten einen Torten-/Springformring um den Tortenboden legen.
- Um Sahne richtig steif zu schlagen, sollten Sie Sahnesteif oder Zitronensaft (1 Teelöffel auf 300 Milliliter) hinzugeben.
- Sahne immer gut gekühlt steif schlagen.
- Streichen Sie aromatische Marmeladen oder Konfitüren als unterste Schicht auf Tortenböden, bekommt die Torte ein feineres Aroma.
- Füllungen und Cremes vor dem Bestreichen der Torte noch einmal abschmecken, bei Bedarf nachsüßen.
- Damit sich Puddingcremes streichen lassen, diese noch lauwarm auftragen und erst anschließend kühl stellen.
- Geröstete Mandelsplitter, Nusskrokant oder Schokoladenraspel mit einem Teigschaber oder mit der hohlen Hand behutsam am Tortenrand andrücken.
- Torten zunächst von der Mitte nach außen kreisend mit Guss oder Creme überziehen, erst danach den Rand bestreichen.
- Am besten teilen Sie Tortenstücke schon vor dem Verzieren mit einem Zwirnfaden oder einem Messer ein und kennzeichnen sie eventuell mit Spießchen.
- Torten werden je nach Größe und Belag in 12 bis 16 Stücke geschnitten (halbieren, die Hälfte wieder halbieren (ein Viertel) und dieses Viertel in je 3 bis 4 Stücke aufteilen).
- Zum Verzieren von Torten eignen sich Tortenspritzen sowie Spritztüten mit verschiedenen Tüllen und Aufsätzen.
- Obsttorten sind durch ihre Frische beliebte Sommertorten.

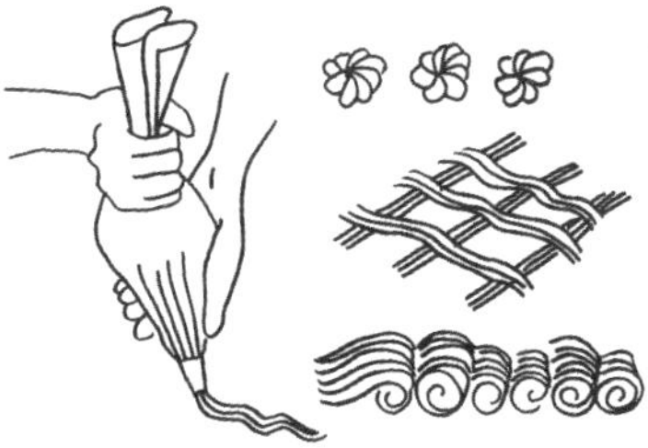

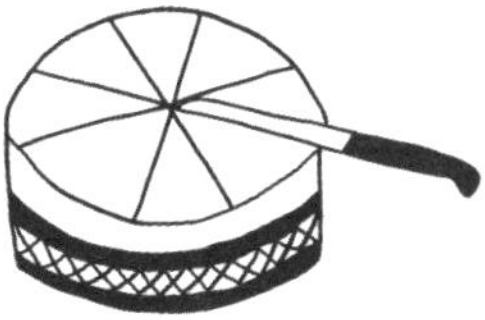

Obsttorten mit frischen Früchten

Obsttorten mit frischen Früchten der Saison (verschieden kombinierbar oder auch eingeweckt möglich) sind im Sommer eine sehr erfrischende Kuchenvariante.

Sie schmecken besonders lecker und frisch, wenn ein Teil des Belags aus Beeren besteht, und lassen sich sehr schnell und leicht herstellen.

Zubereitung

Einen einfachen, dünnen Tortenboden aus Biskuit, Mürbeteig oder Knusperboden nach Grundrezept zubereiten.

Nach Belieben den Boden dünn mit etwas Margarine oder (Vanille-)Pudding bestreichen oder gleichmäßig mit Sahnesteif bestreuen, damit die Knusprigkeit des Bodens erhalten bleibt (eventuell einen Tortenring um den Boden stellen).

Frische Früchte nach Wahl anzuckern, einige Stunden Saft ziehen und im Sieb abtropfen lassen, dabei den Fruchtsaft auffangen. Die Früchte dekorativ auf dem Tortenboden verteilen.

Danach einen Tortenguss herstellen: Dafür den aufgefangenen Fruchtsaft mit Wasser oder Most zur benötigten Flüssigkeitsmenge auffüllen und daraus nach Packungsanleitung einen Guss zubereiten.

Den Guss lauwarm abkühlen lassen und im leicht gelierenden Zustand von der Mitte her esslöffelweise über die Früchte geben.

Die Obsttorte kühl stellen und nach Belieben mit Sojaschlagsahne servieren.

Erdbeertorte (Grundrezept Obsttorte)

(1 Obsttortenform, Ø 26 cm) ✳

Zutaten

Für den Boden

siehe Grundrezept Biskuitteig – hell, Springform (Seite 43)

Zum Bestreichen

etwa 30 g Margarine

Für den Belag

600–800 g reife Erdbeeren

2–3 EL Agavendicksaft/Rohrohrzucker, nach Bedarf

Für den Guss

250 ml Erdbeersaft (mit Wasser/Most aufgefüllt)

1 Pck. Tortenguss, klar und ungezuckert (für 250 ml Flüssigkeit) oder Agar Agar (Menge nach Packungsangabe)

2 Prisen Salz

Zubereitung

Für den Boden den Teig nach Grundrezept zubereiten, backen und erkalten lassen. Den Tortenboden dünn mit Margarine bestreichen und einen Tortenring darum herumstellen.

Für den Belag Erdbeeren putzen, abspülen und trocken tupfen. Große Erdbeeren eventuell halbieren. Erdbeeren nach Bedarf mit Agavendicksaft anzuckern, Saft ziehen und in einem Sieb abtropfen lassen, dabei den Saft auffangen. Die Beeren dekorativ auf dem Tortenboden verteilen.

Für den Guss den aufgefangenen Erdbeersaft mit Wasser auf 250 Milliliter auffüllen. Aus Saft, Salz und Tortengusspulver oder Agar Agar nach Packungsanleitung einen Tortenguss zubereiten und etwas abkühlen lassen. Den Tortenguss lauwarm bis leicht gelierend esslöffelweise von der Mitte her über die Beeren geben, sodass alle Früchte bedeckt sind. Die Torte kühl stellen.

Himbeertorte mit Sojasahnecreme

(1 Obstbodenform, Ø 28 cm) ***

Zutaten

Für den Boden

siehe Grundrezept Biskuitteig – hell, Springform (Seite 43)

Für die Füllung

500 g Himbeeren
2 EL Rohrohrzucker
300 ml Sojaschlagsahne/ vegane Schlagsahne, selbst gemacht (Seite 146)
250 g Sojajoghurt, naturell
6–8 EL Agavendicksaft
200 ml Himbeersaft (mit Wasser aufgefüllt)
1 gestr. TL Agar Agar

Zum Verzieren

etwas Sojaschlagsahne/ vegane Schlagsahne, selbst gemacht (Seite 146)
12 bis 16 große Himbeeren

Zubereitung

Den Boden backen und erkalten lassen.

Für die Füllung Himbeeren verlesen, eventuell vorsichtig abspülen und trocken tupfen. Himbeeren mit Rohrohrzucker bestreuen, leicht mischen und etwa 30 Minuten ziehen lassen. Himbeeren in einem Sieb abtropfen lassen, dabei den Saft auffangen.

In der Zwischenzeit Sahne steif schlagen (etwas zum Verzieren beiseitestellen). Joghurt und Agavendicksaft gut verrühren.

Himbeersaft (mit Wasser aufgefüllt) in einem Topf mit Agar Agar mischen, unter Rühren aufkochen und von der Kochstelle nehmen. Nach 1 bis 2 Minuten Joghurt, danach Himbeeren und zum Schluss Sahne unterheben. Die Himbeercreme sofort leicht kuppelförmig auf dem Tortenboden verteilen.

Die Himbeercreme mithilfe einer Tortenspritze mit der beiseitegestellten Sahne verzieren und mit Himbeeren belegen. Die Himbeertorte bis zum Verzehr in den Kühlschrank stellen.

Tipp: Schmeckt auch mit Erdbeeren, Heidelbeeren, Roten Johannisbeeren oder Beerenmischungen wunderbar.

Johannisbeerkuchen (frisch) (1 Backblech, etwa 35 x 37 cm) ✻✻✻

Zutaten

Für den Boden

siehe Grundrezept Knusperboden (Seite 36)

Für den Belag

1½ kg frische Rote Johannisbeeren

300 ml Sojaschlagsahne/ vegane Schlagsahne, selbst gemacht (Seite 146)

2 Prisen Salz

200 g Mandeln, geschält und gemahlen

200 g Rohrohrzucker, nach Belieben auch mehr

Zubereitung

Für den Boden den Teig nach Grundrezept zubereiten, backen und erkalten lassen.

Für den Belag Johannisbeeren waschen, abtropfen lassen und die Beeren von den Rispen streifen. Schlagsahne mit Salz steif schlagen. Mandeln mit Zucker in einer Schüssel mischen, erst Johannisbeeren und dann Sahne vorsichtig unterheben. Die Masse gleichmäßig auf dem Gebäckboden verteilen – fertig!

Tipp: Im Original wird der frisch gebackene Boden auf 50 °C abgekühlt, mit dem Belag bestrichen und etwa 30 Minuten bei 40 bis 50 °C (Umluft) getrocknet. Unserer Erfahrung nach erfrischt die rohe Variante jedoch mehr.

Erdbeer-Mohn-Torte (1 Springform, Ø 26 cm) ✳✳✳

Zutaten

Für den 1. Boden

siehe Grundrezept Knusperboden (Seite 36)

Für den 2. Boden

siehe Grundrezept Biskuitteig – hell (Seite 43)

Für die Füllung

50 g Mohn
1½ Pck. Vanillepuddingpulver
3–4 EL Agavendicksaft
1 Prise Salz
250 ml Hafermilch
40 g Margarine, gewürfelt
200 g Sojajoghurt, naturell

Zum Verzieren

100 g Erdbeerkonfitüre
500 g Erdbeeren
250 ml Sojaschlagsahne/ vegane Schlagsahne, selbst gemacht (Seite 146)
100 g Schokoraspel

Zubereitung

Für die Böden die Teige jeweils nach Grundrezept zubereiten, backen und erkalten lassen.

Für die Füllung Mohn in einer Pfanne ohne Fett unter Rühren leicht anrösten und in einer Schlagmühle mahlen.

Puddingpulver, Agavendicksaft und Salz mit etwas Hafermilch anrühren. Restliche Milch in einem Topf zum Kochen bringen, angerührtes Puddingpulver einrühren und etwa 3 Minuten unter Rühren kochen lassen. Pudding von der Kochstelle nehmen und etwas abkühlen lassen. Nach etwa 1 Minute Margarine, gemahlenen Mohn und Sojajoghurt unterrühren, bis eine cremige Masse entsteht.

Um den *1. Boden* einen Tortenring stellen, die noch warme Mohncreme darauf verstreichen und mit dem 2. Boden bedecken. Die Torte abkühlen lassen.

Zum Garnieren Erdbeerkonfitüre cremig rühren. Erdbeeren putzen, abspülen, trocken tupfen und halbieren. Sahne steif schlagen.

Den *2. Boden* mit Konfitüre bestreichen, mit den Erdbeeren belegen und mit der Schlagsahne wild überziehen. Zum Schluss Schokoladenraspel darüberstreuen – fertig!

Kirsch G' Kar original (1 Springform, Ø 26 cm, für 1 Backblech, etwa 35 x 37 cm, 2½-fache Menge) ✻✻✻

Zutaten

Für den Boden

siehe Grundrezept Knusperboden (Seite 36)

Für die Füllung

1 Glas Sauerkirschen (370 g)
300 ml Sauerkirschsaft
1½ Pck. Schokoladenpuddingpulver
1 Prise Salz
60 g Agavendicksaft
40 g Margarine
3 EL Zitronensaft
300 ml Sojaschlagsahne/vegane Schlagsahne, selbst gemacht (Seite 146)

Zum Verzieren

siehe Rezept Schokoladenguss I (Seite 158)

Zubereitung

Für den Boden den Teig nach Grundrezept zubereiten, backen und erkalten lassen.

Für die Füllung Kirschen in einem Sieb abtropfen lassen, dabei den Saft auffangen.

Vom aufgefangenen Kirschsaft 1 Tasse abnehmen und mit Puddingpulver, Salz und Agavendicksaft anrühren. Restlichen Kirschsaft in einem Topf zum Kochen bringen. Sobald der Saft kocht, das angerührte Puddingpulver einrühren und gut durchkochen lassen.

Unter den noch warmen Pudding Margarine rühren. Abgetropfte Sauerkirschen und Zitronensaft unterheben.

Den Pudding gleichmäßig auf dem Boden verteilen und abkühlen lassen.

Sahne steif schlagen, auf den abgekühlten Pudding geben und glatt streichen.

Den *Schokoladenguss* nach Rezept zubereiten und mit einem Löffel in großen Bewegungen wild auf der Schlagsahne verteilen.

Tipp: Die Torte schmeckt auch als Ananasvariante sehr lecker (Seite 176).

Ananas G' Kar original (1 Springform, Ø 26 cm, für 1 Backblech, etwa 35 x 37 cm, 2½-fache Menge) ✳✳✳

Zutaten

Für den Boden

siehe Grundrezept Knusperboden (Seite 36)

Für die Ananascreme

405 g Ananasstücke (aus dem Glas)
500 ml Ananassaft (mit Hafermilch aufgefüllt)
2 Pck. Vanillepuddingpulver
4 EL Agavendicksaft
1 Prise Salz
90 g Margarine
2 EL Zitronensaft
½ TL Orangen- und Zitronenschale, abgerieben
300 ml Sojaschlagsahne/ vegane Schlagsahne, selbst gemacht (Seite 146)

Zum Verzieren

siehe Rezept Schokoladenguss I (Seite 158)

Zubereitung

Den Boden backen und erkalten lassen.

Für die Creme Ananas in einem Sieb abtropfen lassen, dabei den Saft auffangen. Die Früchte klein schneiden bzw. etwas pürieren.

Ananassaft mit Hafermilch auf 500 Milliliter auffüllen. 400 Milliliter von der Flüssigkeit in einem Topf zum Kochen bringen.

Puddingpulver, Agavendicksaft und Salz mit der restlichen Fruchtsaftmischung anrühren und in die aufkochende Flüssigkeit einrühren. Die Creme gut durchkochen lassen, von der Kochstelle nehmen und etwas abkühlen lassen. Nach etwa 1 Minute Margarine kräftig unterrühren, bis eine glatte Creme entsteht.

Dann Zitronensaft und Zitrusschale dazugeben, gut verrühren und zum Schluss Ananasstücke unterheben. Die noch warme Creme gleichmäßig auf dem Tortenboden verteilen und abkühlen lassen.

Sahne steif schlagen, auf die Ananascreme geben und glatt streichen.

Den Schokoladenguss nach Rezept zubereiten und mit einem Löffel in großen Bewegungen wild auf der Schlagsahne verteilen.

Waldfruchtcremetorte (1 Backblech, etwa 35 x 37 cm) ✻✻✻

Zutaten

Für den Boden

siehe Grundrezept Knusperboden (Seite 36)

Für die Waldfruchtcreme

1 Pck. TK-(Waldfrucht-) Beerenmischung (300 g)
1 l Hafermilch
1 Pck. Vanillepuddingpulver
120 g Speisestärke
120 g Rohrohrzucker, nach Belieben
200 g Margarine, in Stücken
1 Glas Waldfrucht-/ Schwarze Johannisbeermarmelade (250 g)
1–3 EL Zitronensaft, nach Belieben
2 Prisen Salz
350 g Sojajoghurt, naturell
300 ml Sojaschlagsahne/ vegane Schlagsahne, selbst gemacht (Seite 146)

Zum Verzieren

siehe Rezept Schokoladenguss I, Backblech (Seite 158)

Zubereitung

Für den Boden den Teig nach Grundrezept zubereiten, backen und erkalten lassen.

Für die Waldfruchtcreme Beerenmischung antauen lassen. Aus Hafermilch, Puddingpulver und Speisestärke in einem Topf einen dicken Brei kochen (gut durchkochen). Sofort erst Rohrohrzucker und Margarine, danach Marmelade, Zitronensaft und Salz unterrühren.

Sojajoghurt unter die jetzt schon fast lauwarme Masse rühren (die Masse sollte nun cremig sein, sonst kurz pürieren). Zum Schluss angetaute Beeren unterheben. Die Creme gleichmäßig auf dem Tortenboden verteilen.

Sahne steif schlagen, auf die Creme geben und glatt streichen.

Den Schokoladenguss nach Rezept zubereiten und damit Muster auf die Torte gießen.

Tipp: Statt mit Schokoladenguss lässt sich die Waldfruchtcremetorte auch mit geriebener Schokolade verzieren.

Schwarzwälder Kirschtorte (1 Springform, Ø 26 cm) **

Zutaten

Für den Boden

siehe Grundrezept Biskuitteig – schoko (Seite 43)

Für die Füllung

1 Glas Sauerkirschen (450 g)
600 ml Sojaschlagsahne/ vegane Schlagsahne, selbst gemacht (Seite 146)
3 Pck. Vanillezucker
1 Pck. Sahnesteif
3 EL Kirschwasser oder Kirschsaft

Zum Verzieren

16 Sauerkirschen
40 g dunkle Borkenschokolade

Zubereitung

Für den Boden den Teig nach Grundrezept zubereiten, backen und erkalten lassen.

Für die Füllung Kirschen in einem Sieb abtropfen lassen, dabei den Saft auffangen.

Jeweils 300 Milliliter von der Sahne mit jeweils 1½ Päckchen Vanillezucker und ½ Päckchen Sahnesteif zu einer festen Creme schlagen.

Den Boden zweimal waagerecht durchschneiden. Jeden Boden mit 1 Esslöffel Kirschwasser oder Kirschsaft beträufeln.

Den unteren Boden dünn mit Sahne bestreichen. Kirschen darauf verteilen, dabei einen etwa 2 Zentimeter breiten Rand frei lassen, und mit einem Viertel der Sahne bedecken.

Den mittleren Boden daraufsetzen, ein weiteres Viertel der Sahne daraufstreichen und den oberen Boden darauflegen.

Einen Teil der restlichen Sahne in eine Tortenspritze füllen und zum Verzieren beiseitelegen. Mit der restlichen Sahne den oberen Tortenboden und den -rand bestreichen. 16 Tortenstücke markieren.

Mit der Tortenspritze mit mittlerer Sterntülle 16 Sahnehäubchen auf die Torte spritzen und mit je 1 Kirsche belegen. Borkenschokolade in die Mitte bröckeln. Mindestens 2 Stunden kalt stellen.

Rote-Grütze-Kuchen (1 Backblech, etwa 35 x 37 cm) ✳✳

Zutaten

Für den Boden

siehe Grundrezept Biskuitteig – hell, Backblech (Seite 43)

Für den Belag

3 Pck. Rote-Grütze-Pulver

etwas Rohrohrzucker, nach Bedarf

1 l Wasser

125 g Margarine

4 EL Puderzucker aus Rohrohrzucker, gesiebt

2 Prisen Salz

Für den Guss

siehe Rezept Schokoladenguss I (Seite 158)

Zubereitung

Für den Boden den Teig nach Grundrezept zubereiten, backen und erkalten lassen.

Für den Belag Rote-Grütze-Pulver, Zucker und Wasser nach Packungsanleitung einen Pudding kochen und abkühlen lassen.

Margarine in einer Schüssel schaumig schlagen, Puderzucker und Salz unterrühren und ebenfalls abkühlen lassen.

Sobald beide Massen die gleiche Temperatur haben, den Fruchtpudding nach und nach löffelweise unter die Margarinemischung rühren.

Die Rote-Grütze-Masse auf den Gebäckboden streichen.

Den Schokoguss nach Rezept zubereiten und die Fruchtmasse mit der Schokodecke überziehen.

Tipps: Möchten Sie rote Grütze aus frischen Beeren verwenden, dicken Sie sie mit Kartoffelmehl an. Sehr lecker ist es auch, wenn die Rote-Grütze-Creme mit Keksen abgedeckt wird, die in Apfel- oder Orangensaft getaucht wurden. Erst danach die Schokodecke darüberziehen.

Lonauwelle, vegan

(1 Springfom, Ø 26 cm, oder 1 Backblech, etwa 35 x 37 cm) ✳✳✳

Zutaten *Für den Boden*	**Springform** (Ø 26 cm)		**Backblech** (etwa 35 x 37 cm)	
	hell	**schoko**	**hell**	**schoko**
Weizenmehl	120 g	100 g	240 g	200 g
Backpulver	1 geh. TL	1 geh. TL	½ Pck.	½ Pck.
Natron (leicht geh. TL)	1 TL	1 TL	2 TL	2 TL
Hafermilch, kalt	75 ml	75 ml	150 ml	150 ml
Sojasahne	2 EL	2 EL	4 EL	4 EL
Agavendicksaft	40 g	45 g	80 g	90 g
Salz	1 Prise	1 Prise	2 Prisen	2 Prisen
Bittermandelaroma	––	2 Tropfen	––	4 Tropfen
Kakao	––	20 g	––	40 g
Margarine, weich	15 g	15 g	30 g	30 g
Sauerkirschen (frisch oder abgetropft aus dem Glas)	400 g	400 g	800 g	800 g

Zutaten *Für die vegane Buttercreme*	**Springform** (Ø 26 cm)	**Backblech** (etwa 35 x 37 cm)
Hafermilch	500 ml	1 l
Vanillepuddingpulver	1½ Pck.	3 Pck.
Agavendicksaft	3 EL	6 EL
Vanillezucker	1 Pck.	2 Pck.
Salz	2 Prisen	3 Prisen
Margarine, warm	125 g	250 g
Puderzucker	20 g	40 g

Zutaten ***Für den Guss***	**Springform** (Ø 26 cm)	**Backblech** (etwa 35 x 37 cm)
Margarine, weich	125 g	250 g
Agavendicksaft	40–50 g	80–100 g
Kakao	20–25 g	40–50 g
Instant-Getreidekaffee	1 TL	2 TL
Zitronensaft	2 TL	1½ EL
Salz	1 Prise	2 Prisen
Bohnenkaffee, nach Belieben	1 Prise	2 Prisen

Zubereitung

Für den Boden einen hellen und dunklen Teig in separaten Schüsseln zubereiten. Dafür jeweils zunächst Mehl mit Backpulver und Natron vermischen. Restliche Zutaten (außer Kirschen) mit der Margarine in einer Schüssel zu einem glatten Teig verarbeiten. Mit dem Handrührgerät erst den hellen, dann den dunklen Teig je etwa 5 Minuten auf höchster Stufe durcharbeiten, bis er eine schaumige Konsistenz hat.

Den dunklen Teig in eine gefettete Springform oder auf ein gefettetes Backblech geben und glatt streichen. Den hellen Teig darübergeben und die abgetropften Kirschen darauf verteilen.

Den Kuchen etwa 30 bis 35 Minuten im vorgeheizten Backofen bei 175 °C (Ober- und Unterhitze) backen. Mit einem Holzstäbchen eine Garprobe machen. Den Kuchen aus dem Backofen nehmen und abkühlen lassen.

In der Zwischenzeit *für die Buttercreme* 150 Milliliter von der Hafermilch abnehmen und den Rest in einem Topf zum Kochen bringen.

Puddingpulver, Agavendicksaft, Vanillezucker und Salz mit der abgenommenen Hafermilch anrühren und in die aufkochende Milch einrühren. Die Creme gut durchkochen lassen, von der Kochstelle nehmen und unter Rühren auf Zimmertemperatur abkühlen lassen, damit sich keine Haut bildet.

Margarine mit Puderzucker schaumig schlagen, dann den Pudding esslöffelweise (am besten mit dem Handrührgerät) unterrühren, bis eine „buttrig"-sahnige Creme entsteht.

Die Buttercreme auf den abgekühlten Tortenboden streichen.

Den Schokoladenguss mit den hier angegebenen Mengen nach Rezept Schokoladenguss I (Seite 158) zubereiten und den Kuchen damit überziehen.

Tipp: Statt Sauerkirschen schmecken in den Donauwellen auch Stachelbeeren köstlich.

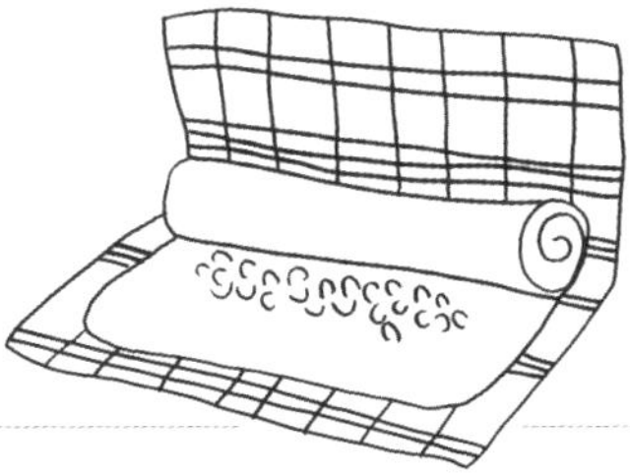

Mokka- oder Kaffeerolle

***

Zutaten

Für den Boden
siehe Grundrezept Biskuitrolle – hell (Seite 45)

Für die Mokkacreme I
200 g Margarine
70 g Puderzucker
2 EL Instant-Bohnen-/-Getreidekaffee
50 ml Mokka, extra stark und erkaltet/Lupinenkaffee, erkaltet
50 ml Sojasahne
2 TL Weizenmehl
1 Prise Salz

Für die Mokkacreme II
450 ml Sojaschlagsahne/vegane Schlagsahne, selbst gemacht (Seite 146)
3 EL Instant-Bohnen-/-Getreidekaffee
1 EL Kakao

Zubereitung

Für den Boden den Teig nach Grundrezept zubereiten, backen und vorwickeln.

In der Zwischenzeit nach Belieben eine der beiden Mokkacremes zubereiten.

Für die Mokkacreme I Margarine schaumig rühren, restliche Zutaten hinzugeben und zu einer glatten Creme verarbeiten (eventuell pürieren).

Für die Mokkacreme II die Sojaschlagsahne steif schlagen und 2 Esslöffel der Sahne abnehmen. Kaffee und Kakao unter die abgenommene Sahne rühren und unter die Sahne heben.

Zwei Drittel der Creme dünn und gleichmäßig auf die Biskuitrolle streichen und die Rolle mithilfe des Backpapiers aufwickeln, die Naht liegt unten. Die Außenseite der Biskuitrolle mit der restlichen Creme bestreichen und nach Belieben verzieren (eventuell mit einer Gabel der Länge nach das Muster eines Baumstammes ziehen).

Tipp: Haltbarer wird die Mokkacreme I, wenn das Mehl kurz im Mokka aufgekocht wurde.

Marmeladenrolle – hell

**

Zutaten

Für den Boden

siehe Grundrezept Biskuitrolle – hell (Seite 45)

Für den Marmeladenaufstrich

1½ Gläser Marmelade (z. B. Himbeer-, Heidelbeer-, ca. 340 g)
1 EL Olivenöl
1 Prise Salz
3–4 EL Zitronensaft, nach Bedarf für Streichfähigkeit

Zum Bestreichen und Bestäuben

etwas Margarine
etwas Puderzucker

Zubereitung

Für den Boden den Teig nach Grundrezept zubereiten, backen und vorwickeln.

Für den Aufstrich alle Zutaten in einer Schüssel pürieren und lieblich abschmecken.

Margarine dünn auf die Gebäckplatte streichen. Dann den geschmeidigen Marmeladenaufstrich gleichmäßig daraufstreichen. Die Gebäckplatte mithilfe des Backpapiers aufwickeln, die Naht liegt unten.

Marmeladenrolle mit etwas Puderzucker bestäuben.

Tipp: Bestreichen Sie die Rolle nicht mit Margarine, sondern nur mit Marmelade, schmeckt sie auch sehr gut.

Musrolle

**

Zutaten

Für den Boden

siehe Grundrezept Biskuitrolle – hell (Seite 45)

Für den Musaufstrich

1½ Gläser Pflaumenmus (ca. 650 g)

1 EL Olivenöl

1 Prise Salz

3–4 EL Zitronensaft/Sojasahne, nach Bedarf für Streichfähigkeit

Zum Bestreichen und Bestäuben

etwas Margarine

etwas Puderzucker

Zubereitung

Für den Boden den Teig nach Grundrezept zubereiten, backen und vorwickeln.

Für den Aufstrich alle Zutaten in einer Schüssel pürieren und lieblich abschmecken.

Margarine dünn auf die Gebäckplatte streichen. Dann den geschmeidigen Aufstrich gleichmäßig daraufstreichen. Die Gebäckplatte mithilfe des Backpapiers aufwickeln, die Naht liegt unten.

Musrolle mit etwas Puderzucker bestäuben.

Tipp: Die Musrolle ist auch nur mit Pflaumenmus bestrichen köstlich.

Marmeladenrolle – schoko ✳✳

Zutaten

Für den Boden

siehe Grundrezept Biskuitrolle – schoko (Seite 45)

Für den Marmeladenaufstrich

1½ Gläser Schwarze Johannisbeermarmelade (ca. 375 g)
1 EL Olivenöl
1 Prise Salz
3–4 EL Zitronensaft nach Bedarf, für Streichfähigkeit

Zum Bestreichen und Bestäuben

etwas Margarine, weich
etwas Puderzucker

Zubereitung

Für den Boden den Teig nach Grundrezept zubereiten, backen und vorwickeln.

Für den Aufstrich alle Zutaten in einer Schüssel pürieren und lieblich abschmecken. Margarine dünn auf die Gebäckplatte streichen. Dann den geschmeidigen Marmeladenaufstrich gleichmäßig daraufstreichen. Die Gebäckplatte mithilfe des Backpapiers aufwickeln, die Naht liegt unten. Marmeladenrolle mit etwas Puderzucker bestäuben.

Tipps: Statt Schwarzer Johannisbeermarmelade können Sie auch Waldbeer-, Aprikosen- oder Sauerkirschmarmelade für den Aufstrich verwenden.

Erdbeer-Sahne-Rolle **

Zutaten

Für den Boden
siehe Grundrezept Biskuitrolle – hell (Seite 45)

Für die Füllung
400–500 g Erdbeeren
300 ml Sojaschlagsahne/vegane Schlagsahne, selbst gemacht (Seite 146)
1 Pck. Sahnesteif

Zum Bestäuben
etwas Kakao
etwas Puderzucker

Zubereitung

Für den Boden den Teig nach Grundrezept zubereiten, backen und vorwickeln.

Für die Füllung Erdbeeren putzen, abspülen und trocken tupfen. Etwa 20 schöne Erdbeeren zum Verzieren beiseitelegen. Restliche Erdbeeren in kleine Stücke schneiden.

Sahne mit Sahnesteif steif schlagen. Zwei Drittel der Sahne mit den Erdbeerstücken mischen und die Gebäckplatte gleichmäßig damit bestreichen. Die Gebäckplatte mithilfe des Backpapiers aufwickeln, die Naht liegt unten.

Die Außenseite der Biskuitrolle mit der restlichen Sahne bestreichen. Nach Belieben Kakao und Puderzucker mischen, die Biskuitrolle damit bestäuben und mit den beiseitegelegten Erdbeeren verzieren.

Schoko-Sahne-Rolle ***

Zutaten

Für den Boden

175 g Weizenmehl
1 Msp. Natron
½ Pck. Backpulver
25 g Kakao
200 g Fruchtsaft
150 ml Rapsöl
110 g Agavendicksaft
2 EL Zitronensaft
2 Prisen Salz

Für den Belag

1 Glas Schwarze Johannisbeermarmelade (250 g)
3 EL Zitronensaft
450 ml Sojaschlagsahne/vegane Schlagsahne, selbst gemacht (Seite 146)
3 EL Kakao

Zubereitung

Für den Boden vom Mehl 50 Gramm abnehmen und in einem Schälchen gleichmäßig mit Natron und Backpulver vermischen.

Restliche Zutaten in eine Rührschüssel geben und mit einem Rührgerät schaumig schlagen (Handrührgerät mit Rührstäben bzw. Pürierstab, Mixgerät sind geeignet). Die Backtriebmittelmischung unterrühren.

Den Teig etwa 1 Zentimeter dick auf ein gefettetes, bemehltes Backblech streichen. Den Kuchen etwa 10 bis 15 Minuten im vorgeheizten Backofen bei 175 °C backen, bis sich der Rand vom Backblech abzulösen beginnt.

Das Backblech aus dem Backofen nehmen, den Boden auf ein anderes, mit Backpapier belegtes Backblech stürzen und etwas abkühlen lassen. Boden auf ein Geschirrtuch oder auf Backpapier stürzen und sofort noch heiß und mit viel Fingerspitzengefühl gleichmäßig von der Längsseite her aufwickeln. Die Wickelung wieder vorsichtig lösen.

Für den Belag Marmelade mit Zitronensaft verrühren bzw. pürieren, sodass eine leicht streichfähige Masse entsteht. Sahne steif schlagen.

Die Gebäckplatte mit der Marmeladenmasse bestreichen. Anschließend drei Viertel der steif geschlagenen Sahne vorsichtig und gleichmäßig darauf verteilen. Die Gebäckplatte mithilfe des Backpapiers aufwickeln, die Naht liegt unten.

Restliche Sahne mit Kakao vermischen und die Außenseite der Rolle ringsherum damit bestreichen. Nach Belieben mit Gabelzinken der Länge nach das Muster eines Eichenstammes hineinziehen.

Tipp: Bei einer einfachen Marmeladenfüllung den Boden zuerst mit etwas Margarine bestreichen und erst danach die Marmeladenmasse daraufstreichen.

Piña-Colada-Torte (1 Backblech, etwa 35 x 37 cm) ✻✻✻

Zutaten

Für den Boden

siehe Grundrezept Knusperboden (Seite 36)

Für die Kokosschicht

1 kleines Glas Ananasstücke (350 g)
250 g Kokosraspel, fein gemahlen
150 ml Piña-Colada-Getränk
80 g Rohrohrzucker, nach Bedarf etwas mehr
50 g Margarine, weich
2 EL Zitronensaft
2 Prisen Salz
50 g Kokosfett

Für die Puddingcreme

250 ml Ananassaft (mit Piña Colada aufgefüllt)
80 g Rohrohrzucker
2 Prisen Salz
200 g Sojajoghurt
50 g Margarine
50 g Kokosfett

Zubereitung

Für den Boden den Teig nach Grundrezept zubereiten, backen und erkalten lassen.

Für die Kokosschicht Ananasstücke in einem Sieb abtropfen lassen, den Saft dabei auffangen. Kokosraspel im Mixer fein mahlen. 100 Gramm von den Ananasstücken, Piña-Colada-Getränk, Zucker, Margarine, Zitronensaft und Salz dazugeben und zu einer homogenen Masse mixen. Kokosfett sacht in einer Pfanne zerlassen und untermixen. Die Kokosschicht auf den erkalteten Boden streichen.

Für die Puddingcreme aus dem Puddingpulver mit Ananassaft, Rohrohrzucker und Salz einen sehr dicken Pudding kochen. Sofort Sojajoghurt, Sojasahne, Margarine und Kokosfett unterrühren. Den Pudding als zweite Schicht gleichmäßig auf die Kokosschicht streichen.

Für die Piña-Colada-Fruchtschicht das Fruchtfleisch der Kokosnüsse im Mixer zerkleinern. Ananas und Orangen in Stücke schneiden und zur Kokosmasse in den Mixer geben. Alle Zutaten (außer Kokosraspel und Kokosfett) im Mixer gründlich durchrühren. Kokosfett sacht in

1 Pck. Vanillepudding-
pulver
100 ml Sojasahne

Für die Piña-Colada-Fruchtschicht
2 Kokosnüsse
2 reife Ananas, geschält
3 mittelgroße Orangen, geschält und filetiert
140 g Rohrohrzucker
4 EL Zitronensaft, frisch gepresst
2 TL Orangenschale, abgerieben
1 TL Zitronenschale, abgerieben
150 g Kokosraspel
100 g Kokosfett

Zum Verzieren
siehe Rezept Schokoladenguss I fest (Seite 159)

einer Pfanne zerlassen und untermixen. Zum Schluss Kokosraspel unterarbeiten. Die Fruchtschicht als oberste Schicht auf die Puddingcreme streichen.

Den Schokoladenguss nach Rezept cremig-sahnig zubereiten und den Kuchen mithilfe eines Esslöffels mit Kreisen und Bögen verzieren, sodass der gelbe Untergrund einen herrlichen Kontrast dazu bietet. Die Torte gut gekühlt servieren.

Beeren-Kokos-Cremetorte (1 Backblech, etwa 35 x 37 cm) ***

Zutaten

Für den Boden

siehe Grundrezept Knusperboden (Seite 36)

Für die Füllung

1 kg Rote Johannisbeeren (oder andere)
250 g Heidelbeeren (oder andere)
250 g Himbeeren (oder andere)
250 g Kokosraspel
400 g Xylit
175 g Kokosfett
800 g Sojajoghurt
2 EL Zitronensaft
3 Prisen Salz

Zum Verzieren

siehe Rezept Schokoladenguss I (Seite 159)

Zubereitung

Für den Boden den Teig nach Grundrezept zubereiten, backen und erkalten lassen.

Für die Füllung Beeren verlesen, eventuell abspülen und gut trocken tupfen. Johannisbeeren von den Rispen streifen. Kokosraspel im Mixer fein mahlen. 400 Gramm von den Beeren fein pürieren, Xylit dazugeben und mit der Kokosraspelmasse mischen.

Kokosfett in einem Topf zerlassen, Sojajoghurt unterrühren, Zitronensaft und Salz hinzugeben. Pürierte Beerenmasse unterarbeiten und restliche Früchte vorsichtig unterheben.

Die Füllung gleichmäßig auf dem erkalteten Knusperboden verstreichen und erstarren lassen.

Den Schokoladenguss nach Rezept zubereiten und die Torte damit nach Herzenslust verzieren.

Mangotraum (1 Springform, Ø 26 cm) ***

Zutaten

Für den Boden
siehe Grundrezept Knusperboden (Seite 36)

Für die Füllung
300 ml Sojaschlagsahne/vegane Schlagsahne, selbst gemacht (Seite 146)
400 g Sojajoghurt, naturell
250 ml Mangosoße
4 EL Puderzucker
1 TL Vanillezucker
150 ml Mangosaft
2 EL Agavendicksaft
2 Prisen Salz
1 gestr. TL Agar Agar

Für den Belag und den Guss
1 frische Mango (auch Konserve möglich)
200 ml Mangosaft
1 EL Agavendicksaft
1 gestr. TL Agar Agar

Zum Verzieren
etwas rote Konfitüre

Zubereitung

Den Boden backen und erkalten lassen. Einen Tortenring darum herumstellen.

Für die Füllung Sahne steif schlagen. Sojajoghurt, 150 Milliliter von der Mangosoße, Puderzucker und Vanillezucker im Mixer/Rührgerät gut mischen.

Mangosaft, restliche Mangosoße, Agavendicksaft und Salz in einem Topf gut verrühren, Agar Agar untermischen, aufkochen und kurz abkühlen lassen. Die Mango-Joghurt-Mischung unterrühren, um die Temperatur zu senken. Danach steif geschlagene Sahne unterheben.

Die Joghurt-Sahne-Creme sofort auf dem Boden verteilen und im Kühlschrank mindestens 2 Stunden erkalten lassen.

Für den Belag Mango schälen, in dünne, keilförmige Längsstreifen schneiden und kreisförmig auf die fest gewordene Füllung legen.

Für den Guss Mangosaft, Agavendicksaft und Agar Agar in einem Topf vermischen, aufkochen und unter Rühren etwas abkühlen lassen. Den Guss esslöffelweise von der Mitte her über die Früchte geben und im Kühlschrank erkalten lassen.

Den Tortenring behutsam entfernen. Mangotraum mit einigen Klecksen roter Konfitüre verzieren.

Schwedische Apfeltorte (1 Springform, Ø 26 cm) ✳✳

Zutaten

Für den Boden

siehe Grundrezept Biskuitteig – hell (Seite 43)

Für die Füllung

6–8 Äpfel (je nach Größe)
100 ml Wasser
1–3 EL Rohrohrzucker, je nach Bedarf
½ Pck. Vanillepuddingpulver
ca. 4 EL Zitronensaft
2 Prisen Salz
50 ml Sojasahne
1 Msp. Vanillepulver
50 g Margarine, weich
1 Pck. Sojaschlagsahne/ vegane Schlagsahne, selbst gemacht (Seite 146)
½ Pck. Sahnesteif

Nach Belieben zum Verzieren

etwas Zartbitterschokolade

Zubereitung

Für den Boden den Teig nach Grundrezept zubereiten, backen und erkalten lassen.

Für die Füllung Äpfel schälen und raspeln. Apfelraspel im Wasser kurz aufkochen und mit Zucker abschmecken. Puddingpulver in wenig Wasser anrühren, in die kochende Apfelmasse einrühren, nochmals kurz aufkochen und abkühlen lassen.

Zitronensaft, Salz, Sojasahne und Vanillepulver unterrühren. Margarine in einer Schüssel schaumig rühren, Apfelmasse unterheben und auf den Boden streichen.

Sahne mit Sahnesteif steif schlagen und auf der Apfelmasse verstreichen. Nach Belieben Zartbitterschokolade raspeln und die Torte damit verzieren.

Heidelbeer-Sahne-Torte (1 Springform, Ø 26 cm) **

Zutaten

Für den Boden

150 g Weizenmehl
1 TL Backpulver
80 g Agavendicksaft
35 g Orangensaft, heiß
2 EL Rapsöl
½ TL Apfelessig
½ gestr. TL Salz
1 Pck. Vanillezucker
125 ml Mineralwasser mit Kohlensäure

Für den Belag

750 g Heidelbeeren, frisch oder eingekocht
75 g Agavendicksaft, je nach Bedarf
300 ml Sojaschlagsahne/ vegane Schlagsahne, selbst gemacht (Seite 146)
300 ml Heidelbeersaft (mit Wasser aufgefüllt)
1 Pck. Vanillepuddingpulver
1 TL Olivenöl
1 Prise Salz
1 Pck. Vanillezucker

Zum Bestäuben

25 g Kakao

Zubereitung

Für den Boden Mehl und Backpulver in eine Schüssel sieben und mischen. Restliche Zutaten (außer Mineralwasser) in einem Gefäß auf höchster Stufe mixen. Backtriebmittelmischung locker unterheben und Mineralwasser nur leicht unterrühren. Den Teig in eine gefettete, bemehlte Springform füllen.

Den Kuchen etwa 15 Minuten im vorgeheizten Backofen bei 180 °C (Umluft) goldgelb backen. Den Kuchen aus dem Backofen nehmen, sofort aus der Form stürzen und abkühlen lassen. Einen Tortenring um den Boden stellen.

Für den Belag frische Beeren verlesen, vorsichtig abspülen und gut abtropfen lassen. Ein Drittel der Beeren zerdrücken, mit den restlichen Beeren und Agavendicksaft in einer Schüssel mischen und etwa 2 Stunden durchziehen lassen. Den Fruchtsaft auffangen. Sahne steif schlagen und kühl stellen.

Aus dem Heidelbeersaft, Puddingpulver, Vanillezucker, Öl und Salz einen Pudding zubereiten und etwa 3 Minuten sanft köcheln lassen. Den Pudding vorsichtig unter die Heidelbeeren heben und auf den Boden streichen. Sahne gleichmäßig auf der Heidelbeercreme verstreichen und die Torte mit Kakao bestäuben.

Schoko-Bananen-Torte, gebacken

(1 Obstkuchenform, Ø 26 cm) ✳✳

Zutaten

Für den Boden

siehe Grundrezept Mürbeteig I – hell, Springform (Seite 32)

Für den Belag

100 g Zartbitterschokolade

2 reife Bananen

1 kleiner Apfel

Für die Füllung

2 reife Bananen

150 g Apfelmus

150 ml Soja-/Hafersahne

1 TL Vanillezucker

1 Prise Salz

2 geh. TL Rohrohrzucker

Zubereitung

Für den Boden den Teig nach Grundrezept zubereiten und in eine gefettete Form geben.

Für den Belag Schokolade raspeln und den Teigboden damit bedecken.

Bananen schälen und in Scheiben schneiden. Apfel waschen, abtrocknen, vierteln und das Kerngehäuse entfernen. Apfelviertel in dünne Scheiben schneiden. Bananen- und Apfelscheiben gleichmäßig fächerartig auf dem Boden verteilen.

Für die Füllung Bananen schälen und pürieren. Bananenpüree, Apfelmus, Sahne, Vanillezucker und Salz in einer Schüssel miteinander verrühren, über die Früchte gießen und mit einem Löffel glatt streichen. Rohrohrzucker gleichmäßig daraufstreuen.

Die Torte etwa 10 Minuten im vorgeheizten Backofen bei 200 °C backen. Die Backofentemperatur auf 180 °C herunterschalten und die Torte weitere etwa 20 Minuten backen, bis der Belag fest wird und leicht bräunt. Die Torte aus dem Backofen nehmen, abkühlen lassen – fertig!

Frankfurter Kranz (1 Gugelhupfform, Ø 20 cm) ***

Zutaten

Für den Teig

siehe Grundrezept Sandkuchen I (Seite 48)

Für die vegane Buttercreme

siehe Grundrezept „Vegane Buttercreme" für 1 Backblech (Seite 147)

30 g Kakao

Außerdem

100 g rote Marmelade (z. B. Erdbeermarmelade), nach Wahl

120 g Nüsse, grob gehackt

2 EL Agavendicksaft

1 Prise Salz

Zubereitung

Den Teig nach Grundrezept zubereiten, in einer gefetteten Gugelhupfform backen und erkalten lassen. Den Kuchen dreimal waagerecht durchschneiden.

In der Zwischenzeit *die Buttercreme* nach Grundrezept zubereiten. Ein Viertel davon abnehmen und Kakao untermischen. Von der Kakao-Buttercreme etwa 9 Esslöffel abnehmen, in eine Tortenspritze mit Sterntülle geben und zum Verzieren beiseitestellen. Restliche Kakao-Buttercreme auf das untere Kuchenteil streichen.

Das zweite Kuchenteil daraufsetzen und mit Marmelade bestreichen. Das dritte Kuchenteil daraufsetzen, ein Viertel der hellen Buttercreme daraufstreichen und mit der letzten Kuchenschicht abschließen.

Restliche helle Buttercreme auf den Kranz geben und glatt streichen.

Nüsse in einer Pfanne ohne Fett anrösten und Agavendicksaft und Salz hinzugeben. Den Kranz mit dem Krokant bestreuen.

Jeweils einen Tupfer der beiseitegestellten Kakao-Buttercreme für jedes Stück auf die Außenkante des Frankfurter Kranzes spritzen und den Kuchen durchziehen lassen.

Kokos-Ananas-Torte (1 Springform, Ø 26 cm) ✻✻✻

Zutaten

Für den Boden

siehe Grundrezept Biskuitteig – hell, Springform (Seite 43) doppelte Menge für 2 Biskuitböden mit je 1 EL Kokosraspel

Für die Creme

400 g Ananasstücke (aus dem Glas)
250 ml Ananassaft
250 ml Kokosmilch (aus der Dose)
80 g Speisestärke
3 EL Agavendicksaft
2 Prisen Salz
50 g Kokosbutter oder -fett (fester Teil aus der Dose)
5 EL Sojajoghurt, naturell

Zum Bestreichen und Bestreuen

300 ml Sojaschlagsahne/ vegane Schlagsahne, selbst gemacht (Seite 146)
1 Pck. Sahnesteif

Zubereitung

Für die Böden aus der doppelten Zutatenmenge mit jeweils 1 Esslöffel Kokosraspeln 2 Teige nach Grundrezept zubereiten, backen und erkalten lassen.

Für die Creme Ananasstücke in einem Sieb gut abtropfen lassen, dabei den Saft (etwa 250 Milliliter) auffangen. 200 Gramm von den Ananasstücken mit einem Messer zerkleinern, restliche Ananasstücke für die abschließende Schicht beiseitestellen.

Ananassaft mit Kokosmilch mischen und 100 Milliliter davon abnehmen. Speisestärke, Agavendicksaft und Salz mit der abgenommenen Flüssigkeit verrühren und restliche Flüssigkeit in einem Topf zum Kochen bringen.

Agavendicksaft-Stärke-Mischung in die aufkochende Flüssigkeit einrühren, kurz aufkochen lassen und von der Kochstelle nehmen. Nacheinander zerkleinerte Ananasstücke, Kokosbutter und Sojajoghurt kräftig unter den Pudding rühren, bis eine cremige Masse entsteht. Die Creme leicht abkühlen lassen.

Die noch warme Puddingcreme gleichmäßig auf einem Tortenboden verstreichen und mit dem zweiten Boden abdecken. Die Creme durchkühlen lassen.

100 g Zartbitterschokolade (70 Prozent Kakaoanteil) zum Raspeln

Zum Bestreichen Schlagsahne mit Sahnesteif steif schlagen, eine kleine Menge davon abnehmen und den Tortenrand damit bestreichen. Beiseitegestellte Ananasstücke halbieren, vorsichtig unter die restliche Sahne heben und auf den oberen Boden streichen. Die Kokos-Ananas-Torte mit Schokoladenraspeln bestreuen.

Zitronencremetorte (1 Springform, Ø 26 cm) ***

Zutaten

Für den Boden

siehe Grundrezept Biskuitteig – hell (Seite 43)

Für die Creme

300 ml Sojaschlagsahne/ vegane Schlagsahne, selbst gemacht (Seite 146)
3 Zitronen, chemisch unbehandelt
2 Prisen Salz
500 g Sojajoghurt, naturell
3 gestr. TL Agar Agar
50 g Rohrohrzucker

Für den Guss

150 ml Orangensaft
1 geh. TL Agar Agar
2 EL Agavendicksaft

Zubereitung

Den Boden backen und erkalten lassen. Einen Tortenring um den Boden stellen.

Für die Creme Sahne steif schlagen, 3 Esslöffel davon zum Verzieren abnehmen und kühl stellen. 1 Zitrone gründlich heiß abwaschen und die Schale abreiben. Von allen 3 Zitronen den Saft auspressen.

Zitronenschale, Salz und Sojajoghurt in einer Schüssel verrühren. Zitronensaft mit Wasser auf 300 Milliliter Flüssigkeit auffüllen, in einen Topf geben und Agar Agar klümpchenfrei einrühren. Die Flüssigkeit aufkochen lassen, bis sie schäumt, unter Rühren 3 bis 5 Minuten weiterköcheln lassen und dann von der Kochstelle nehmen. Zucker einrühren, die Joghurtmasse esslöffelweise dazugeben und so die Creme auf handwarme Temperatur abkühlen.

Sahne vorsichtig unterheben und alles sofort auf dem Boden verstreichen. Die Torte kühl stellen.

Für den Guss alle Zutaten in einem Topf aufkochen, bis es schäumt, 3 bis 5 Minuten unter Rühren weiterkochen und abkühlen lassen, bis es leicht geliert.

Die Torte mit einem Löffel von der Mitte her nach außen mit dem Guss überziehen und erkalten lassen. Anschließend die Torte mit der beiseitegestellten Sahne verzieren.

Orangencremetorte (1 Springform, Ø 26 cm) ❊❊❊

Zutaten

Für den Boden

siehe Grundrezept Biskuitteig – hell (Seite 43)

Für die Creme

300 ml Hafermilch

400 ml Orangensaft

3 Pck. Vanillepuddingpulver

4 EL Agavendicksaft, nach Bedarf auch mehr

2 Prisen Salz

100 ml Hafer-/Sojasahne

etwas Orangenschale, abgerieben

70 g Margarine

1 TL Zitronensaft

Für den Belag

250 ml Sojaschlagsahne/vegane Schlagsahne, selbst gemacht (Seite 146)

2 Orangen, aromatisch

Für den Guss

250 ml Orangensaft

1 EL Agavendicksaft

1 TL Agar Agar

Zubereitung

Für den Boden den Teig nach Grundrezept zubereiten, backen und erkalten lassen. Einen Tortenring um den Boden stellen.

Für die Creme 200 Milliliter von der Hafermilch mit Orangensaft in einem Topf zum Kochen bringen. Puddingpulver, Agavendicksaft und Salz mit der restlichen Milch anrühren und in die aufkochende Milch einrühren. Pudding kurz aufkochen lassen und von der Kochstelle nehmen.

Nach etwa 1 Minute Sahne, Orangenschale und Margarine kräftig unter den Pudding rühren, bis eine Creme entsteht. Dann Zitronensaft dazugeben und gut verrühren. Die noch warme Creme gleichmäßig auf dem Boden verteilen und abkühlen lassen.

Für den Belag Sahne steif schlagen und auf die Orangencreme streichen. Orangen schälen, in Scheiben schneiden und vorsichtig auf die Sahneschicht legen.

Aus Orangensaft, Agavendicksaft und Agar Agar einen *Tortenguss* zubereiten und über die Orangenscheiben geben.

Tipp: Falls Sie die Torte als Blechkuchen backen möchten, bereiten Sie von allem jeweils die doppelten Mengen zu.

Kuppeltorte

(1 Springform, Ø 20 cm, und 1 Schüssel, 1,2-Liter-Inhalt) ✻✻✻

Zutaten

Für den Boden

siehe Grundrezept Biskuitteig – schoko, Backblech (Seite 43)

Für die Füllung

250 g Sauerkirschen
300 ml Sojaschlagsahne/vegane Schlagsahne, selbst gemacht (Seite 146)
1 Pck. Sahnesteif, nach Belieben
500 ml Hafermilch
2½ Pck. Vanillepuddingpulver
1 Pck. Vanillezucker
60–80 g Agavendicksaft
2 Prisen Salz
100 g Margarine
1 Prise Muskatnuss, gerieben
2 Tropfen Bittermandelöl/-aroma

Für den Guss

120 g Schokolade/Schokoladenaufstrich

Zubereitung

Für den Boden den Teig nach Grundrezept in einer Springform zubereiten, als Wiener Boden backen und erkalten lassen. Den Boden zweimal waagerecht durchschneiden.

Für die Füllung Kirschen abspülen, abtropfen lassen und entstielen. Kirschen halbieren und entsteinen, den Saft dabei auffangen. Sahne nach Belieben mit Sahnesteif steif schlagen und kühl stellen.

Etwas von der Hafermilch abnehmen, restliche Hafermilch in einem Topf zum Kochen bringen. Puddingpulver, Vanillezucker, Agavendicksaft und Salz mit der abgenommenen Hafermilch anrühren und in die aufkochende Milch einrühren. Pudding unter Rühren kurz aufkochen lassen und 1 bis 2 Minuten abkühlen lassen. Margarine und Kirschen mit Muskat unterrühren und auf handwarme Temperatur abkühlen lassen.

Von der Sahne etwa 2 Esslöffel zum Verzieren abnehmen, restliche Sahne unter die Kirschmasse heben.

Die Schüssel mit Frischhaltefolie auskleiden. Zwei der Biskuitböden in passende Stücke schneiden und die Schüssel damit auslegen.

6 Esslöffel von dem aufgefangenen Kirschsaft mit Bittermandelöl mischen und den Kuchenboden in der Schüssel gleichmäßig damit beträufeln. Die Kirschcreme in die Form füllen und mit dem dritten Biskuitboden bedecken (falls nötig, passend schneiden). Die Torte mindestens 2 Stunden (besser über Nacht) in den Kühlschrank stellen und vollständig erkalten lassen.

Die Kuppeltorte auf eine Kuchenplatte stürzen und die Folie abziehen.

Für den Guss Schokolade in einer Schüssel im Wasserbad schmelzen und die Kuppel ringsum damit bestreichen. Beiseitegestellte Sahne in eine Tortenspritze mit Sterntülle geben und die Kuppeltorte damit verzieren.

Winterzauber (1 Springform, Ø 26 cm) ✳✳

Zutaten

Für den Boden

siehe Grundrezept Knusperboden (Seite 36)

Für die Füllung

800 ml Glühpunsch, alkoholfrei
100 g Speisestärke
6 EL Agavendicksaft
2 Prisen Salz
100 g Margarine
250 g rote Fruchtgrütze, gekocht

Zum Verzieren und Bestäuben

300 ml Sojaschlagsahne/ vegane Schlagsahne, selbst gemacht (Seite 146)
etwas Kakao

Zubereitung

Für den Boden den Teig nach Grundrezept zubereiten, backen und erkalten lassen. Den Boden auf eine Kuchenplatte setzen und einen Tortenring darum herumstellen.

Für die Füllung etwas von dem Glühpunsch abnehmen, restlichen Glühpunsch in einem Topf zum Kochen bringen. Speisestärke, Agavendicksaft und Salz mit der abgenommenen Flüssigkeit anrühren und in den aufkochenden Glühpunsch einrühren. Den Pudding unter Rühren kurz aufkochen lassen und etwas abkühlen lassen. Margarine und Fruchtgrütze kräftig unterrühren.

Die Füllung gleichmäßig auf dem Gebäckboden verteilen und im Kühlschrank vollkommen erkalten lassen.

Zum Verzieren Sahne steif schlagen, auf die Tortenfüllung geben und wild verstreichen. Die Torte leicht mi Kakao bestäuben.

Friesentorte (1 Backblech, 35 x 37 cm) ✻✻

Zutaten

Für den Boden

130 g Weizenmehl
70 g Reismehl
½ Pck. Backpulver
30 m Margarine, weich
1 EL Rapsöl
40 g Agavendicksaft
20 g Zitronensaft
2 Prisen Salz
½ TL Vanillepulver
150 g Mandeln, gehobelt
3 Tropfen Bittermandelaroma

Für die Füllung

690 g Mandarinen, aus der Dose
600 ml Sojaschlagsahne/vegane Schlagsahne, selbst gemacht (Seite 146)
1 Pck. Sahnesteif

Zum Bestäuben

etwas Kakao

Zubereitung

Mandarinen für die Füllung in einem Sieb abtropfen lassen, den Saft auffangen.

Für den Boden beide Mehlsorten mit Backpulver mischen. Margarine, Rapsöl, Agavendicksaft, 30 Milliliter von dem aufgefangenen Mandarinensaft, Zitronensaft, Salz und Vanillepulver in eine Schüssel geben, Mehl-Backpulver-Mischung hinzugeben und alles zu einem Teig verkneten.

Den Teig auf einem mit Backpapier belegten Backblech verteilen, mit einer Gabel in gleichmäßigen Abständen hineinstechen.

Mandeln mit Bittermandelaroma mischen, auf dem Teig verteilen und etwas andrücken.

Den Kuchen etwa 15 bis 20 Minuten im vorgeheizten Backofen bei 180 °C goldbraun backen, abkühlen lassen.

Den Gebäckboden waagerecht halbieren und eine Hälfte in 15 gleich große Tortenstücke schneiden.

Für die Füllung Sahne mit Sahnesteif steif schlagen. Ein Drittel auf den Tortenboden streichen, Mandarinen darauf verteilen und wieder ein Drittel der Sahne daraufstreichen. Die Kuchenstücke mit der Mandelseite nach oben darauflegen, die Stücke ganz durchschneiden. Restliche Sahne wellenartig auf die Torte streichen und mit Kakao bestäuben.

Schokoladentorte (1 Springform, Ø 26 cm) ✳✳✳

Zutaten

Für den Boden
30 g Margarine
300 g Mehl
1 geh. TL Natron
1 geh. TL Backpulver
3 EL Kakao
2 Prisen Salz
3–4 EL Agavendicksaft
250 ml Wasser, kalt
etwa 3 EL Schokoladentropfen

Für die Schokosahne
300 ml Sojaschlagsahne/vegane Schlagsahne (Seite 146)
75 g Zartbitterschokolade
2 Pck. Sahnesteif

Für die Karamellfüllung
60 g Margarine
90 g Rohrohr-/Vollrohrzucker
3 EL Reismalz
2 EL Sojasahne
2 Prisen Salz

Zum Verzieren
4–6 EL Schokoladenraspel
etwas Schokoladenborke

Zubereitung

Für den Boden Margarine in einer Pfanne zerlassen. Mehl, Natron, Backpulver und Kakao in einer Schüssel gut miteinander mischen. Salz, Agavendicksaft und Wasser dazugeben und danach die zerlassene Margarine hinzufügen. Die Zutaten mit dem Mixer/Rührgerät gut vermengen (ist der Teig zu fest, eventuell noch ein wenig Wasser unterrühren). Schokoladentropfen gleichmäßig unter den Teig rühren.

Den Teig in eine gefettete Springform geben und den Boden etwa 35 Minuten im vorgeheizten Backofen bei 175 °C backen. Die Form aus dem Backofen nehmen, den Boden aus der Form nehmen und abkühlen lassen.

In der Zwischenzeit *für die Schokosahne* Sahne in einem Topf aufkochen lassen, Zartbitterschokolade darin schmelzen und anschließend im Kühlschrank etwa 2 Stunden vollständig erkalten lassen.

Den Boden waagerecht durchschneiden, den unteren Teil auf eine Kuchenplatte legen.

Für die Karamellfüllung Margarine, Zucker, Salz und Reismalz in einem Topf unter ständigem Rühren erhitzen und 3 bis 5 Minuten unter Rühren köcheln lassen, bis es langsam eindickt. Sojasahne dazugeben und weitere etwa 2 Minuten köcheln lassen, bis die Masse zähflüssig ist. Das Karamell auf den Gebäckboden gießen und fest werden lassen.

Die gekühlte Schokosahne mit Sahnesteif steif schlagen.

Den zweiten Boden auf das feste Karamell setzen, die Schokosahne darauf verteilen und den Tortenrand damit bestreichen.

Die Torte mit Schokoladenraspeln bedecken und mit Schokoladenborke verzieren (siehe Seite 165).

Mokka-Nougat-Torte (1 Springform, Ø 26 cm) ✳✳✳

Zutaten

Für den Boden

450 g Weizenmehl
1 Pck. Backpulver
½ TL Natron
55 g Margarine, weich
375 ml Wasser, kalt
150 g Agavendicksaft
2 Prisen Salz

Für die Mokkacreme

1,2 l Wasser
3 EL Lupinen-/Instant-Getreidekaffee
4 Pck. Puddingpulver (Krokant-/Mandelgeschmack)
200 g Agavendicksaft
3 Prisen Salz
250 ml Sojasahne
250 g Margarine, warm
1–2 EL Kakao

Für die Nougatcreme

200 g Haselnussnougat/Haselnussmus
4 EL Margarine, warm
1 Prise Salz

Zum Verzieren

200 g Walnüsse, gehackt
1 EL Margarine

Zubereitung

Für den Boden vom Mehl 50 Gramm abnehmen und mit Backpulver und Natron mischen. Margarine in eine Rührschüssel geben, restliche Zutaten dazugeben und alles zu einem glatten Teig schaumig rühren (Konsistenz wie beim Rührkuchenteig). Backtriebmittelmischung gleichmäßig unterheben und gut vermischen.

Den Teig in eine gefettete Springform geben und den Boden etwa 30 bis 35 Minuten im vorgeheizten Backofen bei 180 °C (Ober- und Unterhitze) backen. Mit einem Holzstäbchen eine Garprobe machen.

Den fertigen Boden aus dem Backofen nehmen, sofort aus der Form nehmen und auf einem Kuchenrost erkalten lassen. Den Gebäckboden zweimal waagerecht durchschneiden.

Für die Mokkacreme Wasser mit Kaffeepulver in einem Topf 3 bis 5 Minuten kochen und etwas ziehen lassen (Kaffee-Konzentrat). Das durchzogene Konzentrat durch ein feines Sieb gießen und erkalten lassen.

Puddingpulver in etwas kaltem Kaffee anrühren, restlichen Kaffee mit Agavendicksaft und Salz in einem Topf zum Kochen bringen und das angerührte Puddingpulver in den aufkochenden Kaffee rühren.

Pudding gut durchkochen lassen und unter die Sojasahne heben. Margarine und Kakao gut verrühren und sofort unter den Pudding rühren. Die Creme abkühlen lassen. Ein Drittel von der Mokkacreme *für die Nougatcreme* abnehmen und auch etwas zum Verzieren beiseitestellen.

Die noch lauwarme Mokkacreme gleichmäßig auf den untersten Gebäckboden streichen, den zweiten Boden darauflegen und ebenfalls mit Mokkacreme bestreichen. Mit dem dritten Boden abdecken. Die Torte etwa 20 Minuten in den Kühlschrank stellen, damit sie standfest wird.

Für die Nougatcreme Nougat mit Margarine in einer Schüssel verrühren und Salz dazugeben. Nougat-Margarine mit dem abgenommenen Drittel der Mokkacreme verrühren, pürieren und etwas abkühlen lassen. Etwas Nougatcreme zum Verzieren beiseitestellen.

Zum Verzieren Walnüsse in einer Pfanne in Margarine rösten. Die Nougatcreme auf den obersten Boden und an den Tortenrand streichen, den Rand mit den Walnüssen verzieren.

Die beiseitegestellten Cremes getrennt in eine Tortenspritze mit Sterntülle füllen und die Torte damit nach Herzenslust verzieren. Die Torte kühl stellen.

Meterkuchen (2 Rehrückenformen, 30 x 11 cm) ***

Zutaten

Für den Boden hell

300 g Mehl
150 ml Fruchtsaft
100 ml Rapsöl
100 g Agavendicksaft
100 ml Wasser
2 EL Zitronensaft
1 Prise Salz

Für den Boden schoko

270 g Mehl
30 g Kakao
150 ml Fruchtsaft
100 ml Rapsöl
120 g Agavendicksaft
100 ml Wasser
2 EL Zitronensaft
1 Prise Salz

Für die Fruchtcreme

500 ml Schwarzer Johannisbeersaft
1 Prise Salz
2 Pck. Vanillepuddingpulver
80 g Speisestärke
3–4 EL Schwarze Johannisbeermarmelade
1 EL Puderzucker, nach Bedarf
200 g Margarine, zimmerwarm

Zubereitung

Für die Böden den hellen und den dunklen Teig separat zubereiten. Dafür alle Zutaten des jeweiligen Teiges in einer Schüssel schaumig rühren, in eine gefettete, bemehlte Rehrückenform geben und den Boden etwa 35 bis 40 Minuten im vorgeheizten Backofen bei 175 °C backen. Die Böden jeweils erkalten lassen.

In der Zwischenzeit *für die Fruchtcreme* etwas Saft abnehmen. Restlichen Saft in einem Topf zum Kochen bringen. Puddingpulver und Salz im abgenommenen Saft anrühren, in den aufkochenden Saft einrühren und einen dicken Pudding daraus kochen. Marmelade unterrühren, nach Bedarf noch Puderzucker hinzugeben und alles gut miteinander verrühren. Die Hälfte der Margarine unterrühren, bis eine glatte Creme entsteht. Creme auf lauwarme Temperatur abkühlen lassen, dann restliche Margarine unterheben.

Die kalten Böden hintereinander weg in etwa 1½ Zentimeter dicke Stücke schneiden. Die noch nicht ganz ausgekühlte Creme zügig zwischen die aufgeschnittenen Kuchenstücke streichen und folgendermaßen auf einer langen Kuchenplatte zusammensetzen:

Für den Guss

siehe Rezept Schokoladenguss I fest, Backblech (Seite 159)

Tipps: Sie können die Fruchtcreme auch mit frischen Früchten und anderen roten Marmeladen und Säften zubereiten. Wenn Sie den Kuchen über Eck im 45°-Winkel anschneiden und so bis zum Schluss fortfahren, erhalten Sie einen sehr interessanten, raffinierten optischen Eindruck.

1 helles Stück Kuchen, rote Creme (1 Zentimeter dick),
1 dunkles Stück Kuchen, rote Creme,
1 helles Stück Kuchen, rote Creme, usw.

Die Kuchenstücke schön gerade aneinanderreihen, bis alle aufgebraucht sind (der Kuchen wird in der Tat etwa 1 Meter lang). Die hervorquellende Creme glatt streichen und ausgleichen.

Den Schokoladenguss nach Rezept zubereiten und den Kuchen damit überziehen. Nach Belieben mit Gabelzinken der Länge nach das Muster eines Eichenstammes hineinziehen. Den Meterkuchen bis zum Servieren kühl stellen.

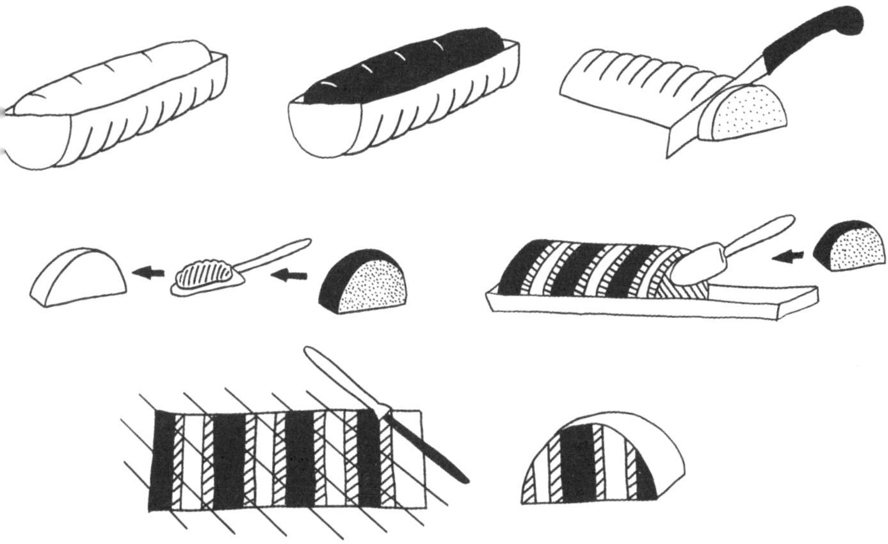

Walnuss-Krokant-Torte (1 Springform, Ø 26 cm und Ø 16 cm) ✳✳✳

Zutaten

Für den Boden

1½ kg Weizenmehl
6 TL Backpulver
250 g Walnüsse, gemahlen
200 g, nach Bedarf Rohrohrzucker/ Agavendicksaft
2 Pck. Vanillezucker
2 Prisen Salz
etwa 375 ml Hafermilch

Für die Pudding-Sahne-Creme

800 ml Hafermilch
3 Pck. Vanillepudding-pulver
8 EL Agavendicksaft
2 Prisen Salz
100 g Margarine
600 ml Sojaschlagsahne/ vegane Schlagsahne, selbst gemacht (Seite 146)
1 Pck. Vanillepulver/ 1 Msp. Vanillezucker

Zubereitung

Für den Boden Mehl und Backpulver in einer Schüssel mischen. Walnüsse, Zucker, Vanillezucker und Salz hinzugeben und gut miteinander vermischen. Nach und nach so viel Hafermilch unterrühren, bis der Teig schwer reißend vom Löffel fällt.

Den Teig so in die gefetteten und mit Backpapier belegten Springformen geben, dass die Teighöhe bei beiden gleich ist.

Die Kuchen nacheinander (bei Umluft: zusammen) etwa 50 Minuten bei 180 °C (Ober- und Unterhitze; Umluft: 170 °C) backen. Die Kuchen aus dem Backofen nehmen, aus den Formen stürzen und auf einem Kuchenrost erkalten lassen. Beide Böden in der Mitte einmal waagerecht durchschneiden.

Für die Pudding-Sahne-Creme aus Hafermilch, Puddingpulver, Agavendicksaft und Salz nach Packungsanleitung einen Pudding kochen, von der Kochstelle nehmen und Margarine kräftig unterrühren. Sahne steif schlagen. Etwas davon zum Verzieren beiseitestellen, restliche Sahne unter den noch handwarmen Pudding heben, Vanillepulver untermischen.

Jeweils den gesäuberten Springformring um die unteren Böden stellen. Die Böden mit der Creme bestreichen, obere Böden darauflegen und abkühlen lassen.

Für die Krokant-Schokoladen-Decke

250 g Walnusshälften
4 EL Agavendicksaft
100 g Zartbitterschokolade (70 Prozent Kakaoanteil)
2 EL Sojaschlagsahne
30 g Margarine, gekühlt

Für die Krokant-Schokoladen-Decke Walnusshälften in einer Pfanne ohne Fett leicht anrösten, Agavendicksaft untermischen und unter ständigem Wenden etwa 5 Minuten mild weiterrösten.

Schokolade in Stücke brechen. Schokoladenstücke mit Margarine in einer Schüssel im Wasserbad schmelzen, Sahne einrühren und im Wasserbad flüssig halten.

Die Springformringe von den gefüllten Tortenböden entfernen. Die Oberfläche und Ränder des größeren Bodens mit etwa zwei Drittel der Creme bestreichen, den kleinen gefüllten Boden mittig daraufsetzen und mit der restlichen Creme ringsherum bestreichen.

12 bis 16 (je nach Tortenstückzahl) von den krokantierten Walnusshälften leicht an den Rand der oberen Tortenschicht und jeweils die dreifache Menge an den Rand der unteren Tortenschicht drücken, restliche Nusshälften klein hacken (etwa 20 Gramm zum Bestreuen beiseitelegen).

Den weichen Schokoladenguss so reichlich auf der Tortenoberfläche verteilen, dass er leicht an den Rändern herunterläuft. Den oberen kleinen Boden mit den gehackten, krokantierten Walnüssen bestreuen und die Torte im Kühlschrank erkalten lassen.

Vor dem Servieren die Walnuss-Krokant-Torte mit der beiseitegestellten Sahne verzieren.

Haselnuss-Sahnecreme-Torte (1 Springform, Ø 26 cm) ***

Zutaten

Für den Boden

250 g Weizenmehl
250 g Haselnüsse, gemahlen
200 g, nach Bedarf Rohrohrzucker/ Agavendicksaft
1 Pck. Vanillepulver/ 2 Prisen Vanillezucker
etwa 250 ml Hafermilch
4 TL Backpulver

Für die Füllung

250 ml Hafermilch
1 Pck. Schokoladenpuddingpulver
2 EL Agavendicksaft
1 Prise Salz
100 g Schoko-Haselnuss-Aufstrich

Für die Kuchendecke

150 g Sojajoghurt, naturell
2 EL Rohrohrzucker
2 EL Haselnussmus
150 ml Sojaschlagsahne/ vegane Schlagsahne, selbst gemacht (Seite 146)
½ Pck. Sahnesteif

Zubereitung

Für den Boden Mehl sieben und mit Backpulver in einer Schüssel mischen. Haselnüsse, Rohrohrzucker und Vanillepulver hinzufügen und vermischen. Nach und nach so viel Hafermilch hinzugeben, bis der Teig schwer reißend vom Löffel fällt.

Den Teig in eine gefettete oder mit Backpapier belegte Springform füllen. Den Boden etwa 50 Minuten im vorgeheizten Backofen bei 170 °C backen. Den Boden aus dem Backofen nehmen, aus der Form nehmen und auf einem Kuchenrost erkalten lassen.

Für die Füllung aus Hafermilch, Puddingpulver, Agavendicksaft und Salz nach Packungsanleitung einen Pudding kochen. Den Pudding von der Kochstelle nehmen und Schoko-Nuss-Aufstrich unterrühren, bis eine cremige Masse entsteht. Die Creme etwas abkühlen lassen.

Den Gebäckboden einmal waagerecht durchschneiden. Einen Tortenring um den unteren Boden stellen, die leicht abgekühlte Schokofüllung gleichmäßig darauf verteilen und mit dem oberen Boden abdecken. Die Böden kühl stellen.

Für die Kuchendecke Sojajoghurt, Rohrohrzucker und Haselnussmus in einer Schüssel verrühren, Sahne hinzugeben und sehr steif schlagen, dafür nach 3 bis

Zum Verzieren
25 g Nougat, in hauchdünne Scheiben geschnitten
50 g Zartbitterschokolade
125 g Haselnüsse

4 Minuten langsam Sahnesteif einstreuen.

Den Tortenring entfernen. Die Tortenoberfläche und den -rand mit der Sahnecreme bestreichen.

Zum Verzieren die grob gemahlenen Haselnüsse vorsichtig an den Tortenrand drücken und dezent auf der Torte verteilen. Nach Belieben die Torte wild mit feinen, dünnen Nougatscheibchen belegen und mit Zartbitterschokolade beträufeln.

Tipp: Um dünne Nougatscheiben zu erhalten, einfach mit einem Sparschäler über den Nougat fahren. Danach mit einem Messer Größe und Form nach Wahl zuschneiden.

Kaffee-Nuss-Torte (1 Springform, Ø 26 cm) ***

Zutaten

Für den Mürbeteigboden
170 g Weizenmehl
70 g Margarine, weich
35 ml Wasser
70 g Rohrohrzucker/ Agavendicksaft, nach Bedarf
1 Prise Kurkuma (Gelbwurz, für die gelbe Farbe)
1 Prise Salz

Für den Nuss-Biskuitboden
250 g Weizenmehl
4 TL Backpulver
250 g Haselnüsse, gemahlen
200 g Rohrohrzucker/ Agavendicksaft, nach Bedarf
1 Prise Vanillepulver/ 1 Pck. Vanillezucker
2 Prisen Salz
250 ml Hafermilch

Für die Kaffeecreme
250 ml Getreidekaffee, stark/Bohnenkaffee
120 g Rohrohrzucker/ Agavendicksaft, nach Bedarf
2 Prisen Salz

Zubereitung

Für den Mürbeteigboden alle Zutaten in einer Schüssel zügig zu einem glatten Teig verkneten. Den Teig im Kühlschrank mindestens 30 Minuten ruhen lassen. Anschließend den Teig gleichmäßig ausrollen und in eine gefettete Springform geben. In den Boden mit einer Gabel in gleichmäßigen Abständen hineinstechen. Den Boden etwa 20 Minuten im vorgeheizten Backofen bei 180 °C goldbraun backen.

Für den Biskuitboden Mehl mit Backpulver vermischen. Haselnüsse, Rohrohrzucker, Vanillepulver, Salz und Mehl-Backpulver-Mischung in eine Schüssel geben und verrühren. Nach und nach so viel Hafermilch hinzugeben, bis der Teig schwer reißend vom Löffel fällt.

Den Biskuitteig in eine gut gefettete, mit Backpapier belegte Springform geben. Den Boden etwa 50 Minuten im vorgeheizten Backofen bei 180 °C (Ober- und Unterhitze; Umluft: 170 °C) backen.

Für die Kaffeecreme Kaffee, Rohrohrzucker, Salz und Kakao in einem Topf verrühren und aufkochen lassen. Speisestärke mit kalter Hafermilch verrühren. Milchmischung in die kochende Flüssigkeit einrühren, etwa 2 Minuten weiterköcheln lassen und von der Kochstelle nehmen. Etwas Rohrzucker auf die fertige

50 g Kakao
70 g Speisestärke
250 ml Hafermilch, kalt
etwas Rohrohrzucker
250 g Margarine

Zum Bestreichen und Verzieren

100 g Aprikosenmarmelade
100 g Margarine
200 g Haselnüsse, gemahlen
12–16 ganze Haselnüsse, je Tortenstück 1 Nuss

Puddingmasse streuen, damit sich keine Haut bildet.

Margarine und Puddingmasse auf Zimmertemperatur bringen (das ist wichtig, sonst flockt die Kaffeecreme beim nächsten Arbeitsschritt aus). Margarine in einer Schüssel schaumig rühren und Pudding esslöffelweise hineinrühren, bis sich eine glatte Kaffeecreme bildet. Die Kaffeecreme kalt stellen.

Aprikosenmarmelade mit Margarine vermischen und auf den Mürbeteigboden streichen.

Den ausgekühlten Biskuitteig waagerecht durchschneiden, den unteren Boden auf den mit der Marmelade bestrichenen Mürbeteigboden legen und leicht andrücken.

Ein Drittel der Kaffeecreme auf dem Biskuitboden verteilen. Den oberen Boden darauflegen und wieder leicht andrücken.

Die Tortenoberfläche und den -rand mit einem weiteren Drittel der Kaffeecreme bestreichen. Gemahlene Haselnüsse daraufstreuen und sacht an den Tortenrand drücken.

Das letzte Drittel der Kaffeecreme in eine Tortenspritze mit Sterntülle geben, 12 bis 16 Tupfen (je Tortenstück) auf die Torte spritzen und die Tupfen mit ganzen Haselnüssen verzieren. Vor dem Servieren 2 bis 3 Stunden in den Kühlschrank stellen.

Geburtstagstorte (1 Springform, Ø 26 cm) ❄❄❄

Zutaten

Für den Boden

siehe Grundrezept Biskuitteig – hell, Backblech (Seite 43), oder Grundrezept Knusperboden (Seite 36)

Für die Creme

300 ml Sojaschlagsahne
3 Zitronen (Bio-Qualität)
2 Prisen Salz
500 g Sojajoghurt, naturell
250 ml Wasser, kalt
3–4 geh. TL Agar Agar
50 g Rohrohrzucker

Für den Guss

200 ml Orangensaft
1 geh. TL Agar Agar
1 TL Gerstengras-/Spirulinapulver
2 EL Agavendicksaft

Zum Verzieren

200 ml Sojaschlagsahne
1 TL Spirulinapulver (grün)
1 EL gelbe Marmelade/etwas Kurkuma (gelb)
50 g rotes Gelee/rote Marmelade, ohne Fruchtstücke (rosa)

Zubereitung

Den Teig nach Grundrezept zubereiten, backen und erkalten lassen. *Den Boden* auf eine Kuchenplatte legen und einen Tortenring darum herumstellen.

Für die Creme Sahne steif schlagen, kühl stellen. 1 Zitrone heiß abwaschen, Schale abreiben. Von allen 3 Zitronen den Saft auspressen.

Zitronensaft mit -schale, Salz und Sojajoghurt in einer Schüssel verrühren. Wasser in einen Topf geben und Agar Agar klümpchenfrei einrühren. Die Flüssigkeit aufkochen lassen, bis sie schäumt, unter Rühren etwa 3 Minuten durchkochen lassen, dann von der Kochstelle nehmen. Zucker einrühren, die Joghurtmasse esslöffelweise dazugeben.

Sahne vorsichtig unterheben und alles sofort auf dem Tortenboden verstreichen. Die Torte in den Kühlschrank stellen.

Aus Orangensaft, Agar Agar, Gerstengraspulver und Agavendicksaft einen *Tortenguss* zubereiten, etwas abkühlen lassen und mit einem Esslöffel gleichmäßig über die Torte geben. Den Guss erkalten lassen.

Sahne steif schlagen. Je 50 Milliliter mit Spirulinapulver, Marmelade und Gelee einfärben (50 Milliliter bleiben weiß) und jeweils in Tortenspritzen mit Sterntüllen geben. Die grüne Tortenwiese mit einem Blumenmeer aus Sahne verzieren.

Tiramisu-Torte (1 Backblech, etwa 35 x 37 cm) ✻✻✻

Zutaten

Für den Boden

220 g Weizenmehl
160 g Rohrohrzucker
250 ml Wasser
60 ml Olivenöl
3 EL Zitronensaft
3 EL Backpulver
2 Prisen Salz

Für den Mokka

200 ml Wasser, kalt
5 geh. TL Instant-Bohnenkaffee

Für die Mascarponecreme

800 g Sojajoghurt
660 ml Sojajoghurtwasser (mit Hafermilch aufgefüllt)
3 Pck. Vanillepuddingpulver
5–7 EL Agavendicksaft
3 Prisen Salz
3 Prisen Vanillepulver
250 ml Soja-/Hafersahne
250 g Margarine
2 EL Zitronensaft
1 TL Zitronenschale, abgerieben

Zum Bestäuben

2–3 EL Kakao
etwas Puderzucker

Zubereitung

Für den Boden alle Zutaten im Mixer/Rührgerät 3 bis 5 Minuten zu einer schaumigen Masse schlagen und auf ein gefettetes, bemehltes Backblech streichen.

Den Teig etwa 25 Minuten im vorgeheizten Backofen bei 180 °C backen. Den Boden erkalten lassen, senkrecht halbieren und eine Hälfte in eine tiefe Form legen.

Aus Wasser und Bohnenkaffee in einem Topf einen *Mokka* kochen, abkühlen lassen. Die Bodenhälften gleichmäßig damit beträufeln, etwas durchziehen lassen.

Für die Mascarponecreme Sojajoghurt in einem feinen Sieb abtropfen lassen, das Joghurtwasser auffangen, mit Hafermilch auf 660 Milliliter auffüllen. Etwas von der Flüssigkeit abnehmen, den Rest in einem Topf zum Kochen bringen. Puddingpulver, Agavendicksaft, Salz und Vanillepulver mit der abgenommenen Flüssigkeit verrühren und zügig in die aufkochende Joghurtwasser-Milch einrühren. Sahne und nach und nach Margarine unterrühren. Abgetropften Joghurt, Zitronensaft und -schale untermischen und schaumig pürieren.

Die Hälfte der noch lauwarmen Creme auf den Gebäckboden in der Form streichen, den zweiten Boden darauflegen und mit der restlichen Creme bestreichen.

Kakao und Puderzucker mischen, die Torte besieben.

Mohn-Wolken-Torte (1 Springform, Ø 26 cm) ***

Zutaten

Für den Boden

siehe Rezept Mohn-Kokos-Häufchen (Seite 318)

Für die Füllung I

1 kg frische Aprikosen
250 ml Aprikosenwasser/verdünnte Aprikosenmarmelade
1 Pck. Mandel-/Vanillepuddingpulver
2 Prisen Salz

Für die Füllung II

250 ml Sojamilch
1 Pck. Vanillepuddingpulver
2 EL Aprikosenmarmelade
2 Prisen Salz
300 g Sojajoghurt, naturell
1 Pck. Sojaschlagsahne/vegane Schlagsahne, selbst gemacht (Seite 146)
1 TL Zitronensaft
1 EL Aprikosenmarmelade

Zum Bestreuen

4–6 EL Schokoladenraspel

Zubereitung

Die halbe Menge der Mohn-Kokos-Masse nach Rezept zubereiten, in eine mit Backpapier belegte Springform geben und etwa 30 Minuten im vorgeheizten Backofen bei 180 °C backen. Abkühlen lassen, einen Tortenring darum herumstellen.

Für die Füllung I Aprikosen abspülen, abtrocknen, halbieren und entsteinen. Nach Belieben Aprikosen in 250 Millilitern Wasser andünsten, herausnehmen und auf einen Teller legen. Aus dem Aprikosenwasser, Puddingpulver und Salz nach Packungsanleitung einen Pudding kochen und abkühlen lassen.

Für die Füllung II aus Sojamilch, Puddingpulver, Marmelade und Salz nach Packungsanleitung einen Pudding kochen und abkühlen lassen. Sojajoghurt in einem Sieb abtropfen lassen und unterrühren. Sahne mit Zitronensaft steif schlagen und unter die Puddingmasse heben.

Ein Drittel der Füllung I auf den Gebäckboden streichen, Aprikosen darauf verteilen und ein Drittel der Füllung I auf die Aprikosen geben. Füllung II auf diese Schicht geben und glatt streichen.

Restliche Füllung I mit 1 Esslöffel Aprikosenmarmelade mischen und in Klecksen auf die Torte setzen. Nach Belieben Schokoladenraspel darüberstreuen.

Schnelltorten

Die Superschnelle – Variante I (1 Kastenform, 30 x 11 cm)

Zutaten

Für den Boden
siehe Grundrezept Rührteig – hell (Seite 47)
50 g Schokoladentropfen, wenn vorhanden

Für die Füllung
340 g fruchtige Marmelade/Konfitüre nach Wahl
150 g Margarine, weich

Für den Guss
siehe Rezept Schokoladenguss I, Springform (Seite 159)

Zubereitung

Für den Boden den Teig nach Grundrezept zubereiten und Schokoladentropfen unterheben. Den Kuchen nach Grundrezept backen und erkalten lassen.

Den ausgekühlten Rührkuchen zweimal waagerecht durchschneiden, um zwei Böden und einen Deckel zu erhalten.

Für die Füllung Marmelade und Margarine zu einer cremigen, streichfähigen Masse pürieren. Die Hälfte der Masse auf den untersten Gebäckboden streichen. Den zweiten Boden darauflegen. Restliche Masse daraufstreichen und den Deckel daraufsetzen.

Den Schokoladenguss nach Rezept zubereiten und die Torte komplett damit überziehen. Die Torte kühl stellen.

Tipp: Bestreuen Sie den Kuchen zusätzlich noch mit Kokosraspeln. Das geht nicht nur blitzschnell, sondern sieht auch noch dekorativ aus.

Die Schokoladige – Variante II (1 Kastenform, 30 x 11 cm) ⁂

Zutaten

Für den Boden

siehe Grundrezept Rührteig – schoko (Seite 47)

50 g Schokoladentropfen/Schokolade, gehackt

Für die Füllung

400 ml Sojaschlagsahne/vegane Schlagsahne, selbst gemacht (Seite 146)

200 g Zartbitterschokolade

200 g Himbeermarmelade

Für den Guss

siehe Rezept Schokoladenguss I, Springform (Seite 159)

Zubereitung

Für den Boden den Teig nach Grundrezept zubereiten und Schokoladentropfen unterheben. Den Kuchen nach Grundrezept backen und erkalten lassen.

Den ausgekühlten Rührkuchen zweimal waagerecht durchschneiden, um zwei Böden und einen Deckel zu erhalten.

Für die Füllung Sahne steif schlagen. Schokolade in Stücke hacken und in einer Schüssel im Wasserbad vorsichtig zergehen lassen, dann zügig esslöffelweise unter die Sahne heben.

Himbeermarmelade cremig rühren. Einen Teil der Marmelade auf den untersten Boden streichen. Ein Viertel Schokoladensahne darauf verteilen und den zweiten Boden darauflegen. Restliche Marmelade und ein weiteres Viertel der Sahne daraufstreichen und den Deckel daraufsetzen.

Den Schokoladenguss nach Rezept zubereiten. Die Torte mit der restlichen Schokoladensahne bestreichen und mit der Schokolade dezent überziehen.

Tipp: Auch mit Schlagsahne verziert, ein schnelles, dekoratives und wohlschmeckendes Törtchen.

Die Fruchtige – Variante III (1 Kastenform, 30 x 11 cm) ✻✻

Zutaten

Für den Boden

siehe Grundrezept Rührteig – hell (Seite 47)

200 g Sauerkirschen (aus dem Glas)

Für die helle Creme

250 ml Hafermilch

1 Pck. Vanillepuddingpulver

3 EL Agavendicksaft

1 Prise Salz

25 g Margarine

Für die rote Creme

150 ml Sauerkirschsaft

40 g Speisestärke

2 EL Agavendicksaft

1 Prise Salz

50 ml Hafermilch

50 g Kirschkonfitüre

1 TL Zitronensaft

Für den Guss

siehe Rezept Schokoladenguss II, Springform (Seite 159)

Zubereitung

Für den Boden den Teig nach Grundrezept zubereiten, backen und erkalten lassen. Zweimal waagerecht durchschneiden, um zwei Böden (unterer etwa 2½ Zentimeter dick) und einen Deckel zu erhalten.

Sauerkirschen in einem Sieb abtropfen lassen, den Saft dabei auffangen.

Für die helle Creme aus Hafermilch, Puddingpulver, Agavendicksaft und Salz nach Packungsanleitung einen Pudding kochen, den Pudding von der Kochstelle nehmen und Margarine kräftig unterrühren, bis eine cremige Konsistenz entsteht.

Für die rote Creme 150 Milliliter von dem aufgefangenen Sauerkirschsaft zum Kochen bringen. Speisestärke, Agavendicksaft und Salz mit Hafermilch verrühren und zügig in den aufkochenden Saft einrühren. Die Creme kurz aufkochen lassen, von der Kochstelle nehmen und Konfitüre und Zitronensaft gut unterrühren.

Den unteren Tortenboden aushöhlen. Die Hälfte der hellen Creme hineingeben. Kirschen darauflegen und leicht eindrücken. Restliche helle Creme darauf verteilen und den zweiten Boden darauflegen. Die rote Creme auf den zweiten Boden streichen und den Deckel daraufsetzen.

Den Schokoladenguss nach Rezept zubereiten und die Torte damit überziehen.

Kleingebäck

- Kleingebäck ist sehr beliebt, weil es sehr vielfältig ist und in ganz unterschiedlichen Formen hergestellt werden kann: So werden beispielsweise Teigtaschen, Windmühlen, Teigkämme, Teigecken, Hörnchen, Stangen oder Brezeln frisch aus dem Backofen meist schon sehnsüchtig erwartet.
- Für Kleingebäck bieten einfacher Hefe- oder Mürbeteig, Strudelteig, Blätterteig, Blitzblätterteig und Plunderteig die ideale Grundlage – die Teige lassen sich auch untereinander austauschen.
- Blätterteig wird besonders gern für Kleingebäck ausgewählt. Doch da seine Herstellung sehr aufwendig ist, empfiehlt sich die Tiefkühlvariante.
- Je nach Größe der Gebäckstücke und nach Art der Füllung den Teig 3 bis 5 Millimeter dick ausrollen, in die gewünschte Form schneiden und nach Belieben füllen, falten und auf das vorbereitete Backblech setzen.
- Als Füllung eignen sich unter anderem Apfelstücke, Marmelade, Sojaquarkmischung; Sojajoghurt, über Nacht abgehangen und mit etwas Puddingpulver und Gewürzen gemischt; gehackte Nüsse, Mandeln oder Zimtzucker.
- Bestreichen Sie die Oberfläche vor dem Backen mit etwas Sojasahne, bekommt sie einen schönen Glanz.
- Das noch warme Gebäckstück mit Puderzucker aus Rohrohrzucker bestäuben und vor dem Glasieren etwas abkühlen lassen.

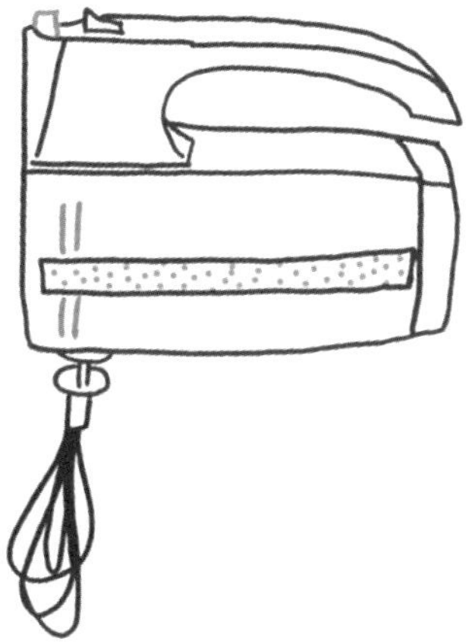

Apfeltaschen aus Blätterteig (20 Stück)

Zutaten

Für den Teig

600 g TK-Blätterteig

Für die Füllung

600 g Äpfel
50 g Rosinen
50 g Agavendicksaft/ Rohrohrzucker
1 EL Zitronensaft
½ TL Zitronenschale, abgerieben
2 Prisen Salz
1 Msp. Vanillepulver/ 1 Pck. Vanillezucker

Zum Bestäuben

etwas Puderzucker aus Rohrohrzucker

Zubereitung

Für den Teig Blätterteig antauen lassen.

Für die Füllung Äpfel schälen und raspeln. Apfelraspel mit restlichen Zutaten in einer Schüssel mischen und etwa 30 Minuten ziehen lassen.

In der Zwischenzeit den angetauten Blätterteig etwa 3 Millimeter dünn ausrollen und in 20 etwa 10 x 10 Zentimeter große Quadrate schneiden.

In eine Hälfte jedes Teigvierecks mit einem Messer kleine Schlitze einritzen, auf die andere Hälfte die Füllung geben, dabei einen schmalen Rand frei lassen. Die Teigränder mit etwas Wasser oder Agavendicksaft bestreichen. Die eingeritzte Teighälfte über die Füllung klappen und die Ränder mit einer Gabel gut zusammendrücken, dabei die Ecken etwas heranschieben, da diese sehr schnell verbrennen.

Die Apfeltaschen auf 2 mit Backpapier belegte Backbleche legen und zusammen etwa 20 bis 25 Minuten im vorgeheizten Backofen bei 180 °C (Umluft) goldbraun backen. Die Apfeltaschen abkühlen lassen.

Die abgekühlten Apfeltaschen mit Puderzucker bestäuben.

Tipp: Alternativ zum Bestäuben 50 Gramm Puderzucker mit 2 Esslöffeln Hafermilch zu einem glatten Guss verrühren und heiß über die abgekühlten Apfeltaschen geben.

Vegane Quarktaschen (35 Stück) ✳✳✳

Zutaten

Für den Teig

siehe Grundrezept Hefeteig, Backblech dick (Seite 39)

Für die Füllung

400 g Sojajoghurt, naturell
1 Pck. Vanillepuddingpulver
200 g Tofu, naturell
80 g Agavendicksaft
50 g Margarine
30 ml Sojasahne
1 EL Rapsöl
2 TL Zitronensaft
2 Prisen Salz
1 Msp. Vanillepulver/etwas Vanillezucker
1 Bittermandel, gemahlen/1 Tropfen Bittermandelaroma
40 g Rosinen

Zum Bestäuben

etwas Puderzucker aus Rohrohrzucker

Zubereitung

Den Teig nach Grundrezept zubereiten.

Für die Füllung Sojajoghurt und Puddingpulver in einem kleinen Topf verrühren, zum Kochen bringen und etwa 3 Minuten leicht köcheln lassen, bis die Masse angedickt ist. Restliche Zutaten (außer Rosinen) in einem Gefäß cremig pürieren und mit dem noch heißen Pudding vermischen. Danach Rosinen unterheben.

Den fertigen Hefeteig auf Backfolie etwa 1½ Zentimeter dick ausrollen und in 35 etwa 8 x 8 Zentimeter große Quadrate schneiden. Die Teigränder mit Wasser bestreichen und in die Mitte einen Klecks Quarkmasse geben.

Die Teigecken diagonal zu Dreiecken übereinanderschlagen, die Ränder andrücken, mit einem Messer begradigen und mit einer Gabel zusammendrücken. Die Ecken etwas heranschieben.

Die Quarktaschen auf 2 mit Backpapier belegte Backbleche legen und noch einmal an einem warmen Ort etwa 15 Minuten gehen lassen. Anschließend nacheinander (bei Umluft: zusammen) etwa 20 Minuten im vorgeheizten Backofen bei 200 °C je Backblech backen.

Die Quarktaschen vor dem Servieren mit Puderzucker bestäuben.

Plundertaschen (etwa 8–12 Stück) ✳✳

Zutaten

Für den Teig

siehe Grundrezept Plunderteig – süß, kleine Menge (Seite 53)

oder Grundrezept Strudelteig (Seite 57)

Für die Füllung eigener Wahl

ca. 200 g Pflaumenmus, Konfitüre, Marmelade, zubereitete, etwas festere vegane Quarkmasse oder Apfel-Rosinen-Mandelmasse (Strudelfüllung)

Für den Guss

siehe Rezept einfacher Zuckerguss (Seite 154)

oder Rezept Zitronenzuckerguss (Seite 155)

Zubereitung

Den Teig nach Grundrezept zubereiten, zu einem 3 bis 5 Millimeter dicken Rechteck ausrollen und in 8 bis 12 etwa 8 x 10 Zentimeter große Rechtecke schneiden.

1 Teelöffel (nach Bedarf auch mehr) Füllung eigener Wahl in die Mitte des Rechtecks geben.

Das Rechteck in der Mitte wie ein Buch zusammenklappen, die Ränder leicht andrücken und an der langen, offenen Seite in etwa 1 Zentimeter breiten Abständen gleich lang einschneiden (Kamm) oder alle vier Ecken zur Mitte hin falten.

Die fertig geformten Teile auf ein leicht gefettetes Backblech legen, nochmals kurz gehen lassen und anschließend etwa 20 Minuten im vorgeheizten Backofen bei 175 °C backen.

Den Guss nach Rezept zubereiten.

Die Plundertaschen aus dem Backofen nehmen, etwas abkühlen lassen und mit dem Guss bestreichen.

Tipps: Wenn Sie nicht viel Zeit haben, sollten Sie für das Gebäck den Strudelteig zubereiten. Und wenn Sie die Plundertaschen nicht glasieren, sondern noch heiß nur mit etwas Puderzucker bestäuben, spart das ebenfalls Zeit.

Hefetaschen mit Haselnussmarzipan (16–18 Stück) ✻✻

Zutaten

Für den Teig

siehe Grundrezept Hefeteig, Backblech dick (Seite 39)

Für die Füllung

150 g Haselnüsse, gemahlen

150 g Haselnüsse, gehackt

150 g Marzipan-Rohmasse, gekauft/selbst gemacht (Seite 149)

2 EL Agavendicksaft

Zum Bestreichen

etwas Hafermilch

Für den Guss

200 g Puderzucker

6–7 EL Orangensaft

Zubereitung

Den Teig nach Grundrezept zubereiten, auf Backfolie 1 bis 1½ Zentimeter dick ausrollen und in 16 bis 18 etwa 12 x 12 Zentimeter große Quadrate schneiden.

Für die Füllung alle Zutaten in einer Schüssel mischen. Die Füllung in die Mitte der Teigquadrate geben und die Teigecken zur Mitte klappen. Die Teilchen auf ein mit Backpapier belegtes Backblech legen und nochmals an einem warmen Ort etwa 15 Minuten gehen lassen.

Die Hefetaschen mit Hafermilch bestreichen und etwa 20 Minuten im vorgeheizten Backofen bei 200 °C backen, anschließend etwas abkühlen lassen.

Für den Guss Puderzucker und teelöffelweise Orangensaft in einer Schüssel verrühren und die noch warmen Teilchen damit überziehen. Die Hefetaschen auf einem Kuchenrost vollständig erkalten lassen.

Mustaschen (35 Stück) ✳✳

Zutaten

Für den Teig

siehe Grundrezept Hefeteig, Backblech dick (Seite 39)

Für die Füllung

340 g Pflaumenmus

Zum Bestreichen

150 g Aprikosenmarmelade

Zubereitung

Den Teig nach Grundrezept zubereiten, auf Backfolie etwa 1½ Zentimeter dick ausrollen und in 35 etwa 8 x 8 Zentimeter große Quadrate schneiden. Die Ränder der Teigplatten mit Wasser bestreichen und in die Mitte einen Klecks Pflaumenmus geben.

Die Teigecken diagonal zu Dreiecken oder buchartig zu Rechtecken übereinanderschlagen, die Ränder andrücken, mit einem Messer begradigen und mit einer Gabel leicht zusammendrücken. Die Ecken etwas heranschieben.

Die Mustaschen auf 2 mit Backpapier belegte Backbleche legen und noch einmal an einem warmen Ort etwa 15 Minuten gehen lassen. Anschließend die beiden Backbleche mit den Mustaschen nacheinander (bei Umluft: zusammen) etwa 20 Minuten im vorgeheizten Backofen bei 200 °C je Backblech backen. Die Mustaschen abkühlen lassen.

Die abgekühlten Mustaschen mit Aprikosenmarmelade bestreichen.

Kirschtaschen (20 Stück)

Zutaten

Für den Teig

600 g TK-Blätterteig

Für die Füllung

etwa 340 g Kirsch-konfitüre

Zubereitung

Den Blätterteig leicht antauen lassen, etwa 3 Millimeter dünn ausrollen und in 20 etwa 10 x 10 Zentimeter große Quadrate schneiden. In die Mitte jedes Teigquadrates 1 Teelöffel Füllung geben. Die Teigecken diagonal zu Dreiecken oder buchartig zu Rechtecken übereinanderschlagen, die Teigränder zusammendrücken und auf 2 kalte, mit Backpapier belegte Backbleche legen.

Die beiden Backbleche Kirschtaschen nacheinander (bei Umluft: zusammen) etwa 20 Minuten im vorgeheizten Backofen bei 180 °C je Backblech goldbraun backen.

Tipps: Probieren Sie doch einmal Aprikosen-, Erdbeer- oder andere aromatische Konfitüren, Apfel-, Pflaumenmus und ein anderes Mus als Füllung. Die Füllungen lassen sich mit Zimt, Vanillezucker oder Kokosraspeln verfeinern.

Strudeltaschen mit Schokofüllung (35 Stück) ✻✻

Zutaten

Für den Teig

siehe Grundrezept Strudelteig (Seite 57)

Für die Füllung

250 g Schoko-Nuss-Aufstrich

Zum Bestreichen

etwas Aprikosenmarmelade, leicht verdünnt

Zubereitung

Den Teig nach Grundrezept zubereiten, dünn ausrollen und in 35 etwa 8 x 8 Zentimeter große Quadrate schneiden. Die Teigränder mit Wasser bestreichen und in die Mitte der Quadrate 1 bis 2 Teelöffel Schoko-Nuss-Aufstrich geben. Die Teigecken diagonal zu Dreiecken zusammenfalten und die Ränder mit einer Gabel fest zusammendrücken.

Die Strudeltaschen auf 2 mit Backpapier belegte Backbleche setzen und nacheinander (bei Umluft: zusammen) etwa 15 Minuten im vorgeheizten Backofen bei 200 °C je Backblech backen. Aus dem Backofen nehmen und die Oberflächen der noch heißen Taschen mit der flüssigen Marmelade zart bestreichen.

Tipp: Pflaumenmus, Aprikosen- oder Erdbeerkonfitüre, Apfelmus, Sojaquark und Fruchtkompottstücke sind köstliche Alternativen für die Füllung.

Diverses Kleines

Kalte Kräpfl (etwa 36 Stück)

Zutaten

Für den Teig
siehe Grundrezept Blätterteig (Seite 51) oder
300 g TK-Blätterteig

Zum Bestäuben
etwas Puderzucker

Zubereitung

Entweder den Teig nach Grundrezept zubereiten oder TK-Blätterteig verwenden. Den Teig 2 bis 3 Millimeter dick ausrollen, in 36 etwa 4 x 6 Zentimeter große Rechtecke schneiden und diese in der Mitte zusammenfalten.

Die Teigrechtecke mit etwas Abstand zueinander auf ein kalt abgespültes oder mit Backpapier belegtes Backblech legen und etwa 15 Minuten im vorgeheizten Backofen bei 180 °C goldgelb backen. Anschließend erkalten lassen und luftdicht verschlossen aufbewahren.

Kalte Kräpfl vor dem Servieren leicht mit Puderzucker bestäuben.

Tipp: Frisch schmecken die Kräpfl natürlich am besten, aber trocken aufbewahrt sind sie lange ein echter Leckerbissen.

Amerikaner (etwa 8 Stück)

Zutaten

Für den Teig

10 g Hirschhornsalz
120 ml Hafermilch/ Wasser, kalt
150 g Weizenmehl
1 Msp. Natron
1 Prise Salz
80 g Rohrohrzucker
50 g Speisestärke
½ TL Zitronenschale, abgerieben
½ TL Vanillepulver
60 g Margarine, weich
50 ml Sojasahne

Zum Bestreichen

siehe Rezept Zitronenzuckerguss (Seite 155)
oder Rezept einfacher Zuckerguss (Seite 154)
oder Rezept Schokoladenguss I (Seite 159)

Zubereitung

Für den Teig zunächst Hirschhornsalz in etwas Hafermilch auflösen. Dann die trockenen Zutaten in einer Schüssel mischen. Restliche flüssige Zutaten verrühren, zu den trockenen Zutaten geben und mit Knethaken zu einem schwer reißenden Teig verarbeiten. Zum Schluss das aufgelöste Hirschhornsalz hinzufügen und alles 3 bis 5 Minuten zu einem glatten Teig kneten. Mit einem Esslöffel 8 Portionen von dem Teig abstechen.

Die Teigportionen mit etwas Abstand zueinander auf ein mit Backpapier belegtes oder bemehltes (nicht gefettetes) Backblech setzen und beim Abstreichen des Löffels mit diesem durch kreisende Bewegungen in der Mitte eine Spitze hochziehen. Die Teigkegel auf der mittleren Schiene etwa 15 bis 20 Minuten im vorgeheizten Backofen bei 175 °C goldbraun backen, anschließend abkühlen lassen.

Nach Belieben einen Guss nach Rezept zubereiten und die flache Seite der Amerikaner dick damit bestreichen.

Blättrige Johannisbeer-Sahne-Schnitten (24 Stück) ✳✳

Zutaten

Für den Boden

12 TK-Blätterteigplatten (etwa 12 x 12 cm)

Für die Füllung

300 ml Sojaschlagsahne/ vegane Schlagsahne, selbst gemacht (Seite 146)

250 g Schwarze Johannisbeerkonfitüre

Für den Vanilleguss

250 g Puderzucker

½ TL Vanillepulver

1–2 EL Wasser, heiß

1 Prise Salz

Für den Schokoladenguss

60 g Puderzucker, gesiebt

1 EL Kakao

1 EL Wasser, heiß

1 Prise Salz

Zubereitung

Für den Boden Blätterteigplatten kurz antauen lassen und jede Teigplatte (rechteckig) halbieren.

Die Teigrechtecke auf 2 mit Backpapier belegte Backbleche legen und nacheinander (bei Umluft: zusammen) etwa 15 bis 30 Minuten im vorgeheizten Backofen bei 200 °C goldgelb backen. Gebäckstücke aus dem Backofen nehmen und auf einem Kuchenrost abkühlen lassen. Anschließend waagerecht durchschneiden.

Für den Vanilleguss alle Zutaten in einer hitzebeständigen Schüssel verrühren, im Wasserbad glatt rühren, bis der Guss glänzt.

Für den Schokoladenguss alle Zutaten in einer Schüssel glatt rühren und in eine Tortenspritze füllen.

Den Vanilleguss auf die Oberteile der Blätterteigstücke streichen, den Schokoladenguss im Karomuster daraufspritzen und erkalten lassen.

Für die Füllung Sahne steif schlagen. Johannisbeerkonfitüre und Sahne auf die unteren Gebäckteile geben und die glasierten Oberteile daraufsetzen.

Tipp: Auch mit frischen Beeren und anderen Früchten gefüllt sind diese Sahneschnitten köstlich.

Schnelle Apfelschiffchen (etwa 6 Stück) ⁂

Zutaten

Für den Teig

6 TK-Blätterteigplatten (etwa 12 x 12 cm)

Für die Füllung

3 kleine rote Äpfel
6 TL Aprikosenmarmelade
3 EL Rohrohrzucker
50 g Margarine

Zum Bestreichen

3 EL Aprikosenmarmelade
1–2 EL Wasser/Hafermilch

Zubereitung

Für die Füllung Äpfel waschen, abtrocknen, vierteln, entkernen und in ganz dünne Scheiben schneiden, sodass die Apfelform erhalten bleibt.

Für den Teig Blätterteigplatten in größeren Abständen auf ein mit Backpapier belegtes Backblech legen.

Jeweils 1 Teelöffel Aprikosenmarmelade auf den Blätterteigplatten verstreichen, dabei einen etwa 2 Zentimeter breiten Rand frei lassen. Die Apfelscheibchen dachziegelartig darauflegen, mit Zucker bestreuen und Margarine in Flöckchen daraufsetzen. Die Teigränder mit einem Messerrücken in regelmäßigen Abständen etwas eindrücken und leicht nach oben biegen.

Die Apfelschiffchen etwa 20 Minuten im vorgeheizten Backofen bei 200 °C goldgelb backen.

Aprikosenmarmelade mit Wasser verrühren und die noch heißen Apfelschiffchen damit bestreichen. Die Apfelschiffchen warm oder kalt servieren.

Zuckerohren aus Blätterteig (etwa 12 Stück)

Zutaten

Für den Teig

300 g TK-Blätterteig

Zum Bestreuen

100 g Rohrohrzucker/ Xylit

Zubereitung

Den Blätterteig kurz antauen lassen und den gut biegsamen Blätterteig etwa 30 Zentimeter breit und knapp ½ Zentimeter dick ausrollen.

Etwas Rohrohrzucker auf eine Backunterlage (Backmatte, Holzbrett) streuen, die Teigplatte darauflegen und ebenfalls mit Rohrohrzucker bestreuen. Zucker mit einem Nudelholz eindrücken.

Die Teigplatte von beiden Längsseiten her einrollen und mit einem Messer in 12 knapp 1 Zentimeter dicke Scheiben schneiden. Die Teigscheiben auf ein mit Backpapier belegtes, mit etwas Rohrohrzucker bestreutes Backblech legen.

Die Zuckerohren etwa 10 bis 15 Minuten im vorgeheizten Backofen bei 200 °C (Ober- und Unterhitze; Umluft: 190 °C) leicht bräunen lassen. Die Zuckerohren aus dem Backofen und vom Backblech nehmen und einzeln auf einem Kuchenrost erkalten lassen.

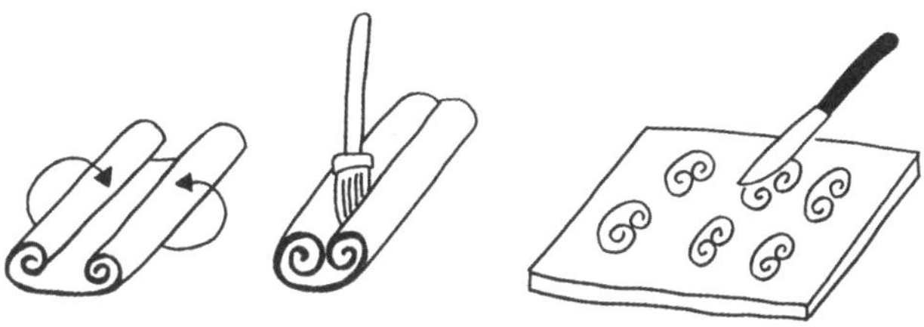

Schoko-Nuss-Ohren (etwa 26 Stück)

Zutaten

Für den Teig

375 g Blätterteig, frisch (Seite 51) oder TK

Für die Füllung

8 EL Nuss-Nougat-Creme

50 g Haselnüsse, gehackt und geröstet

Zum Bestreuen

20 g Rohrohrzucker/Xylit

Zubereitung

Den Teig nach Grundrezept zubereiten und auf einer kalten Backunterlage zu einem etwa 37 x 23 Zentimeter großen Rechteck ausrollen. TK-Blätterteigplatten etwas antauen lassen, übereinanderlegen und ebenfalls zu einem etwa 37 x 23 Zentimeter großen Rechteck ausrollen.

Für die Füllung Nuss-Nougat-Creme auf den Teig streichen und mit Haselnüssen bestreuen.

Den Teig von beiden Längsseiten her bis zur Mitte aufrollen und in der Mitte mit etwas Wasser befeuchten. Die beiden Rollen verbinden und leicht zusammendrücken. Die Teigrollen mit einem scharfen Messer in 26 dünne Scheiben schneiden, diese auf ein mit Backpapier belegtes Backblech legen und mit dem Messer leicht flach drücken. Die Teigscheiben mit etwas Rohrohrzucker bestreuen.

Die Schoko-Nuss-Ohren etwa 10 bis 15 Minuten im vorgeheizten Backofen bei 220 °C goldbraun backen, aus dem Backofen nehmen und auf einem Kuchenrost erkalten lassen.

Aprikosen-Mandel-Sterne (etwa 6 Stück) ✻✻

Zutaten

Für den Teig

6 TK-Blätterteigplatten (etwa 12 x 12 cm)

Für die Füllung

100 g Trockenaprikosen
2 TL Mandelmus
2 TL Aprikosenmarmelade
50 g Mandeln, gemahlen

Außerdem

3 EL Aprikosenmarmelade
1 EL Wasser

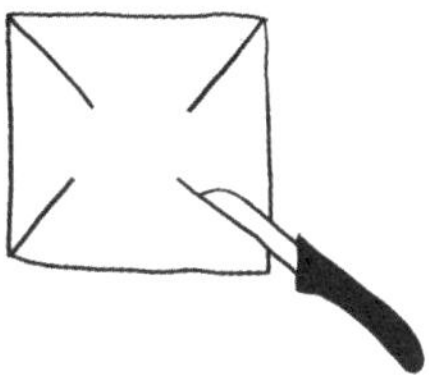

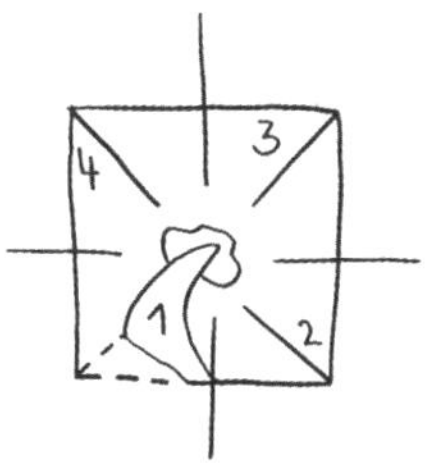

Zubereitung

Für die Füllung am Abend vorher Aprikosen in eine Schüssel geben, mit Wasser bedecken und über Nacht einweichen.

Für den Teig Blätterteigplatten etwa 5 Minuten antauen lassen.

Eingeweichte Aprikosen abtropfen lassen, in eine Schüssel geben und mit Mandelmus und Marmelade pürieren. Mandeln unterrühren.

Jedes Blätterteigquadrat von den Ecken bis auf etwa 3 Zentimeter in der Mitte einschneiden und auf ein mit Backpapier belegtes Backblech legen. Die Füllung gleichmäßig in die Mitte eines jeden Quadrates geben und jeweils alle vier Teigecken gleichmäßig so zur Mitte hin einschlagen, dass ein Stern entsteht.

In die Mitte jedes Sterns einen Klecks Aprikosenmarmelade geben. Restliche Marmelade mit Wasser verrühren und die Sterne damit bestreichen.

Die Aprikosen-Mandel-Sterne etwa 12 bis 15 Minuten im vorgeheizten Backofen bei 200 °C goldbraun backen. Anschließend auf einem Kuchenrost auskühlen lassen.

Tipp: Vor dem Servieren können die Sternenspitzen in heiße Schokolade getaucht und leicht mit Puderzucker bestäubt werden.

Kirsch-Sahne-Ringe (etwa 5 Stück) ✻✻

Zutaten

Für den Teig

5 TK-Blätterteigplatten (etwa 12 x 12 cm)

Für die Füllung

200 g Sauerkirschen (aus dem Glas)
200 ml Kirschsaft
25 g Kartoffelmehl/ Speisestärke
2 Prisen Salz
2 EL Agavendicksaft
300 ml Sojaschlagsahne/ vegane Schlagsahne, selbst gemacht (Seite 146)

Zum Verzieren

50 ml Sojaschlagsahne/ vegane Schlagsahne, selbst gemacht (Seite 146)
2 EL Kirschkonfitüre
20 g Zartbitterschokolade, geschmolzen

Zubereitung

Für den Teig Blätterteigplatten antauen lassen und aus jeder Platte einen Kreis (Ø etwa 12 Zentimeter) ausstechen (Ausstechreste mitbacken). Aus der Mitte jedes Kreises einen weiteren Kreis (Ø etwa 5 Zentimeter) ausstechen.

Teigstücke auf ein mit Backpapier belegtes Backblech legen, 15 bis 30 Minuten im vorgeheizten Backofen bei 200 °C goldgelb backen. Erkalten lassen.

Für die Füllung Sauerkirschen in einem Sieb abtropfen lassen, den Saft auffangen. Von dem Kirschsaft etwas abnehmen und restlichen Saft in einem Topf zum Kochen bringen. Kartoffelmehl, Salz und Agavendicksaft mit dem abgenommenen Kirschsaft anrühren und in die aufkochende Flüssigkeit einrühren. Kirschen dazugeben, gut unterrühren und den Pudding etwas abkühlen lassen.

Sahne steif schlagen und in eine Tortenspritze mit Sterntülle füllen.

Blätterteigringe und Ausstechreste waagerecht durchschneiden. Die noch warme Kirschfüllung auf die unteren Gebäckteile geben, erkalten lassen. Die Sahne auf die Kirschfüllung spritzen, die oberen Gebäckteile daraufsetzen.

Sahne und Konfitüre mischen, Oberfläche der Ringe damit bestreichen, mit zarten Schokoladenfäden verzieren.

Seezungen (etwa 24 Stück)

Zutaten

Für den Teig

siehe Grundrezept Blitzblätterteig (Seite 52)

oder 300 g Tiefkühl-Blätterteig

Für die Füllung

siehe Grundrezept Puddingcreme mit Geschmack nach Wahl (Seite 134)

Zum Bestreuen

200 g Rohrohrzucker/ Xylit

Zubereitung

Nach Belieben den Teig nach Grundrezept zubereiten, etwa 5 Millimeter dick ausrollen und mit einem Glas 24 kleine Kreise (Ø etwa 6 Zentimeter) ausstechen.

Wenig Rohrohrzucker auf die kalte Backunterlage streuen. Die Teigstücke darauf zu etwa 2½ Millimeter dicken Ovalen von etwa 8 Zentimetern Länge ausrollen und mit der Zuckerseite nach oben auf ein mit Backpapier belegtes Backblech legen.

Die Seezungen etwa 10 bis 15 Minuten im vorgeheizten Backofen bei 180 bis 190 °C backen, aus dem Backofen nehmen und etwas abkühlen lassen.

In der Zwischenzeit *für die Füllung* eine Puddingcreme nach Rezept zubereiten.

Die dicken Seezungen einmal waagerecht durchschneiden, die Puddingcreme auf die unteren Gebäckteile geben und die Gebäckoberteile als Deckel daraufsetzen.

Tipps: Als Füllung schmecken auch Grundrezept Puddingcreme (Seite 134) oder steif geschlagene, mit 1 Messerspitze Vanillepulver verfeinerte Sojaschlagsahne. Natürlich können Sie die vegane Schlagsahne auch selbst machen (Seite 146).

Nusszungen (etwa 24 Stück)

Zutaten

Für den Teig

siehe Grundrezept Blitzblätterteig (Seite 52)

Für die Füllung

siehe Grundrezept Puddingcreme Vanillegeschmack (Seite 134)

Zum Bestreuen

75 g Rohrohrzucker/Xylit

50 g Nüsse/Mandeln, gehackt

Zubereitung

Den Teig nach Grundrezept zubereiten, etwa 5 Millimeter dick ausrollen und mit einem Glas etwa 24 kleine Kreise (Ø etwa 6 Zentimeter) ausstechen.

Zucker und Nüsse mischen und auf die kalte Backunterlage streuen. Die Teigstücke darauf zu etwa 2½ Millimeter dicken Ovalen von 8 Zentimetern Länge ausrollen und mit der Zucker-Nuss-Seite nach oben auf ein mit Backpapier belegtes Backblech legen.

Die Nusszungen etwa 10 bis 15 Minuten im vorgeheizten Backofen bei 180 bis 190 °C backen, aus dem Backofen nehmen und etwas abkühlen lassen.

In der Zwischenzeit *für die Füllung* die Puddingcreme nach Rezept zubereiten.

Die Nusszungen einmal waagerecht durchschneiden, die Puddingcreme auf die unteren Gebäckteile geben und die Gebäckoberteile als Deckel daraufsetzen.

Tipps: Zum Bestreuen können Sie statt der Nüsse auch Kokosraspel verwenden. Oder füllen Sie die Nusszungen mit steif geschlagener und mit 1 Messerspitze Vanillepulver verfeinerter Sojaschlagsahne oder selbst gemachter veganer Schlagsahne (Seite 146).

Pflaumenbuchteln (etwa 12 Stück) **

Zutaten

Für den Teig
15 g Agavendicksaft
375 g Weizenmehl
150 ml Hafermilch
1 Pck. Trockenhefe
50 g Margarine
½ gestr. TL Salz
1 Msp. Vanillepulver

Für die Füllung
12 Pflaumen/ Zwetschgen

Zum Bestreichen und Bestäuben
250 ml Hafermilch
30 g Margarine
etwas Puderzucker

Tipp: Besonders lecker schmeckt heiße Vanillesoße dazu.

Zubereitung

Für den Teig sollten alle Zutaten zimmerwarm sein. Zunächst Agavendicksaft, 2 Esslöffel von dem Mehl und 50 Milliliter von der Hafermilch mit Hefe in einer Schüssel glatt rühren und etwa 15 Minuten an einem warmen Ort gehen lassen.

Restliche Teigzutaten in eine Schüssel geben, den Hefeansatz untermischen und alles sehr gut durchkneten. Den Teig etwa 2 Stunden an einem warmen Ort gehen lassen, bis sich sein Volumen verdoppelt hat. Den Teig nochmals kneten, in 12 Portionen teilen und die Portionen zu Kugeln formen.

Für die Füllung Pflaumen bzw. Zwetschgen abspülen, abtrocknen, entstielen und entsteinen. Die Buchteln flach drücken, jeweils 1 Pflaume bzw. 1 Zwetschge in die Mitte geben, mit dem Teig umhüllen und die Ränder gut zusammendrücken. Die Buchteln dicht nebeneinander in eine gefettete, bemehlte tiefe Form legen.

Hafermilch mit Margarine in einem Topf aufkochen lassen, Buchteln damit bestreichen und noch einmal 15 Minuten gehen lassen.

Die Buchteln 30 bis 40 Minuten im vorgeheizten Backofen bei 180 °C backen, anschließend erkalten lassen, mit Puderzucker bestäuben.

Lukullus (oder Kalter Hund) (1 Kastenform, 25 x 11 cm)

Zutaten

Für den Teig

ca. 200 g einfache Kekse oder Grundrezept Mürbeteig I, Springform (Seite 34)

Für die Schokoladenfüllung

100 g Kokosfett/-öl

150 g Margarine, weich

100 g Agavendicksaft

60 g Carob, nach Belieben

40 g Kakao (oder ohne Carob: 60 g Kakao)

½ TL Instant-Bohnenkaffee/2 TL Instant-Getreidekaffee

2 EL Zitronensaft

2 EL Sojasahne

2 Prisen Salz

Zubereitung

Nach Belieben den Teig nach Grundrezept zubereiten, dünn auf einem mit Backpapier belegten Backblech ausbreiten und in etwa 6 x 4 Zentimeter große Rechtecke schneiden. In die Rechtecke in gleichmäßigen Abständen mit einer Gabel hineinstechen.

Die Kekse etwa 10 bis 15 Minuten im vorgeheizten Backofen bei 175 °C goldgelb backen, anschließend abkühlen lassen.

Für die Füllung Kokosfett in einem Topf bei ganz geringer Hitze sanft zerlassen, weiche Margarine dazugeben und nicht ganz zerlassen. Restliche Zutaten unterrühren und schaumig pürieren, bis eine cremige Masse entsteht.

Die Schokoladenfüllung 3 bis 4 Millimeter dick auf dem Boden einer mit Backpapier oder Frischhaltefolie ausgelegten Kastenform verstreichen. Kekse darauflegen und etwas in die Schokolade drücken.

Wieder Schokolade – diesmal dünner – aufstreichen und den Vorgang so lange wiederholen, bis alle Zutaten verbraucht sind. Mit Schokolade abschließen.

Den Kuchen bis zum Servieren kalt stellen, dann mit einem scharfem Messer in 1½ bis 2 Zentimeter breite Stücke schneiden.

Tipps: Gekühlt lässt sich dieser Kuchen leichter aufschneiden und er schmeckt auch besser, wenn er etwas durchgezogen ist. Statt mit dieser Schokoladenfüllung können Sie Lukullus auch mit einem Schokoladenguss I fest (Seite 159) füllen.

Lukullinos

Einfache Kekse mit geschmolzener Schokolade oder Lukullusfüllung bestreichen und übereinandersetzen.

Lukullinos mit einem Schokoladenguss überziehen oder nach Belieben verzieren.

Florentiner (etwa 12–15 Stück) ⁂

Zutaten

Für den Boden

12–15 Oblaten
(Ø etwa 8 cm)

Für die Nussmasse

150 g Margarine
2 Prisen Salz
120 g Rohrohrzucker
200 g Nüsse, grob gehackt/Mandeln, geschält und grob gehackt
5 Bittermandeln, gemahlen/3 Tropfen Bittermandelaroma
2 EL Sojasahne

Für den Guss

siehe Rezept Schokoladenguss I fest (Seite 159)

Zubereitung

Für die Nussmasse Margarine, Salz und Rohrohrzucker kurz in einem Topf aufkochen und so lange verrühren, bis der Zucker gelöst ist (nur leicht bräunen). Danach von der Kochstelle nehmen und Nüsse, Bittermandeln und Sahne unterrühren. Die Masse auf die Oblaten streichen. Die Florentiner auf ein mit Backpapier belegtes Backblech setzen und etwa 10 bis 15 Minuten im vorgeheizten Backofen bei 175 °C backen.

Die Florentiner aus dem Backofen nehmen. Sollte etwas von der Nussmasse danebengelaufen sein, sie mit einem Messer auf die Oblate zurückschieben. Das Gebäck abkühlen lassen.

In der Zwischenzeit *den Schokoladenguss* nach Rezept zubereiten. Die Florentiner mit einer Ecke in den Schokoguss tauchen und kühl stellen.

Tipp: Sehr lecker ist alternativ auch ein hauchdünner Mürbeteigboden als Florentinerboden (siehe Grundrezept Mürbeteig I – hell, Backblech dünn [Seite 34]).

Nussecken (etwa 32 Stück)

**

Zutaten

Für den Boden

siehe Grundrezept Mürbeteig I – hell, Springform (Seite 34)

Zum Bestreichen

etwas Aprikosenmarmelade

Für die Nussmasse

150 g Margarine

2 Prisen Salz

120 g Rohrohrzucker

200 g Nüsse, grob gehackt/Mandeln, geschält und grob gehackt

5 Bittermandeln, gemahlen/3 Tropfen Bittermandelaroma

2 EL Sojasahne

Für den Guss

siehe Rezept Schokoladenguss I fest (Seite 159)

Zubereitung

Für den Boden den Teig nach Grundrezept zubereiten, sehr dünn auf einem gefetteten Backblech ausrollen, in den Boden mit einer Gabel in gleichmäßigen Abständen hineinstechen und ihn anschließend dünn mit der Marmelade bestreichen.

Für die Nussmasse Margarine, Salz und Rohrohrzucker in einem Topf unter Rühren aufkochen, bis sich der Zucker gelöst hat. Danach von der Kochstelle nehmen und Nüsse, Bittermandeln und Sahne unterrühren.

Die Nussmasse auf den Teigboden streichen und die Teigplatte etwa 15 bis 20 Minuten im vorgeheizten Backofen bei 175 °C backen.

Den Gebäckboden aus dem Backofen nehmen, warm in etwa 32 Dreiecke schneiden und abkühlen lassen.

In der Zwischenzeit *den Schokoladenguss* nach Rezept zubereiten. Die Nussecken mit einer Ecke in den Schokoguss tauchen und kühl stellen.

Schoko-Quadros (etwa 9 Stück)

Zutaten

Für den Teig

225 g Weizenmehl
2 TL Backpulver
60 g Margarine
1 EL Rohrohrzucker
1 Prise Salz
50 g Zartbitterschokolade, geraspelt
150 ml Hafermilch

Zum Bestreichen

etwas Hafermilch

Zubereitung

Für den Teig Mehl mit Backpulver in einer Schüssel mischen, Margarine in Flöckchen dazugeben und mit den Fingern zu einem krümeligen Teig verreiben. Zucker, Salz und Schokoraspel hinzugeben und mit Milch zu einem weichen Teig verrühren.

Den Teig auf einer leicht bemehlten Backunterlage zu einem etwa 12 x 12 Zentimeter großen, etwa 2½ Zentimeter dicken Quadrat ausrollen und in 9 Quadrate schneiden.

Die Teigquadrate auf ein mit Backpapier belegtes Backblech legen, mit etwas Hafermilch bestreichen und etwa 10 bis 12 Minuten im vorgeheizten Backofen bei 220 °C goldbraun backen.

Tipps: Die Schoko-Quadros sind ideal für überraschende Gäste, weil sie blitzschnell zubereitet sind und einfach himmlisch schmecken. Die ofenfrischen Quadros aufschneiden, mit etwas Nussnougatcreme oder einem Klecks Sojaschlagsahne bestreichen und genüsslich verzehren.

Pistazien-Marzipan-Taler (etwa 50 Stück) ✳✳✳

Zutaten

Für den Teig

siehe Grundrezept Strudelteig (Seite 57)

Für die Füllung

225 g Marzipan-Rohmasse, gekauft/ 130 g selbst gemacht (Seite 149)

Pistazien, fein gehackt

Zum Bestreichen

4 EL Hafermilch

Zubereitung

Den Teig nach Grundrezept zubereiten.

In der Zwischenzeit *für die Füllung* Marzipan und Pistazien in einer Schüssel verkneten und die Masse zu 2 etwa 25 Zentimeter langen Rollen formen.

Den Teig nochmals durchkneten, halbieren und jede Teighälfte zu einem etwa 10 x 25 Zentimeter großen Rechteck ausrollen. Jede Teigrolle mit 2 Esslöffeln Hafermilch bestreichen.

Jeweils 1 Marzipanrolle der Länge nach auf 1 Teigplatte legen und fest in den Teig einwickeln.

Die Marzipan-Teigrollen auf ein mit Backpapier belegtes Backblech legen und etwa 25 Minuten im vorgeheizten Backofen bei 175 °C backen.

Die Rollen aus dem Backofen nehmen, etwas abkühlen lassen und die lauwarmen Rollen in 50 etwa 1 Zentimeter dicke Scheiben schneiden.

Tipp: Wenn Sie keine Pistazien mögen, lassen Sie sie einfach in der Füllung weg.

Hörnchen, Schnecken, Röllchen – Eingewickeltes

Nussschnecken (etwa 30 Stück) ***

Zutaten

Für den Teig
siehe Grundrezept Hefeteig, Backblech dünn (Seite 39)

Für den Belag
etwa 60 g Rohrohrzucker/Xylit
150 g Walnüsse, gehackt

Zum Bestreichen und Bestäuben
etwa 4 EL Raps-/Olivenöl
etwas Puderzucker

Zubereitung

Den Teig nach Grundrezept zubereiten und zu einem etwa 15 x 60 Zentimeter schmalen Rechteck ausrollen. Den Teig mit Öl bestreichen, dabei an einer der langen Seiten einen etwa 2 Zentimeter breiten Rand frei lassen.

Für den Belag erst die Hälfte des Zuckers, dann Nüsse und danach restlichen Zucker auf den mit Öl bestrichenen Teig streuen und mit den Händen etwas andrücken.

Den Teig von der vollbelegten Längsseite her vorsichtig einrollen, dabei den Teig stets etwas festziehen, damit der Belag gut umhüllt ist. Den frei gelassenen Rand mit etwas Wasser bestreichen und die Schnittstelle nach unten drehen (das heftet die Rolle zusammen).

Die Teigrolle mit einem scharfen Messer in ca. 30 etwa 2 Zentimeter dicke Scheiben schneiden, mit mehr als 1 Zentimeter Abstand zueinander sofort auf ein mit Backpapier belegtes Backblech legen und noch einmal kurz gehen lassen.

Die Schnecken etwa 20 Minuten im vorgeheizten Backofen bei 175 °C goldbraun backen.

Die fertigen Schnecken aus dem Backofen nehmen und sofort mit etwas Puderzucker bestäuben.

Tipp: Anstatt die heißen Schnecken mit Puderzucker zu bestäuben, können Sie sie, wenn sie etwas abgekühlt sind, auch mit einem einfachen Zuckerguss (Seite 154) überziehen.

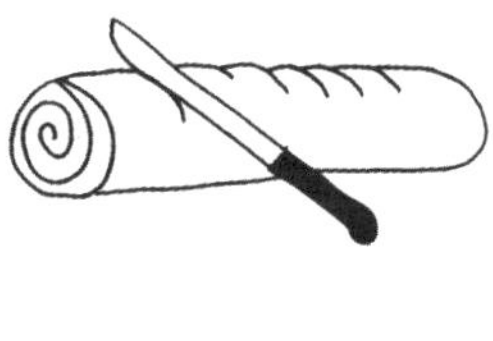

Mohnschnecken (etwa 30 Stück) ✳✳✳

Zutaten

Für den Teig
siehe Grundrezept Hefeteig, Backblech dünn (Seite 39)

Für den Belag
etwa 60 g Rohrohrzucker/Xylit
150 g Mohn, leicht geröstet

Zum Bestreichen und Bestäuben
etwa 4 EL Raps-/Olivenöl
etwas Puderzucker

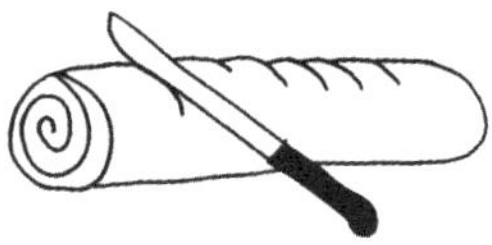

Zubereitung

Den Teig nach Grundrezept zubereiten und zu einem etwa 15 x 60 Zentimeter schmalen Rechteck ausrollen. Den Teig mit Öl bestreichen, dabei an einer der langen Seiten einen etwa 2 Zentimeter breiten Rand frei lassen.

Für den Belag erst die Hälfte des Zuckers, dann Mohn und danach restlichen Zucker auf den mit Öl bestrichenen Teig streuen und mit den Händen etwas andrücken.

Den Teig von der vollbelegten Längsseite her vorsichtig einrollen, dabei den Teig stets etwas festziehen, damit der Belag gut umhüllt ist. Den frei gelassenen Rand mit etwas Wasser bestreichen und die Schnittstelle nach unten drehen (das heftet die Rolle zusammen).

Die Teigrolle mit einem scharfen Messer in ca. 30 etwa 2 Zentimeter dicke Scheiben schneiden, diese mit mehr als 1 Zentimeter Abstand zueinander sofort auf ein mit Backpapier belegtes Backblech legen und noch einmal kurz gehen lassen.

Die Schnecken etwa 20 Minuten im vorgeheizten Backofen bei 175 °C goldbraun backen.

Die fertigen Schnecken aus dem Backofen nehmen und sofort mit etwas Puderzucker bestäuben.

Nusshörnchen aus Blätterteig (10 Stück) ✳✳

Zutaten

Für den Teig

10 TK-Blätterteigplatten

Für die Füllung

100 g Haselnüsse, gemahlen
25 g Haferflocken, fein
100–125 ml Hafermilch
1 Prise Salz
3 EL Rohrohrzucker
1 Prise Zimt

Zum Bestreichen

100 g Aprikosenmarmelade

Tipp: Oder lassen Sie die Nusshörnchen nach dem Backen auf einem Kuchenrost erkalten und überziehen Sie sie anschließend mit einem Guss aus 2 Esslöffeln Puderzucker und etwas Zitronensaft.

Zubereitung

Für den Teig Blätterteigplatten etwas antauen lassen und so dünn wie möglich mit einem Nudelholz ausrollen.

Für die Füllung Haselnüsse und Haferflocken in einer beschichteten Pfanne ohne Fett unter ständigem Rühren rösten, Hafermilch dazugeben und mit Salz, Zucker und Zimt abschmecken. Die Masse erkalten lassen.

Die Masse gleichmäßig in die Mitte der Blätterteigscheiben geben, eine Teigecke darüberklappen und aufrollen, die Seiten etwas zusammendrücken und den Teig leicht zu Hörnchen krümmen.

Die Hörnchen auf ein mit Wasser bestrichenes Backblech legen, mit Wasser bestreichen und etwa 25 Minuten im vorgeheizten Backofen bei 200 °C backen. Die Nusshörnchen aus dem Backofen nehmen, noch heiß mit Aprikosenmarmelade bestreichen und auf einem Kuchenrost erkalten lassen.

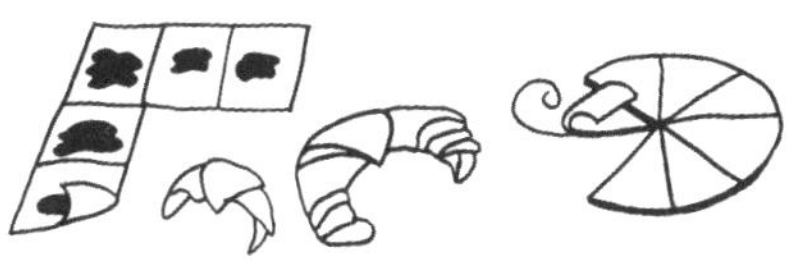

Schokoknusperröllchen (etwa 30–40 Stück) ⁂

Zutaten

Für den Teig
siehe Grundrezept Strudelteig (Seite 57)

Für die Füllung
125 g Zartbitter-schokoladen-Aufstrich (vegan), weich
2–3 EL Haselnussmus

Tipp: Die abgekühlten Röllchen mit einer Ecke in geschmolzenen (hellen) Nougat tauchen und mit Puderzucker bestäuben.

Zubereitung

Den Teig nach Grundrezept zubereiten, noch einmal durchkneten und ganz dünn ausrollen. Nun alles in 6 Zentimeter breite Streifen und dann senkrecht dazu in 4 bis 5 Zentimeter große Rechtecke schneiden

Für die Füllung Aufstrich und Nussmus gut vermischen. Die Teigstreifen damit bestreichen, dabei an den beiden langen Seiten und an der Außenkante einen etwa ½ Zentimeter breiten Rand frei lassen.

Die Stückchen von der kurzen Seite her aufrollen, dabei die Seiten einschlagen, und die Außenkante andrücken.

Die Schokoknusperröllchen auf ein mit Backpapier belegtes Backblech legen und etwa 5 bis 7 Minuten im vorgeheizten Backofen bei 190 °C goldbraun backen.

Marzipanknusperröllchen (etwa 30 bis 40 Stück) erhält man, indem man die Schokoladenfüllung durch einen Marzipan-Rohmasse-Belag, gekauft/selbst gemacht (Seite 149), ersetzt. Diese nach dem Backen mit einem Ende in Zartbitter-schokolade tauchen.

Marzipanhörnchen (etwa 50 Stück) ***

Zutaten

Für den Teig
450 g Weizenmehl
90 g Margarine
45 g Agavendicksaft
275 ml Hafermilch
1 Pck. Trockenhefe
2 Prisen Salz
1 TL Vanillezucker/
1 Msp. Vanillepulver

Für die Marzipanfüllung (oder Seite 149 ff.)
200 g Kartoffeln
etwa 150 g Agavendicksaft
125 g Mandeln/Nüsse, gemahlen
6 Bittermandeln, gemahlen/3 Tropfen Bittermandelaroma
2 EL Sojasahne
2 Prisen Salz
etwas Zitronensaft, nach Belieben

Zum Bestreichen
etwas Sojasahne

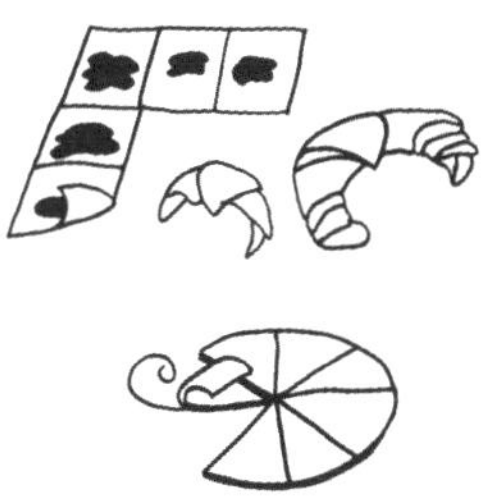

Zubereitung

Zunächst *für die Füllung* Kartoffeln kochen, abkühlen lassen und fein reiben.

In der Zwischenzeit *für den Teig* alle Zutaten nach Grundrezept Hefeteig (Seite 39 ff.), aber mit den hier angegebenen Mengen, zu einem glatten Hefeteig verarbeiten.

Geriebene Kartoffeln und Agavendicksaft in einem Topf bei geringer Hitze verrühren, bis die Masse geschmeidig ist. Mandeln hinzugeben und die Masse unter Rühren erkalten lassen. Dabei restliche Zutaten für das Marzipan unterarbeiten, bis die Masse streichfähig, aber nicht zu weich ist.

Den gegangenen Hefeteig kreisrund etwa 3 Millimeter dick ausrollen (Durchmesser je 20 Zentimeter), diesen in 8 gleich große Dreiecke schneiden und mit der Marzipanmasse bestreichen, dabei die Spitze freilassen.

Jedes Dreieck von der schmalen Seite her zur Spitze aufrollen, zu einem Hörnchen formen und auf ein gefettetes Backblech legen.

Die Hörnchen mit ein wenig Sojasahne bestreichen und etwa 25 bis 30 Minuten im vorgeheizten Backofen bei 175 °C goldbraun backen.

Schokohörnchen (etwa 10–12 Stück)

Zutaten

Für den Teig

siehe Grundrezept Mürbeteig I – hell, Springform (Seite 32)

Für die Füllung

60 g Schoko-Haselnuss-Aufstrich

Zum Bestreichen

etwas Hafermilch

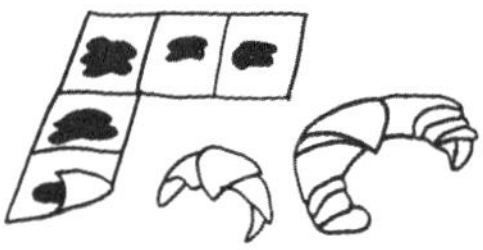

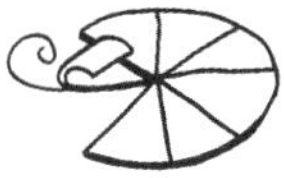

Zubereitung

Den Teig nach Grundrezept zubereiten, auf Backfolie etwa 3 Millimeter dünn ausrollen und in 10 bis 12 gleich große spitzwinklige Dreiecke schneiden.

Für die Füllung jeweils etwas Schoko-Nuss-Aufstrich auf die untere Mitte der Dreiecke streichen, dabei einen mindestens 5 Millimeter breiten Rand frei lassen. Die Dreiecke von der kurzen Seite her Richtung Spitze zu einem Hörnchen aufrollen, leicht krümmen und die Enden verschließen.

Die Schokohörnchen auf ein mit Backpapier belegtes Backblech legen und etwa 10 Minuten im vorgeheizten Backofen bei 180 °C backen.

Die Hörnchen aus dem Backofen nehmen und noch heiß mit Hafermilch bestreichen.

Tipps: Die Schokohörnchen schmecken ofenfrisch und noch warm am besten. Doch auch abgekühlt und mit etwas Puderzucker bestäubt, haben sie Croissant-Charakter. Probieren Sie einmal eine Marzipanfüllung. Damit schmecken die Hörnchen ebenfalls ausgezeichnet.

Bananenküchlein

(1 Muffinform mit 12 Mulden/12 Tortelettförmchen, Ø etwa 10 cm) **

Zutaten

Für den Teig
siehe Grundrezept Mürbeteig I – hell, Springform (Seite 32)

Zum Bestreuen
etwas Grieß

Für die Füllung
75 g Schokoladenraspel
2 (300 g) Bananen
225 ml Sojasahne
100 g Apfelmus
1 Prise Salz
30 g Reismehl

Zum Verzieren
60 g Zartbitterschokolade

Zubereitung

Den Teig nach Grundrezept zubereiten und etwa ½ Zentimeter dick in eine leicht gefettete Muffinform oder in gefettete Tortelettförmchen verteilen, dabei einen Rand hochziehen. In den Teigboden mit einer Gabel in gleichmäßigen Abständen hineinstechen und dann Grieß daraufstreuen.

Für die Füllung Schokoladenraspel gleichmäßig auf die Böden streuen. Bananen schälen, in etwa ½ Zentimeter dicke Scheiben schneiden und ebenfalls auf den Böden verteilen. Sojasahne, Apfelmus, Salz und Reismehl klümpchenfrei miteinander verrühren und über die Bananen geben.

Die Küchlein etwa 15 bis 20 Minuten im vorgeheizten Backofen bei 180 °C backen, aus dem Backofen nehmen, auf einen Kuchenrost stürzen und erkalten lassen.

Zum Verzieren Zartbitterschokolade in einer Schüssel im Wasserbad schmelzen und mit einem Löffel dünne Schokoladenfädchen über die Küchlein ziehen.

Tipp: Die Bananenküchlein schmecken auch mit getrockneten Bananen sehr lecker.

Gedeckte Mustörtchen

(5 Tortelettförmchen, Ø etwa 10 cm, oder 1 Springform/Backblech)

Zutaten

Für den Teig

siehe Grundrezept Mürbeteig I – hell, Springform (Seite 32)

Für die Füllung

250 g Pflaumenmus

Zum Bestreuen

etwas Grieß

Zum Bestreichen und Verzieren

120 g Puderzucker, gesiebt

1–2 TL Hafermilch, heiß

40 g Zartbitterschokolade

Tipp: Die Törtchen schmecken auch mit Zitronenzuckerguss (Seite 155) überzogen herrlich.

Zubereitung

Den Teig zubereiten und halbieren. Eine Hälfte 3 bis 5 Millimeter dick ausrollen und 5 Kreise (Ø etwa 10 Zentimeter) ausstechen.

Den restlichen Teig in 5 gleich große Stücke teilen, diese einzeln ausrollen (Ø etwa 12 Zentimeter) und in 5 gefettete Tortelettförmchen legen. Die Kanten begradigen/abschneiden. In die Teigböden mit einer Gabel in gleichmäßigen Abständen hineinstechen und die Böden dann mit etwas Grieß bestreuen.

Für die Füllung jeweils 50 Gramm Pflaumenmus daraufgeben und die Füllung mit einem Teigkreis bedecken. Die Ränder verschließen.

Die Mustörtchen etwa 12 bis 15 Minuten im vorgeheizten Backofen bei 180 °C goldgelb backen. Aus dem Backofen nehmen, kurz abkühlen lassen, aus den Formen nehmen und vollständig erkalten lassen.

Puderzucker mit Hafermilch verrühren und die Törtchen damit bestreichen. Zartbitterschokolade in einer Schüssel im Wasserbad schmelzen, in ein Pergamenttütchen geben, oben eine Spitze abschneiden und oben die Spitze abschneiden, die Törtchen im Spinnennetz-Look verzieren.

Dattel-Erdnuss-Törtchen (6 Tortelettförmchen, Ø etwa 10 cm) ✳✳

Zutaten

Für den Teig

50 g Erdnüsse, geröstet, gesalzen und gehackt
150 g Mehl
1 EL Puderzucker
75 g Margarine, weich
2–3 EL Wasser

Für die Füllung

300 g Datteln, entsteint
1 EL Kakao
3 EL Erdnussmus, crunchy
etwas Einweichwasser
50 g Margarine, weich

Zum Bestreuen

25 g Erdnüsse, geröstet und gehackt

Zubereitung

Für die Füllung Datteln halbieren, mit heißem Wasser übergießen und etwa 1 Stunde einweichen.

In der Zwischenzeit *für den Teig* Erdnüsse, Mehl, Puderzucker und weiche Margarine locker mit den Fingern zu einer krümeligen Mischung verarbeiten, mit Wasser zu einem glatten Teig kneten und den Teig abgedeckt etwa 10 Minuten kühl stellen.

Den Teig flach ausrollen und in 6 Stücke schneiden. Die Teigstücke in 6 gefettete Tortelettförmchen legen und in die Böden dann mit einer Gabel in gleichmäßigen Abständen hineinstechen.

Die Teigtörtchen etwa 15 Minuten im vorgeheizten Backofen bei 200 °C backen (ständig kontrollieren und beim Backvorgang dabeibleiben). Die Törtchen aus dem Backofen nehmen, abkühlen lassen und aus den Förmchen stürzen.

Datteln, Kakao, Erdnussmus und etwas Einweichwasser zu einer streichfähigen Masse pürieren. Margarine hinzugeben und nochmals glatt und cremig pürieren.

Die Creme auf den Törtchen verteilen und mit Erdnüssen bestreuen.

Gefüllte Streuseltörtchen (etwa 20 Stück) ✻✻✻

Zutaten

Für den Teig

siehe Grundrezept Hefeteig, Backblech dick (Seite 39)

Für die Füllung

600 ml Hafermilch

70 g Vanillepuddingpulver

100 g Agavendicksaft

3 Prisen Salz

Für die Streusel

siehe Grundrezept Streusel für ein Blech – hell (Seite 67)

Für den Guss

40 g Margarine

150 g Puderzucker aus Rohrohrzucker

3 EL Zitronensaft, nach Bedarf

1 Prise Salz

Zubereitung

Den Teig nach Grundrezept zubereiten. Anschließend noch einmal durchkneten, auf Backfolie 1½ bis 2 Zentimeter dick ausrollen und mit einem Glas etwa 20 Kreise (Ø etwa 10 Zentimeter) ausstechen. Die Teigkreise auf 2 mit Backpapier belegte Backbleche legen und an einem warmen Ort noch einmal etwa 20 Minuten gehen lassen.

In der Zwischenzeit *für die Füllung* aus Hafermilch, Puddingpulver, Agavendicksaft und Salz nach Packungsanleitung einen mittelfesten Pudding kochen. Den Pudding etwa 3 Minuten köcheln und etwas abkühlen lassen. Danach mit einem Mixer/Rührgerät glatt und cremig rühren.

Die gegangenen Hefeteile mit dem Boden eines kleineren Glases in der Mitte etwas eindrücken, sodass ein etwa 1½ Zentimeter hoher Rand entsteht. Den noch warmen Pudding hineingeben. Nun alle Zutaten der Streusel leicht vermengen, sodass lockere Streusel entstehen. Die Hefeteile mit den Streuseln bedecken und die beiden Backbleche nacheinander (bei Umluft: zusammen) etwa 25 bis 30 Minuten auf der zweiten Schiene von unten im vorgeheizten Backofen bei 200 °C je Backblech backen. Sollte die Oberfläche der Hefeteile zu braun werden, die Streusel mit Backpapier abdecken. Das Gebäck erkalten lassen.

Für den Guss Margarine in einer Pfanne zerlassen. Puderzucker in eine Schüssel sieben und mit heißer, zerlassener Margarine, Zitronensaft und Salz zu einer glatten Masse verrühren, nach Bedarf im Wasserbad flüssig halten. Den Guss mit einem Löffel beispielsweise in Gitterform oder Wellenlinien auf dem erkalteten Gebäck verteilen.

Tipps: Als Teig eignet sich auch hervorragend ein Streuselteig (siehe Rezept Streusel [Seite 67]). Schneller geht es, wenn Sie das erkaltete Gebäck nur mit etwas Puderzucker bestäuben.

Himbeer-Sahne-Torteletts

(8 Tortelettförmchen, Ø etwa 10 cm) ✳✳

Zutaten

Für den Boden

siehe Grundrezept Biskuitteig – hell, Springform (Seite 43)

Für die Füllung

ca. 100 g Himbeeren, frisch oder TK
ca. 10 g, je nach Bedarf auch mehr Rohrohrzucker
ca. 30 g Margarine
300 ml Sojaschlagsahne/vegane Schlagsahne, selbst gemacht (Seite 146)
1 Pck. Sahnesteif

Zum Bestreichen und Verzieren

2–3 EL Puderzucker aus Rohrohrzucker
ca. 2 EL Kakao

Zubereitung

Für den Boden den Teig nach Grundrezept zubereiten, in 8 leicht gefettete, mit etwas Grieß ausgestreute Tortelettförmchen geben und glatt streichen.

Die Törtchen etwa 12 Minuten im vorgeheizten Backofen bei 180 °C backen, aus dem Backofen nehmen, auf einen Kuchenrost stürzen und erkalten lassen.

Die frischen Himbeeren verlesen, eventuell vorsichtig abspülen und trocken tupfen. 8 schöne Himbeeren zur Verzierung beiseitestellen. Den Rest der Himbeeren in einer Schüssel mit Rohrohrzucker bestreuen.

Die ausgekühlten Torteletts dünn mit etwas Margarine bestreichen.

Sahne mit Sahnesteif steif schlagen und vorsichtig die durchzogene Himbeermasse unterheben. Die Mischung in die Torteletts füllen.

Die gefüllten Torteletts mit der Puderzucker-Kakao-Mischung besieben und mit je einer Himbeere in der Mitte verzieren.

Die Torteletts bis zum Servieren in den Kühlschrank stellen. Zum frischen Verzehr geeignet.

Fruchttörtchen (8 Tortelettförmchen, Ø etwa 10 cm) ✻✻

Zutaten

Für den Teig

siehe Grundrezept Biskuitteig – hell, Springform (Seite 43)

Für die Füllung

350 ml Hafermilch
40 g Vanillepuddingpulver
2 Prisen Salz
2–3 EL Agavendicksaft
150 ml Sojaschlagsahne/vegane Schlagsahne, selbst gemacht (Seite 146)

Für die Belagvarianten

4 Kiwis + 2 Sharonfrüchte/Orangen
2 Kiwis + 2–3 kleine Bananen
3–4 Orangen bzw. 1 Mango
400 g Sauerkirschen, abgetropft/Erdbeeren

Zum Bestreichen

50 g Aprikosenmarmelade
1 EL Wasser

Zubereitung

Für den Boden den Teig nach Grundrezept zubereiten, in 8 leicht gefettete, mit etwas Grieß ausgestreute Tortelettförmchen geben und verstreichen.

Die Törtchen etwa 12 Minuten im vorgeheizten Backofen bei 180 °C backen, aus dem Backofen nehmen, auf einen Kuchenrost stürzen und erkalten lassen.

Für die Füllung aus Hafermilch, Puddingpulver, Salz und Agavendicksaft nach Packungsanleitung einen festen Pudding kochen. Den Pudding von der Kochstelle nehmen und auf handwarme Temperatur abkühlen lassen.

Sahne steif schlagen. Den Pudding kurz cremig rühren und die Sahne unterheben. Die Creme in die Törtchen füllen.

Für den Belag die Fruchtvarianten vorbereiten, in Scheiben schneiden und dekorativ auf die Puddingcreme legen.

Aprikosenmarmelade mit Wasser verrühren, in einem Topf erwärmen und die Früchte damit bestreichen.

Tipp: Die Törtchenränder mit etwas mit Wasser verrührter Aprikosenmarmelade bestreichen und mit gehackten Nüssen oder Mandeln bestreuen.

Beerentörtchen (8 Tortelettförmchen, Ø etwa 10 cm – auch 1 Springform oder 1 Backblech möglich) ✻✻

Zutaten

Für den Teig

siehe Grundrezept Biskuitteig – hell, Springform (Seite 43)

Für die Füllung

500 g frische Beeren (z. B. Brombeeren, Himbeeren, Erdbeeren, Heidelbeeren)

1 EL Puderzucker, gesiebt

2 Prisen Salz

150 g Sojajoghurt, naturell

150 ml Sojaschlagsahne/vegane Schlagsahne, selbst gemacht (Seite 146)

1 TL Zitronensaft, nach Belieben

Für den Guss

150 ml Fruchtsaft

etwas Agar Agar, nach Packungsangabe

Zubereitung

Für den Boden den Teig nach Grundrezept zubereiten, in 8 leicht gefettete, mit etwas Grieß ausgestreute Tortelettförmchen geben und glatt streichen.

Die Törtchen etwa 12 Minuten im vorgeheizten Backofen bei 180 °C backen, aus dem Backofen nehmen, auf einen Kuchenrost stürzen und erkalten lassen.

Für die Füllung Beeren verlesen, eventuell vorsichtig abspülen und trocken tupfen. Puderzucker, Salz und Sojajoghurt in einer Schüssel verrühren, Sahne dazugeben und steif schlagen. Dabei nach Belieben Zitronensaft hinzufügen, um einen guten Steifegrad zu erhalten.

Die Creme in die Törtchen füllen und die Beeren dekorativ darauflegen.

Für den Guss aus Fruchtsaft und Agar Agar nach Packungsanleitung einen Tortenguss zubereiten und über die Törtchen gießen.

Sahnehäubchen (etwa 30 Stück)

Zutaten

Für den Teig

100 g Weizenmehl
50 g Reismehl
50 g (3 EL) Agavendicksaft
30 g Margarine
20 g Orangensaft
1½ EL Zitronensaft
1 TL Rapsöl
2 Prisen Salz
¼ geh. TL Vanillepulver

Für den Belag

250 g frische Erdbeeren
250 ml Sojaschlagsahne/vegane Schlagsahne, selbst gemacht (Seite 146)

Zubereitung

Für den Teig Mehl, Agavendicksaft, weiche Margarine, Orangen- und Zitronensaft, Rapsöl, Salz und Vanillepulver in einer Schüssel zügig zu einem geschmeidigen Mürbeteig verkneten und gut durchkneten.

Den Teig auf Backfolie dünn ausrollen und mit einem Glas 30 kleine Kreise (Ø etwa 6 Zentimeter) ausstechen. Die Teigkreise auf 2 mit Backpapier belegte Backbleche legen und blechweise nacheinander (bei Umluft: zusammen) etwa 4 bis 6 Minuten pro Backblech im vorgeheizten Backofen bei 200 °C goldgelb knusprig backen. Die Knusperscheiben abkühlen lassen.

Für den Belag Erdbeeren putzen, abspülen, trocken tupfen und vierteln. Sahne steif schlagen, in eine Tortenspritze füllen und auf die abgekühlten Knusperscheiben spritzen. Die Erdbeeren daraufsetzen. Die Sahnehäubchen kühl servieren.

Muffins

Grundrezept Muffins „Lonauer Art“

1-fach: 10–12 Muffins, 1½-fach: 15–18 Muffins

Zutaten

1-fach, hell

300 g Weizenmehl
½ Pck. Backpulver
2 TL Natron (leicht geh.)
35 g Margarine, weich
250 ml Soja-/Hafermilch
100 g Agavendicksaft
1 Prise Salz

1½-fach, hell

450 g Weizenmehl
1 Pck. Backpulver
3 TL Natron (leicht geh.)
55 g Margarine, weich
375 ml Soja-/Hafermilch
150 g Agavendicksaft
2 Prisen Salz

Zubereitung

Vom Mehl etwa 50 Gramm abnehmen und mit Backpulver und Natron gut vermischen.

Weiche Margarine in eine Schüssel geben, restliche Zutaten dazugeben und mit einem Handrührgerät etwa 5 Minuten auf höchster Stufe zu einem glatten Teig verrühren (schaumige Konsistenz). Zum Schluss Mehl-Backtriebmittel-Mischung unterheben und gleichmäßig verrühren.

Den Teig in (eine) gut gefettete Backform oder mit Muffin-Papierbackförmchen ausgelegte Formen füllen.

Die Muffins etwa 15 bis 25 Minuten im vorgeheizten Backofen bei 175 °C (Ober- und Unterhitze) backen. Mit einem Holzstäbchen in der Mitte hineinstechen und eine Garprobe machen: Wenn kein Teig mehr am Holzstäbchen haftet, sind die Muffins fertig gebacken. Die Muffins dann aus dem Backofen nehmen, sofort aus den Förmchen nehmen und auf einem Kuchenrost abkühlen lassen.

1-fach, schoko
270 g Weizenmehl
½ Pck. Backpulver
2 TL Natron
(leicht geh.)
35 g Margarine, weich
30 g Kakao
250 ml Soja-/ Hafermilch
120 g Agavendicksaft
1 Prise Salz

1½-fach, schoko
405 g Weizenmehl
1 Pck. Backpulver
3 TL Natron
(leicht geh.)
55 g Margarine, weich
45 g Kakao
375 ml Soja-/Hafermilch
180 g Agavendicksaft
2 Prisen Salz

Tipp: Die abgekühlten Muffins mit etwas Puderzucker bestäuben, in geschmolzene Zartbitterschokolade oder einen Guss der eigenen Wahl tauchen und nach Wunsch mit Mandeln, Nüssen oder Kokosraspeln bestreuen.

Muffins mit Rosinen und Mandeln

Zutaten

siehe Grundrezept Muffins „Lonauer Art“ – hell (Seite 268)
50 g Rosinen
40 g Mandeln, gehackt

Zubereitung

Den Teig nach Grundrezept zubereiten, dabei zusätzlich Rosinen und Mandeln unter den Teig kneten. Die Muffins nach Grundrezept backen und abkühlen lassen.

Muffins mit Mandeln

Zutaten

siehe Grundrezept Muffins „Lonauer Art“ – hell (Seite 268)
40 g Mandeln, gehackt und leicht geröstet

Zubereitung

Den Teig nach Grundrezept zubereiten, dabei zusätzlich Mandeln unter den Teig rühren. Die Muffins nach Grundrezept backen und abkühlen lassen.

Schokoladenmuffins

Zutaten

siehe Grundrezept Muffins „Lonauer Art“ – hell (Seite 268)
30 g Schokotropfen

Zubereitung

Den Teig nach Grundrezept zubereiten, dabei zusätzlich Schokotropfen unter den Teig rühren. Die Muffins nach Grundrezept backen und abkühlen lassen.

Kokosmuffins

Zutaten

siehe Grundrezept Muffins „Lonauer Art“ – schoko (Seite 269)
100 g Kokosraspel

Zubereitung

Den Teig nach Grundrezept zubereiten, dabei zusätzlich Kokosraspel unter den Teig rühren. Die Muffins nach Grundrezept backen und abkühlen lassen.

Kokosmuffins mit Ananas

Zutaten

siehe Grundrezept Muffins „Lonauer Art“ – hell (Seite 268)
125 ml Ananassaft
40 g Kokosraspel
150 g Ananasstücke, abgetropft

Zubereitung

Den Teig nach Grundrezept zubereiten, dabei die angegebene Flüssigkeit durch Ananassaft ersetzen und Kokosraspel und Ananasstücke unter den Teig heben. Die Muffins nach Grundrezept backen und abkühlen lassen.

Marmeladenmuffins

Zutaten

siehe Grundrezept Muffins „Lonauer Art" – hell (Seite 268)
1 TL Marmelade (z. B. Schwarze Johannisbeere, Aprikosen-, Kirsch- oder Erdbeermarmelade)

Zubereitung

Den Teig nach Grundrezept zubereiten und halb in die Formen füllen. Einen Marmeladenklecks mitten daraufsetzen und den restlichen Teig darübergeben. Die Muffins nach Grundrezept backen und abkühlen lassen.

Blaubeermuffins

Zutaten

siehe Grundrezept Muffins „Lonauer Art" – hell (Seite 268)
255 g Heidelbeeren (Blaubeeren)

Zum Bestäuben
etwas Puderzucker

Zubereitung

Den Teig nach Grundrezept zubereiten, dabei Heidelbeeren vorsichtig unter den Teig heben. Die Muffins nach Grundrezept backen und abkühlen lassen. Die abgekühlten Blaubeermuffins mit Puderzucker bestäuben.

Tipp: Statt der Heidelbeeren können Sie auch etwas Heidelbeerkonfitüre unter den Teig rühren.

Zitronen-Orangen-Muffins aus Sandteig (16 Stück)

Zutaten

250 g Margarine
150 g Agavendicksaft
½ TL Vanillepulver
2 Prisen Salz
250 ml Orangensaft
4 EL Zitronensaft
1 TL Zitronenschale, abgerieben
1 EL Orangenschale, abgerieben
4 EL Sojamehl
500 g Weizenmehl
1 Pck. Backpulver

Für den Guss

siehe Rezept Zitronenzuckerguss (Seite 155)

Zubereitung

Für den Teig Margarine, Agavendicksaft, Vanillepulver, Salz, Orangensaft, Zitronensaft und -schale in einer Schüssel gut schaumig rühren. Restliche Zutaten hinzufügen und noch einmal etwa 5 Minuten mit einem Rührgerät gründlich durcharbeiten. Den Teig in gut gefettete Muffinformen geben.

Die Muffins etwa 15 Minuten im vorgeheizten Backofen bei 160 °C backen, anschließend erkalten lassen.

Den Zitronenzuckerguss nach Rezept zubereiten und die erkalteten Muffins damit überziehen.

Bienenstichmuffins mit Hefeteig (etwa 8 Stück) **

Zutaten

Für den Teig
siehe Grundrezept Hefeteig, Springform (Seite 39)

Für die Decke
100 g Agavendicksaft
50 g Mandeln, gehobelt
30 g Rohrohrzucker
20 ml Sojasahne

Für die Füllung
200 ml Sojaschlagsahne/ vegane Schlagsahne, selbst gemacht (Seite 146)
1 Pck. Sahnesteif

Zum Bestäuben
etwas Puderzucker

Zubereitung

Den Teig nach Grundrezept, allerdings mit 375 Gramm Mehl, zubereiten und gehen lassen. Danach den Hefeteig noch einmal durchkneten und etwa 2 Zentimeter hoch in eine gefettete Muffinform füllen.

Für die Decke alle Zutaten in einer Schüssel gut verrühren und gleichmäßig auf den Muffins verteilen.

Die Muffins nochmals kurz gehen lassen und etwa 20 Minuten im vorgeheizten Backofen bei 180 °C backen. Die Muffins aus dem Backofen nehmen und erkalten lassen. Die erkalteten Muffins in der Mitte einmal waagerecht durchschneiden.

Für die Füllung Sahne mit Sahnesteif steif schlagen, in eine Tortenspritze mit Sterntülle füllen und auf die unteren Muffinhälften spritzen. Die oberen Muffinhälften daraufsetzen und mit Puderzucker bestäuben.

Tipp: Die Bienenstichmuffins sind auch ohne Füllung sehr lecker.

Aprikosenbrezeln (etwa 6–8 Stück) ✳✳

Zutaten

Für den Teig

4 TK-Blätterteigplatten (etwa 12 x 12 cm)

und siehe Grundrezept Mürbeteig I – hell, Backblech dünn (Seite 32)

Für die Füllung und zum Bestreichen

100 g Aprikosenmarmelade

1 EL Wasser

Zum Bestreuen

40 g Mandeln, gehobelt

Zubereitung

Für den Teig die Blätterteigplatten antauen lassen und auf eine Länge von etwa 45 Zentimetern zusammenfügen. Dafür jeweils die Blätterteigplatten aufeinanderlegen, die Kanten mit etwas Wasser bestreichen und andrücken. Den Mürbeteig nach Grundrezept zubereiten und auf Backfolie in Größe des Blätterteigstückes ausrollen.

Für die Füllung Aprikosenmarmelade mit Wasser verrühren, die Hälfte davon auf die Blätterteigplatte streichen und die Mürbeteigplatte darauflegen. Die Teigplatten der Länge nach in 6 bis 8 Streifen schneiden, zu Kordeln drehen und zu Brezeln formen.

Die Teigbrezeln auf ein mit Backpapier belegtes Backblech legen und etwa 20 bis 25 Minuten im vorgeheizten Backofen bei 200 °C backen.

Restliche Marmelade in einem kleinen Topf erwärmen. Die Brezeln aus dem Backofen nehmen, mithilfe eines Pinsels mit der erwärmten Marmelade bestreichen, mit Mandeln bestreuen und erkalten lassen.

Mürbeteigbrezeln „Black and White“ (etwa 6 Stück)

Zutaten

Für den Teig

siehe Grundrezept Mürbeteig I – hell, Springform (Seite 32)
und Grundrezept Mürbeteig I – schoko, Springform (Seite 34)

Für die Füllung

100 g Schoko-Nuss-Aufstrich
50 g Reismalz/Reissirup
150 g Haselnusscreme, hell/Mandel-Nougat-Creme

Zum Bestreichen

etwas Hafermilch

Zubereitung

Für den Teig beide Mürbeteige einzeln nach Grundrezept zubereiten. Jede Teigportion in 6 gleich große Stücke teilen, zu 45 Zentimeter langen Schlangen rollen und diese mit einer Teigrolle dann etwa 5 Zentimeter breit ausrollen, die Kanten begradigen.

Für die Füllung Schoko-Nuss-Aufstrich mit Reismalz in einer Schüssel mischen und der Länge nach auf eine Seite der hellen Teigstreifen streichen, dabei die Streifenenden frei lassen.

Die hellen Teigstreifen von der Längsseite her zu einer langen Schlange aufrollen und leicht andrücken. Die Schlangenenden kurz umschlagen und festdrücken.

Die helle Haselnusscreme genauso auf die braunen Teigstreifen streichen und die Teigstreifen wie beschrieben aufrollen.

Je 1 braune und 1 helle Schlange zu einer Kordel drehen und zu einer Brezel formen. Die Brezeln auf ein mit Backpapier belegtes Backblech legen und etwa 10 Minuten im vorgeheizten Backofen bei 180 °C backen.

Die Brezeln aus dem Backofen nehmen, noch heiß mit Hafermilch bestreichen und abkühlen lassen.

Plunderbrezeln, süß (etwa 8–10 Stück) ✻✻

Zutaten

Für den Teig

siehe Grundrezept Plunderteig süß – kleine Menge (Seite 53)
oder Grundrezept Strudelteig (Seite 57)

Für die Gewürzmischung eigener Wahl

etwas Zimt, nach Belieben
etwas Vanille/Vanillezucker, nach Belieben
etwas Ingwer, gemahlen, nach Belieben
etwas Mandeln, gehackt, nach Belieben
etwas Nüsse, gehackt, nach Belieben

Zubereitung

Den Teig nach Grundrezept zubereiten und zu einem etwa 5 Millimeter dicken und etwa 25 Zentimeter langen Rechteck ausrollen. Den Teig mit Gewürzen der eigenen Wahl bestreuen, leicht andrücken. Das Teigrechteck in etwa 20 Zentimeter lange und 2 Zentimeter breite Streifen schneiden.

Die Teigstreifen zu kleinen Brezeln formen und gleichmäßig verteilt auf ein leicht gefettetes Backblech legen.

Die Brezeln etwa 20 Minuten im vorgeheizten Backofen bei 175 °C backen.

Marzipanstangen (etwa 12–14 Stück) ✳✳

Zutaten

Für den Teig

4 TK-Blätterteigplatten (etwa 12 x 12 cm)
und siehe Grundrezept Mürbeteig I – hell, Backblech dünn (Seite 32)

Für die Füllung

200 g Marzipan-Rohmasse, gekauft/selbst gemacht (Seite 149)

Für den Guss

50 g Aprikosenmarmelade
1–2 TL Wasser

Zubereitung

Für den Teig die Blätterteigplatten antauen lassen und auf eine Länge von etwa 45 Zentimetern zusammenfügen. Dafür jeweils die Blätterteigplatten aufeinanderlegen, die Kanten mit etwas Wasser bestreichen und andrücken. Den Mürbeteig nach Grundrezept zubereiten und auf Backfolie in Größe des Blätterteigstückes ausrollen.

Für die Füllung die Marzipanmasse in dergleichen Größe ausrollen wie die Teigplatten. Die Marzipanschicht auf die Blätterteigplatte legen und die Mürbeteigplatte darauflegen. Das Ganze der Länge nach in 6 bis 7 Streifen schneiden, die Streifen zu 12 bis 14 Stücken halbieren und zu Kordeln drehen.

Die Marzipanstangen auf ein mit Backpapier belegtes Backblech legen und etwa 20 bis 25 Minuten im vorgeheizten Backofen bei 200 °C backen.

In der Zwischenzeit *für den Guss* Marmelade mit Wasser verrühren. Die Stangen aus dem Backofen nehmen, noch heiß mit dem Guss bestreichen und erkalten lassen.

Waffeln

Waffeln, einfach (etwa 8–10 Stück)

Zutaten

550 ml Wasser, nach Bedarf etwas mehr
150 g Weizenmehl
150 g Dinkelvollkornmehl
3 EL Öl (Raps-/Oliven- oder Sonnenblumenöl)
1 EL Zitronenschale, abgerieben
3 Prisen Salz
1 Msp. Vanillepulver/ ½ Pck. Vanillezucker, nach Bedarf
2 TL Backpulver

Zubereitung

Alle Zutaten (außer Backpulver) in einer Schüssel verrühren und mindestens 30 Minuten quellen lassen. Danach Backpulver und nach Bedarf noch etwas Wasser unterrühren.

Den Teig mit einer Kelle in ein heißes, mit etwas Öl gefettetes Waffeleisen geben und ausbacken.

Häschenwaffeln (mit Möhren) (etwa 8–10 Stück)

Zutaten

300 g Möhren
200 g Vollkorn-/Weizenmehl
100 g Haferflocken, fein
3 Prisen Salz
½ TL Zimt
450 ml Wasser, nach Bedarf 500 ml
50 ml Rapsöl
50 ml Sojasahne
2 gestr. TL Backpulver

Zubereitung

Möhren waschen, nach Belieben schälen und fein reiben (auf einer Reibe mit kleinen Löchern). Mehl, Haferflocken, Salz und Zimt in einer Schüssel gut vermischen und erst geriebene Möhren, dann Wasser, Öl und Sahne hinzugeben. Alles zu einem Teig verrühren und etwa 15 Minuten quellen lassen. Danach Backpulver unterrühren.

Den Teig mit einer Kelle in ein heißes, mit etwas Öl gefettetes Waffeleisen geben und ausbacken.

Einfache Haferwaffeln (etwa 8 Stück)

Zutaten

300 g Haferflocken, grob/selbst geflockt
50 g Haferflocken, fein
600 ml Wasser, nach Bedarf etwas mehr
3 EL Sojasahne
1 EL Raps-/Olivenöl
2 Prisen Salz
1½ TL Backpulver

Zubereitung

Selbst geflockte (Vollkorn-) Haferflocken mindestens 5 Stunden einweichen.

Alle Zutaten (außer Backpulver) in einer Schüssel verrühren. 30 Minuten quellen lassen. Danach Backpulver und nach Bedarf noch etwas Wasser unterrühren.

Den Teig mit einer Kelle in ein heißes, mit Öl gefettetes Waffeleisen geben und ausbacken.

Apfel-Zimt-Haferwaffeln (etwa 8 Stück)

Zutaten

200 g Haferflocken, grob/selbst geflockt
1 Apfel
100 g Haferflocken, fein
2 TL Zitronenschale, abgerieben
½ TL Zimt
2 Prisen Salz
1 Prise Cayennepfeffer
550 ml Wasser, nach Bedarf etwas mehr
3 EL Raps-/Olivenöl
3 EL Sojasahne
1 TL Backpulver

Zubereitung

Selbst geflockte (Vollkorn-) Haferflocken mindestens 5 Stunden einweichen. Apfel waschen, abtrocknen und fein reiben.

Alle Zutaten (außer Backpulver) in einer Schüssel verrühren und mindestens 30 Minuten quellen lassen. Danach Backpulver und nach Bedarf noch etwas Wasser unterrühren.

Den Teig mit einer Kelle in ein heißes, mit Öl gefettetes Waffeleisen geben und ausbacken.

Buchweizenwaffeln (etwa 12 Stück)

Zutaten

300 g Buchweizenmehl
100 g Weizenmehl
2 TL Zitronenschale, abgerieben
3 Prisen Salz
3 Msp. Vanillepulver/ 1 Pck. Vanillezucker
600 ml Wasser, nach Bedarf etwas mehr
4 EL Rapsöl
2 EL Sojasahne
2 TL Backpulver

Zubereitung

Alle Zutaten (außer Backpulver) in einer Schüssel verrühren und mindestens 20 Minuten quellen lassen. Danach Backpulver und nach Bedarf noch etwas Wasser unterrühren.

Den Teig mit einer Kelle in ein heißes, mit Öl gefettetes Waffeleisen geben und ausbacken.

Ausgebackenes

Pfannkuchen I (Berliner) (etwa 40 Stück) ***

Zutaten

Für den Teig

2 Pck. Trockenhefe
200 ml Hafermilch, lauwarm
400 g Weizenmehl (Type 550)
100 ml Sojasahne
40 g Margarine
1 EL Agavendicksaft
½ TL Zitronenschale, abgerieben
2 Prisen Salz
1 Msp. Vanillepulver

Zum Ausbacken

500 g Kokosfett

Zum Wälzen und Füllen

ca. 300 g Rohrohrzucker
350 g (Erdbeer-) Marmelade und/oder Pflaumenmus

Zubereitung

Siehe Rezept Pfannkuchen II (Seite 284)

Tipp: Die zum Spritzen benutzte Marmelade/das Pflaumenmus muss fein püriert und nach Bedarf mit etwas Wasser verdünnt werden, um die Pfannkuchentülle passieren zu können.

Pfannkuchen II (etwa 40–50 Stück) ✳✳✳

Zutaten

Für den Teig

2 Pck. Trockenhefe

200 ml Hafermilch, lauwarm

300 g Weizenmehl (Type 550)

300 g Kartoffeln, gekocht und fein püriert

100 ml Sojasahne

40 g Margarine

1 EL Agavendicksaft

½ TL Zitronenschale, abgerieben

2 Prisen Salz

1 Msp. Vanillepulver

Zum Ausbacken

500 g Kokosfett

Zum Wälzen und Füllen

300 g Rohrohrzucker

350 g (Erdbeer-) Marmelade und/oder Pflaumenmus

Zubereitung

Für den Teig mindestens 2 bis 3 Stunden vor dem Hefeteig (am besten am Abend vorher) einen Hefeansatz zubereiten. Dafür Trockenhefe mit lauwarmer Hafermilch in einem genügend großen Glas mit 1 Esslöffel von dem Mehl gut verrühren, lose abdecken und an einem warmen Ort gehen lassen.

Restliche Zutaten mit dem Hefeansatz in einer Schüssel zu einem glatten Teig verkneten, abdecken und an einem warmen Ort etwa 1 Stunde ruhen lassen.

Den Teig auf einer glatten, leicht eingeölten Backunterlage etwa 1½ Zentimeter dick ausrollen, die Oberfläche mit einem Pinsel schwach einölen und etwa 5 Minuten ruhen lassen.

Aus dem Teig mit einem Glas 40 bis 50 Kreise (Ø etwa 5 Zentimeter) ausstechen. Die Teigscheiben auf Backpapier legen, abdecken und bei Zimmertemperatur etwa 20 Minuten gehen lassen.

In der Zwischenzeit *zum Ausbacken* Kokosfett in einem großen Topf auf 170 bis 180 °C erhitzen (das Fett ist genügend heiß, wenn sich um einen eingetauchten Holzstab Bläschen bilden).

Die Teigscheiben mit der Wölbung nach unten in das heiße Fett geben und von beiden Seiten goldbraun backen. Eine Garprobe machen: Dafür einen Pfannkuchen teilen und prüfen, ob die Mitte durchgebacken ist.

Die Pfannkuchen aus dem Fett nehmen, auf Küchenpapier abtropfen lassen und noch heiß in Rohrohrzucker wälzen. Die Pfannkuchen etwas abkühlen lassen.

Für die Füllung Marmelade fein pürieren und nach Bedarf mit etwas Wasser verdünnen. Verdünnte Marmelade in eine Tortenspritze mit langer, schmaler Tülle geben und die Pfannkuchen mit der Marmelade füllen.

Tipp: Als Füllung eignet sich auch püriertes und nach Bedarf mit etwas Wasser verdünntes Pflaumenmus.

Zerrissene Hosen (etwa 60 Stück) ✳✳✳

Zutaten

Für den Teig
80 g Margarine, weich
4 EL Hafermilch
1 EL Agavendicksaft
50 ml Sojasahne
2 Prisen Salz
1 Msp. Zitronenschale, abgerieben
400 g Weizenmehl (Type 550)
100 g Stärkemehl
1 Pck. Backpulver

Zum Ausbacken
500 g Kokosfett

Zum Bestreuen
etwas Rohrohrzucker

Zubereitung

Für den Teig weiche Margarine mit Hafermilch, Agavendicksaft, Sojasahne und Gewürzen in einer Schüssel verrühren. Mehl mit Backpulver mischen, Mehlmischung hinzugeben und alles zu einem glatten Teig verkneten. Den Teig etwa 20 Minuten im Kühlschrank ruhen lassen.

Den Teig etwa 6 Millimeter dick ausrollen und mit einem Teigrädchen in etwa 60 ca. 3 x 6 Zentimeter große Rhomben rädeln. In jedes Teigstück mittig einen kleinen Schlitz schneiden und eine Spitze des Teigrechteckes hindurchziehen.

Zum Ausbacken Kokosfett in einem großen Topf auf 170 bis 180 °C erhitzen (das Fett ist genügend heiß, wenn sich um einen eingetauchten Holzstab Bläschen bilden). Die Teigstücke in das heiße Fett geben und von beiden Seiten goldbraun backen. Eine Garprobe machen: Dafür das Teigstück teilen und prüfen, ob die Mitte durchgebacken ist.

Zerrissene Hosen aus dem Fett nehmen, auf Küchenpapier abtropfen lassen und noch heiß mit Rohrohrzucker bestreuen.

Vegane Quarkbällchen (etwa 30 Stück) ✳✳✳

Zutaten

Für den Teig
125 g Kartoffeln
280 g Mehl, nach Bedarf mehr
90 ml Soja-/Hafermilch
1 Pck. Trockenhefe
3 EL Olivenöl
2 Msp. Zitronenschale, abgerieben/Vanillepulver
½ TL Salz
300 g Sojajoghurt, naturell

Zum Ausbacken
500 g Kokosfett

Zum Bestreuen
etwas Rohrohrzucker

Zubereitung

Für den Teig am Vortag Kartoffeln kochen, abkühlen lassen und fein reiben.

Bereits am Vortagabend auch den Teig zubereiten. Dafür alle Zutaten (außer Sojajoghurt) in einer Schüssel mischen, zu einem glatten Teig verarbeiten und abgedeckt in den Kühlschrank stellen.

Sojajoghurt über Nacht in einem feinen Sieb abtropfen lassen (ergibt etwa 150 Gramm Abtropfmasse).

Am nächsten Morgen den abgetropften Sojajoghurt unter den gut gegangenen Teig kneten, den Teig kräftig durcharbeiten und etwa 20 Minuten gehen lassen.

In der Zwischenzeit *zum Ausbacken* Kokosfett in einem großen Topf auf 170 bis 180 °C erhitzen. (Das Fett ist heiß genug, wenn sich um einen eingetauchten Holzstab Bläschen bilden.)

Aus dem Teig mit einem Esslöffel (etwa halbvoll) etwa 30 Teigportionen abstechen, die Teigbällchen ins heiße Fett geben und goldbraun ausbacken.

Die Quarkbällchen aus dem Fett nehmen, auf Küchenpapier abtropfen lassen und noch heiß mit Zucker bestreuen.

Tipp: Backen Sie die Quarkbällchen lieber etwas langsamer, damit sie innen auch gar werden.

Plätzchen

- Plätzchen sind ein Gaumenkitzel für Naschgelüste und oft auch kleine Kunstwerke. Da die sehr zarten Gebäckstücke bisweilen ziemlich zeitaufwendig sind, bereiten Sie sie am besten erst einmal genügend vor, vielleicht bestücken Sie sogar schon einige Backbleche damit, bevor Sie den Backofen vorheizen.
- Bestehen Plätzchen nur aus Teig, süßen Sie sie stärker, werden sie noch gefüllt oder mit einem Belag versehen, stehen die Füllung oder der Belag im Vordergrund.
- Mit etwas Backpulver werden Plätzchen lockerer und schneller mürbe.
- Je süßer Plätzchen sind, desto schneller bräunen sie – und unbedingt ein Nachbräunen beachten!
- Dunkle/schwarze Bleche verkürzen die Backzeit sehr.
- Es empfiehlt sich, mit Backpapier zu arbeiten.
- Die Plätzchenoberfläche bekommt einen schönen Glanz, wenn Sie sie mit Sojasahne, Hafermilch oder mit Wasser verrührter Aprikosenmarmelade bestreichen.
- Bevor gehackte Nüsse, Mandeln, Mohn oder Kristallzucker auf die Plätzchenoberfläche gestreut werden, sollte diese mit Sojasahne bestrichen werden. Dann haften sie besser.
- Vor dem Servieren können Sie die Plätzchen nach Belieben mit Puderzucker bestäuben und auf diese Weise nachsüßen.
- Sind Plätzchen einmal im Backofen, sollten Sie dabeibleiben und sie nicht mehr aus den Augen lassen. Denn die kleinen Teilchen haben meist nur geringe Backzeiten, und da entscheidet oft ein Augenblick über die richtige Qualität.

- Aus Mürbeteig nach Grundrezept zaubern Sie viele kreative Plätzchen – hell oder schoko, dünn ausgerollt, ausgestochen, gerädelt oder geschnitten, mit Sojasahne bestrichen und mit gehackten Nüssen, Mandeln, Kokosraspeln, Mohn oder einfach etwas Rohrohrzucker bestreut.
- Besonders schnell lassen sich gerädelte Plätzchen zubereiten.
- Variieren Sie die Formen, jede Variante bringt einen etwas veränderten Geschmack.
- Bei dünnen Teigen Backblech in die mittlere Schiene einschieben.
- Plätzchen werden etwa 6 bis 20 Minuten bei einer Backofentemperatur von 150 bis 200 °C im vorgeheizten Backofen gebacken (Nachbräunen beachten!). Backvorgang stetig kontrollieren.

Mürbeteigplätzchen

Grundrezept Ausstechplätzchen

(etwa 50–60 Plätzchen, je nach Förmchengröße)

Zutaten

150 g Dinkelmehl
150 g Weizenmehl
½ Pck. Backpulver
150 g Margarine, weich
170 g Agavendicksaft
1 Prise Vanillepulver
2 Prisen Salz
einige Mandeln, sehr fein gemahlen, nach Belieben

Zubereitung

Mehl mit Backpulver in einer Schüssel gut vermischen und mit den restlichen Zutaten zu einem griffigen Teig verkneten.

Den Teig etwa ½ Zentimeter dick auf einer bemehlten Backunterlage ausrollen, etwa 70 Plätzchen in gewünschter Form ausstechen und auf ein mit Backpapier belegtes Backblech legen.

Die Plätzchen etwa 10 Minuten im vorgeheizten Backofen bei 175 °C knusprig backen und nach Belieben bestreichen und verzieren.

Terrassenplätzchen (etwa. 50–60 Stück) **

Zutaten

Für den Teig

siehe Grundrezept Mürbeteig I – hell, Backblech dick (Seite 32)

60 g Mandeln, fein gemahlen, nach Belieben

Für die Füllung

300 g Rotes Johannisbeer-/Himbeergelee

Zum Bestäuben

etwas Puderzucker aus Rohrohrzucker

Zubereitung

Den Teig nach Grundrezept zubereiten, dabei nach Belieben noch gemahlene Mandeln unterkneten.

Den Teig etwa 2 Millimeter dick ausrollen und jeweils 100 bis 120 Plätzchen in verschiedenen Größen ausstechen.

Die Plätzchen auf ein leicht gefettetes oder mit Backpapier belegtes Backblech setzen und etwa 8 bis 10 Minuten im vorgeheizten Backofen bei 175 °C goldgelb backen.

Die Unterseite der kleineren Plätzchen mit Marmelade bestreichen, auf ein Größeres setzen und leicht andrücken. (Sie können auch gleich große übereinandersetzen.) Die doppelten Plätzchen auf dem Backblech antrocknen lassen, bis beide Teile aneinanderhaften.

Die Terrassenplätzchen vor dem Servieren mit etwas Puderzucker bestäuben.

Tipp: Probieren Sie als Füllung auch einmal Konfitüre oder Marmelade nach Geschmack.

Vanillemürbchen (etwa 20–30 Stück, je nach Ringgröße) ✳

Zutaten

Für den Teig
125 g Margarine, weich
250 g Weizenmehl
1 Msp. Backpulver
2 Pck. Vanillezucker
5 EL Sojasahne
1 TL Zitronensaft
1 Prise Salz

Zum Bestreichen und Bestäuben
etwas Sojasahne
etwas Rohrohrzucker, grob und ausgesiebt

Zubereitung

Für den Teig weiche Margarine mit den restlichen Zutaten in einer Schüssel zu einem Teig verarbeiten.

Den Teig etwa ½ Zentimeter dick ausrollen und 20 bis 30 Ringe (Ø etwa 4 bis 6 Zentimeter) ausstechen (auch die Ringmitten verwenden). Die Teigoberflächen jeweils mit Sojasahne bestreichen und mit Rohrohrzucker bestäuben.

Die Ringe und Ringmitten auf ein leicht gefettetes oder mit Backpapier belegtes Backblech setzen und etwa 5 bis 8 Minuten im vorgeheizten Backofen bei 175 °C goldgelb backen.

Aprikosenknöpfchen (20 Stück)

Zutaten

Für den Teig

160 g Weizenmehl
70 g Margarine
60 g Rohrohrzucker
3 Tropfen Mandelöl
½ TL Zitronenschale, abgerieben
2 EL Sojamehl
1 EL Maisstärke
3 EL Rapsöl
1 TL Ingwer, gemahlen
½ TL Backpulver
1 Msp. Vanillepulver
1 Prise Salz

Für die Füllung

170 g Aprikosenmarmelade

Zum Bestäuben

etwas Puderzucker

Zubereitung

Für den Teig alle Zutaten in einer Schüssel vermengen und den Teig etwas ruhen lassen.

Den Teig in 20 walnussgroße Portionen teilen, zu Kugeln formen und etwas flach drücken. Mit einem Holzstiel in die Kugeln mittig eine Mulde eindrücken.

Für die Füllung etwa ½ Teelöffel Marmelade in die Mulden geben und die Plätzchen auf ein mit Backpapier belegtes Backblech setzen.

Die Aprikosenknöpfchen etwa 15 Minuten im vorgeheizten Backofen bei 180 °C backen, anschließend erkalten lassen.

Die erkalteten Plätzchen mit etwas Puderzucker bestäuben.

Schwarz-Weiß-Gebäck (etwa 60 Stück) ✻✻

Zutaten

250 g Dinkelmehl, fein gemahlen
250 g Weizenmehl
1 TL Backpulver
250 g Margarine, weich
½ TL Vanillepulver
2 Prisen Salz
350 g Agavendicksaft
40 g Kakao
40 ml Wasser
1 Tropfen Bittermandelaroma
einige Mandeln, fein gemahlen, nach Belieben

Zubereitung

Mehl mit Backpulver in einer Schüssel mischen, Margarine, Vanillepulver, Salz, gemahlene Mandeln und Agavendicksaft dazugeben und unterrühren. Je nach gewünschter Konsistenz noch etwas Margarine oder Mehl hinzufügen, um einen geschmeidigen, gut griffigen Teig zu erhalten.

Den Teig halbieren und unter eine Hälfte Kakao, Wasser und Bittermandelaroma kneten.

Die Teighälften jeweils zwischen 2 Backpapieren zu einem etwa ½ Zentimeter dicken Rechteck gleich groß ausrollen und das Backpapier entfernen. Einen Teig mit etwas Wasser bestreichen, den anderen Teig darauflegen. Beide Teigplatten behutsam fest zusammenrollen und etwa 30 Minuten kühl stellen.

Die Teigrolle in 60 etwa ½ Zentimeter dicke Scheiben schneiden und auf ein mit Backpapier belegtes Backblech legen. Die Plätzchen etwa 15 Minuten im vorgeheizten Backofen bei 175 °C (Umluft: 165 °C) hellgelb und kross backen, dabei nicht aus den Augen lassen.

Grundrezept Spritzgebäck (etwa 60 Stück)

Zutaten

250 g Dinkelmehl, fein gemahlen (ggf. durch Weizenmehl ersetzen)
250 g Weizenmehl
2 TL Backpulver
250 g Agavendicksaft/ Rohrohrzucker
250 g Margarine, handwarm
2 Prisen Salz
1 Msp. Vanillepulver
1–2 EL Hafermilch, bei Bedarf

Zubereitung

Mehl und Backpulver in einer Schüssel mischen und restliche Zutaten unterrühren. Je nach gewünschter Konsistenz noch etwas Margarine oder Mehl dazugeben, um einen geschmeidigen, gut griffigen Teig zu erhalten. Bei Bedarf Hafermilch hinzufügen.

Den Teig portionsweise in einen Fleischwolf mit speziellem Plätzchenvorsatz oder in eine Gebäckpresse für Spritzgebäck geben und nach Belieben 60 Kringel, Stangen, gebogene und andere Plätzchenformen herstellen.

Das Spritzgebäck auf ein mit Backpapier belegtes Backblech legen und etwa 10 Minuten im vorgeheizten Backofen bei 185 °C (Umluft: 175 °C) goldgelb bis goldbraun-kross backen. Dabei besonders in den letzten Minuten den Backvorgang kontrollieren (Nachbräunen beachten).

Die fertigen Plätzchen mit dem Backpapier auf einen Kuchenrost ziehen und erkalten lassen.

Tipp: Die ausgekühlten Plätzchen halb in Schokoladenguss I (Seite 159) tauchen oder damit bestreichen.

Spritzgebäck mit Dattelsüße (etwa 60 Stück)

Zutaten

250 g Datteln, entsteint
250 ml Wasser
250 g Dinkelmehl, fein gemahlen
250 g Weizenmehl
2 TL Backpulver
250 g Margarine, handwarm
2 Prisen Salz
1 Msp. Vanillepulver
einige Mandeln, fein gemahlen, nach Bedarf

Zubereitung

Datteln halbieren, in eine Schüssel geben und entweder mit etwa 250 Millilitern Wasser übergießen und über Nacht einweichen oder mit heißem Wasser übergießen und etwa 1 Stunde einweichen. Die eingeweichten Datteln zu Mus pürieren.

Mehl mit Backpulver in einer Schüssel mischen, zunächst weiche Margarine, dann restliche Zutaten unterrühren. Je nach gewünschter Konsistenz noch etwas Margarine oder Mehl hinzugeben, um einen geschmeidigen, gut griffigen Teig zu erhalten.

Den Teig portionsweise in einen Fleischwolf mit speziellem Plätzchenvorsatz oder in eine Gebäckpresse für Spritzgebäck geben und nach Belieben 60 Kringel, Stangen, gebogene und andere Plätzchenformen herstellen.

Das Spritzgebäck auf ein mit Backpapier belegtes Backblech legen und etwa 10 Minuten im vorgeheizten Backofen bei 185 °C (Umluft: 175 °C) goldgelb bis goldbraun-kross backen. Dabei besonders in den letzten Minuten den Backvorgang kontrollieren (Nachbräunen beachten).

Die Plätzchen mit dem Backpapier auf einen Kuchenrost ziehen und erkalten lassen.

Tipp: Die ausgekühlten Plätzchen halb in Schokoladenguss I (Seite 159) tauchen oder damit bestreichen.

Schmelzkugeln mit Kakao (etwa 65 Stück)

Zutaten

100 g Dinkelmehl,
fein gemahlen
100 g Weizenmehl
125 g Maisstärkemehl
100 g Agavendicksaft
250 g Margarine, weich
30 g Kakao
2 Prisen Salz
3 Msp. Vanillepulver

Zubereitung

Alle Zutaten in einer Schüssel zu einem geschmeidigen Teig verarbeiten.

Den Teig zu langen Teigschlangen (Ø etwa 2 Zentimeter) rollen und die Teigschlangen zu 65 walnussgroßen Kugeln formen.

Die Teigkugeln auf ein mit Backpapier belegtes Backblech setzen und etwa 12 bis 15 Minuten im vorgeheizten Backofen bei 175 °C backen. Den Backofen ausstellen und die Plätzchen noch etwa 3 Minuten darin ruhen lassen. Dann herausnehmen und noch etwas auf dem Backblech ruhen lassen. Die Plätzchen sind erst fest, wenn sie erkaltet sind.

Tipp: Die Kugeln in einer verschlossenen Dose aufbewahren, dann werden sie mürbe.

Schmelznüsschen (etwa 70 Stück)

Zutaten

200 g Weizenmehl
100 g Stärkemehl
200 g Margarine, weich
100 g Agavendicksaft
30 g Kakao
1 Prise Vanillepulver
½ TL Natron
2 Prisen Salz
150 g Haselnüsse, gehackt/gemahlen
etwas Backpulver, nach Belieben

Zubereitung

Alle Zutaten in einer Schüssel zu einem Teig verarbeiten.

Aus dem Teig mit einem Esslöffel etwa 70 walnussgroße Häufchen abstechen und auf ein leicht gefettetes Backblech setzen.

Die Schmelznüsschen im vorgeheizten Backofen bei 175 °C so backen, dass sie sich noch etwas weich anfühlen, wenn Sie sie berühren. Die Schmelznüsschen werden erst fest, wenn sie abgekühlt sind, und haben dann ihren charakteristischen Schmelz.

Tipp: Statt Nüssen können Sie auch gemahlen Mandeln mit unter den Teig rühren.

Mostplätzchen (15 Stück)

Zutaten

Für den Teig

140 g Margarine
190 g Weizenmehl
70 g Vollrohrzucker
50 g Haselnüsse, gemahlen
5 EL Apfelsaft/Most, nach Belieben etwas mehr
1 Prise Salz
1 Msp. Vanillepulver

Zum Bestreichen

etwas Sojasahne

Zubereitung

Alle Zutaten in einer Schüssel gut verkneten. Aus dem Teig eine etwa 3 Zentimeter dicke Rolle formen und in 15 etwa ½ Zentimeter dicke Scheiben schneiden.

Die Teigscheiben auf ein mit Backpapier belegtes Backblech setzen und mit Sojasahne bestreichen.

Die Plätzchen etwa 8 bis 15 Minuten im vorgeheizten Backofen bei 175 °C backen.

Marzipanringe (auch als „Ochsenaugen" bekannt)

(etwa 25 Stück) ✻✻✻

Zutaten

Für den Teig

90 g Dinkelmehl
90 g Weizenmehl
1 TL Backpulver
70 g Speisestärke
100 g Agavendicksaft
2 EL Wasser
2 Prisen Salz
130 g Margarine, handwarm

Für die Marzipanmasse

80 g Weizenmehl
1 Msp. Backpulver
80 g Speisestärke/Maisstärke
3–5 EL Wasser
5 Tropfen Rosenwasser (wenn vorhanden!)
600 g Mandeln, geschält und gemahlen
3–4 Bittermandeln, gemahlen/wenige Tropfen Bittermandelaroma
250 g Agavendicksaft
½ TL Vanillepulver
1 Prise Salz

Zubereitung

Für den Teig Mehl mit Backpulver in einer Schüssel gut vermischen. Speisestärke, Agavendicksaft, Wasser und Salz hinzugeben und gut verrühren. Zum Schluss sehr weiche Margarine hinzugeben und untermischen. Den Teig kurz gut durchkneten, bis er geschmeidig und griffig ist, und nach Bedarf noch Wasser oder Mehl hinzufügen.

Den Teig zwischen 2 Backpapieren etwa ½ Zentimeter dick ausrollen. Aus dem Teig mit einer runden Ausstechform (Ø etwa 6½ Zentimeter) 25 Kreise ausstechen und die Kreise auf ein mit Backpapier belegtes Backblech setzen.

Für die Marzipanmasse Mehl mit Backpulver mischen. Dann Stärke mit Wasser und eventuell Rosenwasser mischen. Alle Zutaten in einer Schüssel miteinander vermischen, abschmecken und nach Bedarf noch etwas Wasser hinzufügen, um einen formbaren Spritzteig zu erhalten.

Die Marzipanmasse in eine Gebäckpresse für Spritzgebäck oder in einen Spritzbeutel mit Sterntülle geben und Marzipanringe auf die Ausstechkreise spritzen.
Die Plätzchen etwa 5 bis 10 Minuten im vorgeheizten Backofen bei 165 °C (Umluft: 155 °C) vorbacken.

Für die Füllung und zum Bestreichen
1 Glas (340 g) Aprikosenkonfitüre
ca. 70 ml Wasser

Für die Füllung die aufgegangenen und fast fertigen Plätzchen aus dem Backofen nehmen, etwa zwei Drittel der Aprikosenkonfitüre jeweils bis unter den Rand in die Mitte des Spritzringes füllen und glatt streichen. Restliche Konfitüre mit Wasser verrühren und die Spritzgebäckringe damit bestreichen, damit sie schön glänzen.

Die Ochsenaugen wieder in den vorgeheizten Backofen schieben und weitere 5 bis 10 Minuten bei 165 °C fertig backen. Die Plätzchen aus dem Backofen nehmen, mit Backpapier auf einen Küchenrost ziehen und abkühlen lassen.

Tipps: Damit der Spritzring weich bleibt, ihn während des Backens eventuell mit Backpapier abdecken. Den Backvorgang ständig kontrollieren!

Ingwer-Kugeln (etwa 60–80 Stück)

Zutaten

250 g Dinkelmehl,
fein gemahlen
150 g Stärkemehl
1 EL Backpulver
250 g Margarine, weich
230 g Agavendicksaft
2–3 EL Sojasahne,
nach Bedarf mehr
3 TL Ingwer, gemahlen
etwas Zimt
2 Prisen Salz

Zubereitung

Mehl mit Backpulver in einer Schüssel gut vermischen, dann weiche Margarine, Agavendicksaft, Sojasahne und nach gewünschter Geschmacksintensität Gewürze dazugeben und alles zügig zu einem griffigen Teig verarbeiten. Um einen festen, geschmeidigen Teig zu erhalten, nach Bedarf noch esslöffelweise etwas Wasser hinzufügen.

Den Teig zu einer Rolle (Ø etwa 2 Zentimeter) formen, 2 Zentimeter dicke Scheiben abschneiden und zu Kugeln formen. Diese auf ein mit Backpapier belegtes Backblech setzen.

Die Ingwer-Kugeln etwa 10 Minuten im vorgeheizten Backofen bei 185 °C backen, dabei den Backvorgang im Auge behalten.

Die fertigen Plätzchen mit dem Backpapier auf einen Kuchenrost ziehen und abkühlen lassen.

Tipp: Frischer Ingwer bringt einen schärferen Geschmack: Dazu Ingwer fein hacken, in Agavendicksaft und 1 Messerspitze Salz zerdrücken und die Kugeln damit füllen.

Husarenkrapfen (etwa 35 Stück)

Zutaten

Für den Teig

1 EL Maismehl
2 EL Wasser, nach Bedarf
200 g Weizenmehl
½ TL Backpulver
125 g Margarine
60 g Agavendicksaft
½ TL Zitronenschale, abgerieben
2 Prisen Salz

Für die Füllung

170 g Aprikosenmarmelade, püriert

Zubereitung

Maismehl und Wasser in einer Tasse verrühren. Maismehlmischung in eine Schüssel geben und mit den restlichen Zutaten zu einem Teig verarbeiten.

Aus dem Teig 35 walnussgroße Kugeln formen. Die Kugeln auf ein mit Backfolie belegtes Backblech setzen und jeweils mit einem Finger in die Kugelmitte eine Mulde eindrücken. Aprikosenmarmelade in diese Mulde füllen.

Die Husarenkrapfen etwa 15 Minuten im vorgeheizten Backofen bei 180 °C (Umluft) goldbraun backen.

Tipp: Um den Teig zu verfeinern, können Sie 100 Gramm gemahlene Mandeln unterarbeiten.

Dinkeltaler (etwa 70–80 Stück)

Zutaten

500 g Dinkelmehl
½ TL Backpulver
375 g Margarine, weich
250 g Rohrohrzucker
100 g Mandeln, gemahlen
½ gestr. TL Salz

Zubereitung

Mehl, Backpulver und Margarine in einer Schüssel eine Zeitlang intensiv verkneten, restliche Zutaten hinzugeben und noch einmal zu einem Teig verkneten.

Den Teig zu 6 festen Rollen formen und die Teigrollen in 70 bis 80 etwa 1 Zentimeter dicke Taler schneiden. Die Taler auf ein mit Backpapier belegtes Backblech legen und etwa 30 Minuten kühl stellen.

Anschließend die Dinkeltaler etwa 10 Minuten im vorgeheizten Backofen bei 220 °C backen.

Biskuitplätzchen

Grundrezept Biskuitplätzchen (etwa 70 Stück)

Zutaten

Für den Teig

400 g Weizenmehl
3 EL Backpulver
250 ml Wasser
160 g Rohrohrzucker
60 ml Olivenöl
3 EL Zitronensaft
¼ TL Vanillepulver
2 Prisen Salz

Zubereitung

2 Esslöffel von dem Mehl mit Backpulver vermischen. Alle Zutaten (außer Mehl-Backpulver-Mischung) in einer Schüssel mit einem Rührgerät 3 bis 5 Minuten auf höchster Stufe schaumig schlagen, dann die Mehl-Backpulver-Mischung hinzugeben und noch einmal kräftig schlagen (die Masse ist jetzt dickflüssig).

Aus dem Teig zügig mit einem Teelöffel etwa 70 kleine Kleckse abstechen und mit etwas Abstand zueinander in Reihen auf ein mit Backpapier belegtes Backblech setzen.

Die Plätzchen je nach Größe etwa 15 bis 20 Minuten im vorgeheizten Backofen bei 175 °C backen.

Tipps: Bei allen Biskuitplätzchen-Varianten können ½ geschälte Mandel in die Mitte gelegt oder Mandelsplitter daraufgestreut werden. Wenn Sie zwischen zwei Plätzchen Schokolade/Nougatcreme streichen, haben Sie schon fast eine Praline.

Anisplätzchen (etwa 70 Stück)

Zutaten

siehe Grundrezept Biskuitplätzchen (Seite 305)
1 TL Anis/Ingwer, gemahlen

Zubereitung

Den Teig nach Grundrezept zubereiten, dabei noch Anis unterrühren. Die Plätzchen nach Grundrezept backen und erkalten lassen.

Mandel-Biskuitplätzchen (etwa 80–100 Stück)

Zutaten

siehe Grundrezept Biskuitplätzchen (Seite 305)
100 g Mandeln, fein gemahlen
5 Bittermandeln, fein gemahlen

Zubereitung

Den Teig nach Grundrezept zubereiten, dabei noch Mandeln und Bittermandeln unterrühren. Die Plätzchen nach Grundrezept backen und erkalten lassen.

Amaretti (etwa 30 Stück)

Zutaten

50 ml Sojasahne
40 g Sojamehl/
80 g Weizenmehl
80 ml Wasser
300 g Mandeln, gemahlen
160 g Rohrohrzucker
2 EL Speiseöl (z. B. Rapsöl)
1 geh. TL Backpulver
2 Prisen Salz
½ Röhrchen Bittermandelaroma/5 Bittermandeln, gemahlen

Zubereitung

Sojasahne mit Mehl und Wasser in einer Schüssel anrühren. Restliche Zutaten hinzufügen und zu einem Teig verarbeiten.

Den Teig mit den Händen zu 30 walnussgroßen Kugeln (Ø etwa 3 Zentimeter) formen, auf ein mit Backpapier belegtes Backblech setzen und leicht andrücken (oder mit einer Spritztüte 30 kleine Häufchen auf das Backpapier spritzen). Die Teigkugeln 3 bis 4 Stunden trocknen lassen.

Die Amaretti etwa 7 bis 10 Minuten im vorgeheizten Backofen bei 200 °C goldgelb backen (beim Backvorgang dabeibleiben!).

Die Amaretti sofort vom Backblech nehmen und erkalten lassen. Abgekühlt in einer gut schließenden Dose aufbewahren.

Schoko-Biskuitplätzchen (etwa 80 Stück)

Zutaten

siehe Grundrezept Biskuitplätzchen (Seite 305)
60 g Kakao

Zubereitung

Den Teig nach Grundrezept zubereiten, dabei noch Kakao unterrühren. Die Plätzchen nach Grundrezept backen und erkalten lassen.

Sandgebäck

Heidesand (etwa 60–70 Stück)

Zutaten

200 g Margarine
300 g Weizenmehl
½ TL Backpulver
150 g Puderzucker aus Rohrohrzucker
2 Msp. Vanillepulver
2 Prisen Salz, feinkörnig
2 EL Sojasahne/Hafermilch

Zubereitung

Margarine in einer Pfanne leicht bräunen und abkühlen lassen. Mehl und Backpulver mischen.

Gebräunte Margarine in einer Schüssel schaumig rühren. Nach und nach Puderzucker, Gewürze und Sahne hinzugeben und allmählich die Mehl-Backpulver-Mischung mit der Hand unterarbeiten.

Den Teig zu Rollen (Ø 3 bis 4 Zentimeter) formen und die Teigrollen zugedeckt etwa 30 Minuten kalt stellen.

Die Teigrollen mit einem scharfen Messer in 60 bis 70 etwa 1 Zentimeter dicke Scheiben schneiden und die Taler auf ein mit Backpapier belegtes Backblech setzen.

Heidesand etwa 10 bis 12 Minuten im vorgeheizten Backofen bei 175 °C hellgelb backen und auf dem Backblech abkühlen lassen. Die Plätzchen sind erst dann fest.

Sandplätzchen (etwa 30–40 Stück)

Zutaten

Für den Teig

150 g Weizenmehl
150 g Stärkemehl
½ TL Backpulver
150 g Margarine
150 g Puderzucker aus Rohrohrzucker
2 Msp. Vanillepulver
1 Prise Salz, feinkörnig
2 EL Sojasahne/Hafermilch

Für die Füllung für 2. Variante

etwas Erdbeerkonfitüre

Zubereitung

Mehl mit Backpulver mischen. Margarine in einer Schüssel schaumig rühren, nach und nach Puderzucker, Gewürze und Sahne hinzugeben und allmählich die Mehl-Backpulver-Mischung mit der Hand unterarbeiten. Der Teig muss sich spritzen lassen. Den Teig in einen Spritzbeutel mit großer Sterntülle füllen und etwa 30 bis 40 etwas größere, geschlossene, runde Plätzchen (Ø etwa 3 Zentimeter) auf ein leicht gefettetes, bemehltes Backblech spritzen.

Die Sandplätzchen etwa 12 bis 15 Minuten im vorgeheizten Backofen bei 175 °C goldgelb backen. Kurz vor Ende der Backzeit die Sandplätzchen noch einmal aus dem Backofen nehmen, jeweils einen Tupfen Erdbeerkonfitüre in die Mitte setzen und die Sandplätzchen fertig backen.

Tipp: Die Sandplätzchen können Sie nach Belieben noch mit etwas Schokoladenguss verzieren.

Gefüllte Bärentatzen (etwa 30 Stück) ✳✳

Zutaten

Für den Teig

375 g Margarine, weich
125 g Mandeln, gemahlen
200 g Rohrohrzucker
250 g Mehl
250 g Speisestärke
2 Msp. Vanillepulver
2 Prisen Salz

Für die Füllung

ca. 200 g Marmelade/Pflaumenmus

Für den Guss

siehe Rezept Schokoladenguss I fest (Seite 159)

Zubereitung

Für den Teig alle Zutaten in einer Schüssel zu einem Teig verarbeiten.

Den Teig in einen Spritzbeutel mit Sterntülle füllen und mit etwa 2 Zentimeter Abstand zueinander etwa 60 gleichförmige, walnussgroße Bärentätzchen auf ein mit Backpapier belegtes Backblech spritzen.

Die Plätzchen etwa 10 bis 15 Minuten im vorgeheizten Backofen bei 175 °C goldgelb backen, anschließend etwas abkühlen lassen.

Für die Füllung jeweils einen Klecks Marmelade auf die Mitte der glatten Plätzchenunterseiten geben. Dann ein zweites Plätzchen mit der glatten Seite nach unten leicht daraufdrücken und die Marmelade leicht antrocknen lassen, sodass die Bärentatzen haften.

In der Zwischenzeit den *Schokoladenguss* nach Rezept zubereiten. Die gefüllten Bärentatzen mit dem breiten Ende in die Schokolade tauchen und auf einem Backblech aushärten lassen.

Tipp: Die Plätzchen sind auch ungefüllt und einzeln mit Schokoladenguss überzogen lecker.

Bärentatzen-Gabelplätzchen (100 Stück)

Zutaten

Für den Sandteig
110 g Dinkelmehl, fein gemahlen
110 g Weizenmehl
2 Msp. Backpulver
110 g Speisestärke
220 g Margarine, zerlassen
110 g Puderzucker aus Rohrohrzucker
½ gestr. TL Salz
3 Msp. Vanillepulver

Für den Guss
80 g Zartbitterschokolade (70 Prozent Kakaoanteil)
40 g Margarine

Zubereitung

Für den Teig Mehl mit Backpulver in einer Schüssel mischen, restliche Zutaten nacheinander hinzufügen und alles zu einem Teig verkneten.

Den Teig portionsweise zu 100 kleinen Kugeln (etwas größer als Haselnüsse) formen und die Kugeln auf 2 mit Backpapier belegte Backbleche setzen. Jeweils eine Kugelhälfte so mit einer Gabel eindrücken, dass ein Tätzchen entsteht.

Die Backbleche mit den Bärentatzen nacheinander (bei Umluft: zusammen) etwa 15 Minuten im vorgeheizten Backofen bei 170 °C (Umluft: 160 °C) backen (eventuell bei Ober- und Unterhitze nachbräunen und kross durchbacken).

Das fertige Gebäck mit dem Backpapier auf einen Kuchenrost ziehen und abkühlen lassen.

Für den Guss Schokolade und Margarine in einer Schüssel im Wasserbad schmelzen und gut verrühren. Die geschlossene Bärentatzenseite in den Guss tauchen und abkühlen lassen.

Verschiedenes

Getrocknete Makronen „kreativ"

(½ Menge ergibt etwa 70 Stück, die ganze Menge etwa 140 Stück) ✻✻

Zutaten

Für die Makronenmasse

½ Menge

einige Rosinen, nach Belieben
etwas Zitronensaft
½ Pck. Vanillepuddingpulver
2 Prisen Salz, feinkörnig
125 ml Hafermilch
2 EL Sojasahne
375 g Haferflocken
125 g Margarine
250 g Kokosraspel und/oder Nüsse, gehackt und/oder Mandeln, gehackt
etwa 2 EL Kakao, nach Belieben
etwas Rohrohrzucker, nach Belieben
2 Tropfen Bittermandelaroma
70 Oblaten (Ø etwa 4 cm)

Zubereitung

Für die Makronenmasse nach Belieben Rosinen in einer Schüssel mit Zitronensaft beträufeln und mindestens 2 Stunden einweichen.

Aus Puddingpulver, Salz und Hafermilch nach Packungsanleitung einen Pudding kochen und abkühlen lassen. Sahne unterrühren.

Haferflocken in einer Pfanne in Margarine unter Rühren sanft rösten, bis sie leicht duften.

Die noch lauwarmen Haferflocken mit Kokosraspeln, nach Belieben gehackten Nüssen und Mandeln und den restlichen Zutaten in einer Schüssel mischen. Den Pudding löffelweise in die Masse geben und unterrühren, bis eine formbare Masse entsteht.

Mit einem Esslöffel walnussgroße Häufchen auf jeweils 1 Oblate setzen und die Makronen auf ein mit Backpapier belegtes Backblech setzen

Für die Makronenmasse ganze Menge
einige Rosinen, nach Belieben
etwas Zitronensaft
1 Pck. Vanillepuddingpulver
4 Prisen Salz, feinkörnig
250 ml Hafermilch
4 EL Sojasahne
750 g Haferflocken
250 g Margarine
500 g Kokosraspel und/oder Nüsse, gehackt und/oder Mandeln, gehackt
3–4 EL Kakao, nach Belieben
etwas Rohrohrzucker, nach Belieben
4 Tropfen Bittermandelaroma
140 Oblaten (Ø etwa 4 cm)

Die Makronen im vorgeheizten Backofen bei 70 bis 80 °C trocknen lassen, bis sie sich von außen fest anfühlen und dennoch innen aromatisch und nur einen Hauch feucht sind – wegen der Haltbarkeit.

Tipps: Bei diesen Makronen können Sie die Zutaten und Mengen nach Belieben variieren. Sie können die Oblaten auch weglassen. Die Makronen schmecken auch ohne Boden.

Haselnuss-Waffelröllchen (etwa 16 Stück) ***

Zutaten

Für den Teig

40 g Haselnüsse, gemahlen
1 Prise Salz
50 g Rohrohrzucker
30 g Margarine
2 TL Kakao
2 EL Sojasahne
1 EL Orangensaft
30 g Weizenmehl

Zum Bestreuen

20 g Haselnüsse, gehackt

Zum Verzieren

15 g Zartbitter-schokolade

Zubereitung

Für den Teig gemahlene Haselnüsse mit Salz und Zucker in einer Schüssel mischen, Margarine hinzugeben und cremig rühren. Kakao, Sahne und Orangensaft hinzugeben und verrühren, dann Mehl hinzufügen und alles zu einem Teig verarbeiten.

Auf ein bemehltes Backblech 16 Kreise (Ø etwa 11 Zentimeter) zeichnen, darauf je 1 Esslöffel Teig dünn verstreichen und gehackte Nüsse daraufstreuen.

Die Teigkreise im vorgeheizten Backofen etwa 5 Minuten bei 180 °C goldbraun backen, dann den Backofen ausschalten.

Nacheinander jeweils ein Plätzchen herausnehmen und noch warm in die gewünschte Form biegen (hier: um einen Holzlöffelstiel wickeln), bei Bedarf mit Backpapier nachhelfen. Die Waffel-röllchen erkalten lassen.

Schokolade in einer Schüssel im Wasser-bad schmelzen und die erkalteten Waffeln damit verzieren.

Waffelröllchen (etwa 30 Stück) ✳✳✳

Zutaten

Für den Teig

100 g Weizenmehl
50 g Reismehl
50 g Agavendicksaft
30 g Margarine, weich
20 g Orangensaft
15 g Zitronensaft
1 TL Rapsöl
2 Prisen Salz
¼ geh. TL Vanillepulver
½ Pck. Backpulver

Zum Verzieren

150 g Nougat/Haselnusscreme
100 g Zartbitterschokolade (70 Prozent Kakaoanteil)

Zubereitung

Für den Teig alle Zutaten in einer Schüssel zügig zu einem geschmeidigen Mürbeteig verkneten.

Den Teig auf einer Backunterlage dünn ausrollen und in 30 etwa 8 x 8 Zentimeter große Quadrate schneiden oder mit einem Glas 30 kleine Kreise (Ø etwa 8 Zentimeter) ausstechen.

Die Teigstücke zu Röllchen aufrollen und auf einem mit Backpapier belegten Backblech etwa 4 bis 6 Minuten im vorgeheizten Backofen bei 200 °C goldgelb knusprig backen, anschließend erkalten lassen.

Zum Verzieren Nougat in einer Schüssel im Wasserbad schmelzen und mit einem Esslöffel einen Nougatstreifen über die abgekühlten Röllchen ziehen. Nougat erkalten lassen. Zartbitterschokolade in einer Schüssel im Wasserbad schmelzen, die Enden der Röllchen in die geschmolzene Schokolade tauchen und trocknen lassen.

Tipp: Die Waffelröllchen passen hervorragend als Dekoration für Eisbecher, schmecken aber auch solo köstlich.

Gefüllte Vanilleschiffchen (etwa 30 Stück) ✳✳✳

Zutaten

Für den Teig

siehe Rezept Waffelröllchen (Seite 315)

Zum Verzieren

150 g Nougat/Haselnusscreme

100 g Zartbitterschokolade (70 Prozent Kakaoanteil)

Zubereitung

Den Teig nach Rezept zubereiten und 30 Kreise daraus ausstechen. Die ausgestochenen Teigkreise zu Schiffchen formen: Dafür die Seiten so zusammenklappen und verschließen, dass oben eine Öffnung bleibt.

Die Schiffchen nach Rezept backen und abkühlen lassen.

Zum Verzieren Nougat in einer Schüssel im Wasserbad schmelzen und in die abgekühlten Schiffchen füllen. Nougat erkalten lassen. Zartbitterschokolade in einer Schüssel im Wasserbad schmelzen und die Schiffchen damit beträufeln.

Kokoskringel (etwa 40 Stück) ✳✳

Zutaten

250 g Weizenmehl
90 g Reismehl/Speisestärke
¼ Pck. Backpulver
100 ml Sojasahne
30 g Sojamehl (wenn nicht vorrätig, durch Mehl ersetzen)
120 ml Wasser
150 g Kokosraspel, fein gemahlen
100 g Rohrohrzucker
50 g Agavendicksaft
3 Prisen Salz
2 EL Rapsöl
2 Tropfen Bittermandelaroma
1 TL Zitronenschale, abgerieben
1 Prise Vanillepulver

Zubereitung

Weizen-, Reismehl und Backpulver mischen. Sojasahne, (Soja-)Mehl und Wasser in einer Schüssel verrühren, Mehl-Backpulver-Mischung und restliche Zutaten hinzufügen und verrühren.

Die Kokosmasse zügig in einen Spritzbeutel mit Sterntülle füllen und nach Belieben Kringel, (gedrehte) Stangen oder andere Plätzchenformen auf 2 mit Backpapier belegte Backbleche spritzen. Die Plätzchen etwa 1 Stunde ruhen lassen.

Die Kokoskringel nacheinander etwa 13 Minuten im vorgeheizten Backofen bei 180 °C backen (die Plätzchen sollten hell bleiben), danach erkalten lassen. Die erkalteten Plätzchen in einer gut schließenden Dose aufbewahren.

Tipps: Überziehen Sie die Kokoskringel nach Belieben mit einem Schokoladenguss oder mit Schokoladenkuvertüre. Der Teig kann auch für eine gespritzte/bestrichene Decke als Kuchenbelag dienen.

Mohn-Kokos-Häufchen (etwa 50 Stück) ***

Zutaten

Für die Kokosmasse

125 g Weizenmehl
45 g Reismehl/Speisestärke
½–1 TL Backpulver
70 ml Sojasahne
10 g Sojamehl (wenn nicht vorrätig, durch Mehl ersetzen)
60 ml Wasser
125 g Kokosraspel, fein gemahlen
50 g Rohrohrzucker
25 g Agavendicksaft
2 Prisen Salz
3 EL Rapsöl
2 Tropfen Bittermandelaroma
2 TL Zitronenschale, abgerieben
4 EL Zitronensaft
1 Prise Vanillepulver

Für die Mohnmasse

250 g Mohn, gemahlen
30 ml Sojasahne
2 Prisen Salz
70 ml Wasser
100–150 g Agavendicksaft

Zubereitung

Für die Kokosmasse Weizen-, Reismehl und Backpulver mischen. Sojasahne, (Soja-)Mehl und Wasser in einer Schüssel verrühren, Mehl-Backpulver-Mischung und restliche Zutaten hinzufügen und verrühren.

Für die Mohnmasse gemahlenen Mohn in einer Pfanne kurz anrösten, nach und nach restliche Zutaten dazugeben, etwa 5 Minuten unter ständigem Rühren sanft kochen und abkühlen lassen.

Die Kokosmasse mit der abgekühlten Mohnmasse in einer Schüssel verkneten. Die Kokos-Mohn-Masse zügig in einen Spritzbeutel mit Sterntülle füllen und 50 kleine Häufchen auf 2 mit Backpapier belegte Backbleche spritzen. Die Häufchen etwa 1 Stunde ruhen lassen.

Die Mohn-Kokos-Häufchen nacheinander etwa 15 Minuten im vorgeheizten Backofen bei 180 °C backen, danach erkalten lassen. Die erkalteten Plätzchen in einer gut schließenden Dose aufbewahren.

Energiekekse (etwa 90–100 Stück)

Zutaten

400 g Dinkelmehl
250 g Margarine, weich
150 g Vollrohrzucker
200 g Mandeln, gehackt
20 g Zimt
20 g Muskatnuss, gerieben
10 g Nelken, gemahlen
1 TL Backpulver
2 Prisen Salz
etwas Wasser

Zubereitung

Alle Zutaten in einer Schüssel zu einem Teig verarbeiten. Aus dem Teig 2 Rollen formen und diese einige Stunde kalt stellen.

Die Teigrollen in 90 bis 100 Scheiben schneiden und auf ein mit Backpapier belegtes Backblech legen.

Die Energiekekse etwa 15 bis 20 Minuten im vorgeheizten Backofen bei 180 °C backen.

Tipps: Statt mit Zucker können Sie den Teig auch mit Datteln, Rosinen oder anderen Trockenfrüchte süßen. Nach kurzer Lagerzeit entfaltet sich der Geschmack der Plätzchen.

Schoko-Zimt-Tüten (etwa 10 Stück) ***

Zutaten

Für den Teig

40 g Weizenmehl

10 g Kakao

½ TL Backpulver

15 g Margarine, gewürfelt

15 g Agavendicksaft

1 kleine Prise Salz

½ TL Vanillezucker

20 ml Hafermilch

Für die Füllung

100 g Datteln, entsteint

2 Prisen Salz

1 EL Kakao

½ TL Zimt

2 TL Reismalz

2 EL Sojasahne

Zum Verzieren und Bestreuen

50 g Zartbitter-schokolade

1 EL Mandelkrokant

Zubereitung

Für den Teig Mehl, Kakao und Backpulver in einer Schüssel mischen. Margarine, Agavendicksaft, Salz und Vanillezucker hinzufügen und mit den Fingern zu einem krümeligen Teig verreiben. Milch dazugeben und zu einem glatten Teig verkneten. Den Teig in Frischhaltefolie wickeln und etwa 30 Minuten kalt stellen.

Aus Alufolie 10 etwa 5 Zentimeter lange Tüten formen und von außen leicht fetten.

Den Teig in 10 gleich große Kugeln teilen, die Kugeln zu Scheiben (Ø etwa 8 Zentimeter) ausrollen und um die Tütenformen wickeln. Die Tüten auf ein mit Backpapier belegtes Backblech legen und etwa 7 bis 10 Minuten im vorgeheizten Backofen bei 180 °C backen, danach kurz abkühlen lassen. Die Alutütenformen entfernen und das Gebäck abkühlen lassen.

Zartbitterschokolade in einer Schüssel im Wasserbad schmelzen. Die erkalteten Gebäcktüten mit dem offenen Ende in die Schokolade tauchen, sodass der obere Teil damit überzogen ist. Abkühlen lassen.

In der Zwischenzeit *für die Füllung* Datteln halbieren, mit heißem Wasser übergießen und etwa 1 Stunde einweichen. Eingeweichte Datteln, Salz, Kakao und Zimt in einem Mixbecher fein pürieren, Reismalz und Sojasahne hinzufügen und zu einer cremigen Masse verrühren, nach Bedarf noch einmal pürieren.

Die feine Creme in eine Tortenspritze mit Sterntülle füllen, in die Tütchen spritzen und mit Mandelkrokant bestreuen.

Tipps: Die Schoko-Zimt-Tüten sind für besondere Anlässe geeignet. Sie können auch mit gehackten und gerösteten Mandeln bestreut werden.

Kokosmakronen (etwa 60 Stück) **

Zutaten

400 g Kokosraspel
300 g Sojajoghurt, naturell
90 ml Sojasahne
90 g Rohrohrzucker
30 g Speisestärke/ Vanillepuddingpulver
30 ml Kokosmilch/Rapsöl
3 Prisen Salz
1 Prise Vanillepulver
ca. 60 Oblaten (Ø etwa 4 cm)

Zubereitung

Alle Zutaten in einer Schüssel zu einer geschmeidigen Masse verarbeiten.

Aus der Kokosmasse mit einem Esslöffel etwa 60 walnussgroße Häufchen abstechen und je 1 Häufchen auf 1 Oblate setzen.

Die Kokosmakronen auf ein mit Backpapier belegtes Backblech setzen und etwa 10 bis 15 Minuten im vorgeheizten Backofen bei 175 °C backen, bis die Außenkanten etwas bräunen.

Schoko-Nougat-Stangen (etwa 10 Stück) ***

Zutaten

Für den Teig
siehe Rezept Schoko-Zimt-Tüten
(Seite 320)

Für die Füllung
1–2 EL Haselnusscreme, hell/Nougatcreme

Zum Bestreichen und Verzieren
etwas Hafermilch
50 g Zartbitterschokolade
1 EL Haselnusskrokant

Zubereitung

Den Teig nach Rezept zubereiten und in 10 gleich große Kugeln teilen. Die Teigkugeln zu etwa 10 Zentimeter langen Schlangen formen und etwa 2 Zentimeter breit ausrollen.

Die Teigstücke der Länge nach auf einer Seite mit Haselnusscreme bestreichen, dabei die Teigenden frei lassen. Die Teigstücke von der langen Seite her zu einer Stange aufrollen, die Enden dabei etwas umschlagen und festdrücken.

Die Teigstangen auf ein mit Backpapier belegtes Backblech legen und etwa 10 Minuten im vorgeheizten Backofen bei 180 °C backen, mit Hafermilch bestreichen und erkalten lassen.

In der Zwischenzeit Zartbitterschokolade in einer Schüssel im Wasserbad schmelzen. Die Stangen an beiden Enden etwa 1½ Zentimeter breit mit Schokolade überziehen, mit Haselnusskrokant bestreuen und erkalten lassen.

Tipp: Alternativ können Sie die Stangen mit gehackten und gerösteten Haselnüssen bestreuen.

Erdnuss-Cantuccini (70 Stück)

Zutaten

10 g Soja-/Stärkemehl
3 TL Backpulver
200 g Rohrohrzucker
40 ml Sojasahne
100 ml Wasser
20 g Margarine
1 EL Speiseöl
150 g Erdnusskerne, gesalzen

Zubereitung

Mehl, Backpulver, Zucker, Sahne, Wasser, Margarine und Öl in einer Schüssel vermischen, Erdnüsse hinzufügen und alles miteinander zu einem Teig verkneten.

Den Teig vierteln und jeweils zu einer etwa 25 Zentimeter langen Rolle formen. Die Teigrollen auf ein mit Backpapier belegtes Backblech legen und etwa 20 Minuten im vorgeheizten Backofen bei 190 °C hellgelb backen. Den Backofen angeschaltet lassen.

Die Cantuccini-Rollen lauwarm abkühlen lassen und dann schräg in 70 etwa ½ Zentimeter breite Scheiben schneiden.

Die Erdnuss-Cantuccini mit der Schnittfläche auf 2 mit Backpapier belegte Backbleche legen und nacheinander etwa 12 bis 15 Minuten im vorgeheizten Backofen bei 180 °C goldgelb backen.

Yogikekse (20 Stück)

Zutaten

Für den Teig
165 g Weizenmehl
90 g Margarine
60 g Vollrohrzucker
40 g Sojajoghurt, naturell
½ TL Backpulver
¼ TL Vanillepulver
1 Prise Salz

Zum Bestreichen und Bestreuen
etwas Sojasahne
etwas Mohn, Sesam oder anderes, nach Belieben

Zubereitung

Für den Teig alle Zutaten in einer Schüssel gut verkneten. Den Teig etwa 3 Millimeter dick ausrollen und 20 etwa 3 x 3 Zentimeter große Rhomben ausschneiden.

Die Teigrhomben auf ein mit Backpapier belegtes Backblech legen, mit Sojasahne bestreichen und mit Mohn, Sesam oder anderem bestreuen.

Die Naschkekse etwa 8 bis 15 Minuten im vorgeheizten Backofen bei 175 °C backen.

Haselnussplätzchen (20 Stück)

Zutaten

Für den Teig

125 g Weizenmehl
100 g Haselnüsse, frisch gemahlen
50 g Margarine
50 g Vollrohrzucker
30 g Sojajoghurt, naturell
1 EL Sojasahne
½ Pck. Vanillezucker/ 2 Msp. Vanillepulver
½ TL Backpulver
1 Prise Salz

Nach Belieben zum Verzieren

siehe Rezept Schokoladenguss I fest (Seite 159)
75 g Haselnüsse, grob gehackt

Zubereitung

Alle Zutaten in einer Schüssel gut verkneten. Den Teig etwa 3 Millimeter dick ausrollen und nach Belieben 20 verschiedene Figuren ausstechen oder 20 Vierecke, Dreiecke oder Rhomben ausschneiden.

Die Plätzchen auf ein mit Backpapier belegtes Backblech setzen und etwa 8 bis 15 Minuten im vorgeheizten Backofen bei 175 °C backen, danach erkalten lassen.

In der Zwischenzeit nach Belieben den Schokoladenguss nach Rezept zubereiten. Die erkalteten Plätzchen damit bestreichen und mit gehackten Haselnüssen bestreuen.

Erdnuss-Cookies, marmoriert (30 Stück)

Zutaten

160 g Dinkelmehl (Type 630)
1 TL Backpulver
1 Prise Salz
1 Msp. Vanillepulver
70 g Vollrohrzucker
60 g Margarine, weich
2 EL Hafermilch, nach Bedarf mehr
1 EL Zitronensaft
150 g Erdnüsse, gesalzen und grob gehackt
40 g Zartbitterschokoladen-Aufstrich

Zubereitung

Mehl, Backpulver, Salz, Vanillepulver, Zucker, Margarine, Hafermilch und Zitronensaft in einer Schüssel zu einem Teig verarbeiten. Erdnüsse unterkneten. Zum Schluss den Aufstrich so unter den Teig arbeiten, dass er marmoriert bleibt.

Den Teig zu einer etwa 3 Zentimeter dicken Rolle formen und in 30 etwa 1 Zentimeter dicke Scheiben schneiden.

Die Erdnuss-Cookies auf ein mit Backpapier belegtes Backblech setzen und etwa 8 bis 15 Minuten im vorgeheizten Backofen bei 175 °C backen.

Piña-Colada-Berge (etwa 25–30 Stück)

Zutaten

Für den Teig
90 g Weizenmehl
50 g Margarine
40 g Vollrohrzucker
20 g Kokosraspel, gemahlen
4 EL Sojasahne
¼ TL Backpulver
1 Prise Salz

Für die Füllung
einige Ananasstücke, evtl. klein geschnitten

Zubereitung

Für den Teig alle Zutaten in einer Schüssel zu einer Masse verarbeiten. Aus dem Teig 25 bis 30 Kugeln (Ø etwa 2 Zentimeter) formen. In jede Teigkugel ein Fruchtstück drücken und sie dann schließen.

Die Plätzchen auf ein mit Backpapier belegtes Backblech setzen, leicht aufdrücken, sodass sie unten eine glatte Fläche bilden, und etwa 15 Minuten im vorgeheizten Backofen bei 175 °C backen.

Doppelkekse, gefüllt (etwa 20 Stück) ⁂

Zutaten

Für den Teig

250 g Dinkelmehl
200 g Margarine, weich
180 g Rohrohrzucker
100 ml Wasser
1 Pck. Vanillezucker/ 1 Msp. Vanillepulver
2 EL Soja-/Rapsöl
1 TL Backpulver
1 EL Sojasahne
2 Prisen Salz

Für die Füllung

150 g Erdbeermarmelade

Zum Bestäuben

etwas Puderzucker aus Rohrohrzucker

Zubereitung

Für den Teig alle Zutaten in einer Schüssel miteinander verkneten und den Teig mindestens 1 Stunde ruhen lassen.

Den Teig (eventuell zwischen 2 Backpapieren) etwa 3 Millimeter dick ausrollen, 40 Kreise (Ø etwa 4 Zentimeter) ausstechen und auf ein mit Backpapier belegtes Backblech setzen.

Die Teigkreise etwa 10 Minuten im vorgeheizten Backofen bei 180 °C backen (die Plätzchen bleiben hell!) und abkühlen lassen.

Auf die glatte Unterseite von 20 Plätzchen Marmelade streichen und jeweils ein unbestrichenes Plätzchen darauflegen, sodass ein Doppelkeks entsteht.

Die Doppelkekse vor dem Servieren mit Puderzucker bestäuben.

Marzipanmonde (etwa 25 Stück)

***

Zutaten

Für den Teig

200 g Dinkelmehl
100 g Rohrohrzucker
50 g Margarine
50 g Mandeln, gemahlen
1 Pck. Vanillezucker/ 1 Msp. Vanillepulver
2 EL Agavendicksaft
2 EL Wasser
2 EL Sojasahne
1 Tropfen Bittermandelaroma
2 Prisen Salz

Zum Verzieren

100 g Zartbitterkuvertüre
2–3 EL Mandeln, gehobelt
200 g Marzipan-Rohmasse, gekauft/selbst gemacht (Seite 149)

Zubereitung

Für den Teig alle Zutaten in einer Schüssel miteinander verkneten und den Teig mindestens 1 Stunde ruhen lassen.

Den Teig etwa 3 Millimeter dick ausrollen und 50 Halbmonde ausstechen.

Die Halbmonde auf ein mit Backpapier belegtes Backblech setzen und etwa 10 Minuten im vorgeheizten Backofen bei 160 bis 180 °C backen.

In der Zwischenzeit Kuvertüre im Wasserbad schmelzen. Die Marzipanmasse zwischen zwei Backpapieren ausrollen und mit den gleichen Mondförmchen ausstechen (25 Stück).

Nun je einen Teigmond mit einem Marzipanmond belegen, jeweils einen zweiten Teigmond darauflegen und das Ganze leicht zusammendrücken. Das gefüllte Plätzchen von einer Ecke bis zur Hälfte in die Kuvertüre tauchen, mit gehobelten Mandeln bestreuen und abkühlen lassen.

Pralinen & Konfekt

- Pralinen und Konfekt gibt es in vielen Formen und Variationen: So lassen sich aus knetbaren Pralinenmassen beispielsweise Sterne, Herzen, Figuren, Kugeln, Würfel oder Stangen herstellen (ausstechen, kneten, formen oder rollen).
- Trockenfrüchte, Nüsse, Nussmuse, Schokoladenaufstriche, Nougat, Marzipan, Karamell, Sahnecremes und Schokolade sind beliebte Zutaten bei der Herstellung einfacher Konfekte bis hin zu anspruchsvollen Edelpralinen.
- Für Überzüge hochqualitative, vollmundige Zartbitterschokolade und -kuvertüre verwenden, das Konfekt mithilfe von 2 Gabeln (auf den Zinken) oder Spießen (Zahnstocher) in die Schokolade tauchen, herausheben, abtropfen und auf Backpapier abkühlen lassen.
- Wird Schokolade mit mehreren Zutaten geschmolzen, alles in einem Topf langsam unter Rühren schmelzen.
- Um sehr feine Pralinen herzustellen, die Innenseite kleiner Papier-Pralinen-Förmchen mithilfe eines Pinsels mit flüssiger Schokolade ausstreichen und umgedreht auf einem Kuchenrost fest werden lassen. Den Vorgang wiederholen, die Schokolade erkalten lassen und die Papier-Pralinen-Förmchen behutsam entfernen.
- Seien Sie vorsichtig bei der Herstellung von Karamell: Es entwickelt sehr hohe Temperaturen und spritzt beim Kochen!
- Um Pralinen oder Konfekt mit geschmolzener Schokolade oder Nougat zu verzieren, die Masse in ein kleines, die Masse in ein kleines, selbst gebasteltes Papiertütchen mit einer etwa 1 Millimeter großen Öffnung füllen.
- Falls Sie eingeweichte Trockenfrüchte verwenden möchten, diese

mit etwas Orangensaft benetzen und in einer verschließbaren Dose mindestens 3 Stunden aufbewahren, dabei immer wieder durch Schütteln wenden.

Schokolierte Köstlichkeiten

Schokoflakes (etwa 20–25 Stück)

Zutaten

50 g Zartbitterschokolade
1 TL Margarine
75 g Cornflakes, ohne Zucker

Zubereitung

Schokolade in Stücke brechen und in einem Topf langsam schmelzen. Margarine unter ständigem Rühren hinzugeben.

Sobald die Schokolade dickflüssig ist, Topf von der Kochstelle nehmen und so viele Cornflakes hineingeben, dass diese ausreichend von der Schokolade umhüllt sind.

Von der Cornflakes-Masse mit einem Löffel 20 bis 25 Häufchen abstechen, auf Backpapier erkalten und im Kühlschrank fest werden lassen.

Schokorosinen (etwa 150 g)

Zutaten

50 g Zartbitter-
schokolade
1 TL Margarine
80 g Rosinen

Zubereitung

Schokolade in Stücke brechen und in einem Topf langsam schmelzen. Margarine unter ständigem Rühren hinzugeben.

Sobald die Schokolade dickflüssig ist, den Topf von der Kochstelle nehmen und so viele Rosinen hineingeben, dass diese ausreichend von der Schokolade umhüllt sind.

Die schokolierten Rosinen herausnehmen, auf Backpapier ausbreiten und im Kühlschrank fest werden lassen.

Tipp: Statt Rosinen können Sie auf diese Weise auch andere Trockenfrüchte und Nüsse, wie z. B. Aprikosen, Bananen, Datteln, Apfelringe, Pflaumen, Paranüsse, Cashewkerne oder Pekannüsse, schokolieren.

Marzipanbrote (etwa 6–8 Stück)

Zutaten

250 g Marzipan-Rohmasse, gekauft/selbst gemacht (Seite 149), zimmerwarm
100 g Zartbitterschokolade

Zubereitung

Zimmerwarmes Marzipan mit angefeuchteten Händen zu 6 bis 8 kleinen Broten formen.

Schokolade in einer Schüssel im Wasserbad schmelzen, die Brote mithilfe von 2 Gabeln hineintauchen und auf Backpapier abkühlen lassen.

Schokolierte Trockenfrüchte (20 Stück)

Zutaten

100 g Zartbitterschokolade (ab 75 Prozent Kakaoanteil)
20 Trockenfruchtstücke (z. B. Pflaumen, Aprikosen, Bananen)

Zubereitung

Schokolade in einer Schüssel im Wasserbad schmelzen, bis sie cremig und glatt ist, Fruchtstücke einzeln darin versenken, mithilfe von 2 Gabeln herausnehmen und auf einem mit Backpapier belegten Backblech fest werden lassen.

Konfekt

Grundrezept Konfekt (etwa 15–20 Stück)

Zutaten

Für die Konfektmasse
100 g Trockenfrüchte
90 g Nüsse, gemahlen
4 EL Wasser, lauwarm
2 TL Nussmus, nach Bedarf (z. B. Haselnuss-, Mandel-, Erdnuss-, Mischmus)
1 Prise Salz
Gewürze, nach Belieben (z. B. Kokosraspel, Zimt, Vanillepulver, Chilipulver, Kakao, Carob)

Zum Wälzen
etwas Kakao/Nüsse, gemahlen/Kokosraspel

Zubereitung

Trockenfrüchte klein schneiden, in einem verschließbaren Gefäß mit dem Wasser beträufeln und etwa 3 Stunden einweichen, dabei immer wieder durch Schütteln wenden. Nun alles pürieren.

Nüsse mit den pürierten Trockenfrüchten und Nussmus in eine Schüssel geben und mit Salz und nach Belieben mit Kokosraspeln, Zimt, Vanillepulver, Chilipulver, Kakao oder Carob würzen.

Die Masse gut vermengen, mit angefeuchteten Händen zu 15 bis 20 kleinen Bällchen formen und nach Belieben in Kakao, gemahlenen Nüssen oder Kokosraspeln wälzen.

Das Konfekt auf eine Platte setzen, 2 bis 3 Stunden im Kühlschrank durchziehen lassen und gekühlt servieren.

Tipp: Die Masse muss eine feste Konsistenz haben, damit sie sich gut formen lässt. Ist sie zu fest, nach Belieben etwas Einweichwasser dazugeben.

Erdnusskonfekt (etwa 25 Stück) ✳✳

Zutaten

Für die Konfektmasse

6 Datteln, entsteint
4 Feigen, getrocknet
7 EL Erdnüsse, gemahlen
4 EL Wasser, lauwarm
2 TL Erdnussmus
1 Prise Salz, feinkörnig

Zum Wälzen

etwas Kakao

Zubereitung

Trockenfrüchte klein schneiden, in einem verschließbaren Gefäß mit Wasser benetzen und etwa 3 Stunden einweichen, dabei immer wieder durch Schütteln wenden. Nun alles pürieren.

Restliche Zutaten hinzugeben, gut vermengen und mit angefeuchteten Händen zu etwa 25 kleinen Bällchen formen und in etwas Kakao wälzen.

Das Erdnusskonfekt auf eine Platte setzen, 2 bis 3 Stunden im Kühlschrank durchziehen lassen und gekühlt servieren.

Chili-Konfekt mit Kakao (etwa 30–35 Stück) ✳✳

Zutaten

4 Datteln, entsteint
100 g Rosinen
4 EL Wasser, lauwarm
2 TL Kakao
7 EL Haselnüsse, gemahlen
1 Msp. Chilipulver, nach Bedarf auch mehr
1 Msp. Vanillepulver
1 Prise Salz, feinkörnig

Zubereitung

Datteln halbieren. Rosinen und halbierte Datteln in einem verschließbaren Gefäß mit dem Wasser benetzen und etwa 3 Stunden einweichen, dabei immer wieder durch Schütteln wenden.

Trockenfrüchte mit den restlichen Zutaten pürieren und mit angefeuchteten Händen zu 30 bis 35 Bällchen formen.

Das Konfekt auf eine Platte setzen, 2 bis 3 Stunden im Kühlschrank durchziehen lassen und gekühlt servieren.

Mandelkugeln au Chocolat (16 Stück) ✻✻

Zutaten

Für die Mandelmasse
- 100 g Mandeln, gemahlen
- 2 EL Nussmus
- 2 TL Agavendicksaft/ Ahornsirup
- 1 Prise Salz, feinkörnig

Zum Überziehen
- 50 g Zartbitter-schokolade
- 2 TL Margarine, warm

Zubereitung

Für die Mandelmasse Mandeln mit Nussmus, Agavendicksaft und Salz in einer Schüssel verkneten und zu 16 Kugeln formen.

Zum Überziehen Zartbitterschokolade in Stücke brechen und in einem kleinen Topf sanft schmelzen. Margarine hinzugeben und unterrühren (die Masse muss dickflüssig sein).

Den Topf von der Kochstelle nehmen, etwas kippen und jeweils nacheinander 2 bis 3 Kugeln so in der Schokolade wälzen, dass sie komplett von Schokolade umhüllt sind.

Die Mandelkugeln mit einem Löffel aus dem Topf nehmen und auf Backpapier fest werden lassen.

Tipp: Stellen Sie die Mandelkugeln in den Kühlschrank, dann werden sie schneller fest.

Zimt-Kaffee-Konfekt (etwa. 25–30 Stück) ⁂

Zutaten

Für die Konfektmasse

40 g Rosinen
8 Datteln, entsteint
4 EL Orangensaft, frisch gepresst
2 TL Instant-Getreide-/-Bohnenkaffee
½ TL Zimt
1 Prise Salz, feinkörnig
2 EL Walnüsse, gemahlen
2 EL Haselnüsse, gehackt

Zum Wälzen

3 EL Haselnüsse, gemahlen

Zubereitung

Trockenfrüchte klein schneiden, in einem verschließbaren Gefäß mit dem Orangensaft benetzen und etwa 3 Stunden einweichen, dabei immer wieder durch Schütteln wenden. Diese Masse mit Kaffee, Zimt und Salz bestreuen und pürieren. Danach Nüsse unter die Masse arbeiten und gut vermengen.

Die Masse mit angefeuchteten Händen zu etwa. 25 bis 30 kleinen Bällchen formen und anschließend in gemahlenen Haselnüssen wälzen.

Das Konfekt auf eine Platte setzen, 2 bis 3 Stunden im Kühlschrank durchziehen lassen und gekühlt servieren.

☼ Bunte Kokoskugeln (Osterkonfekt)

Braune Kokoskugeln (etwa 70–80 Stück) ✳✳✳

Zutaten

20 g Kakao
80–100 g Agavendicksaft
½ TL Instant-Getreide-/-Bohnenkaffee
1 TL Zitronensaft
1 Prise Salz, feinkörnig
80 g Margarine, weich
250–300 g Kokosflocken

Zubereitung

Kakao, Agavendicksaft, Kaffee, Zitronensaft und Salz mit Margarine in einer Schüssel glatt rühren, so viele Kokosflocken dazugeben, dass sich die Masse gut formen lässt.

Die Kokosmasse mit angefeuchteten bzw. öligen Händen zu 70 bis 80 Kugeln (Ø etwa 2 Zentimeter) formen und die Kugeln auf Backpapier im Backofen bei 40 bis 50 °C leicht antrocknen lassen.

Lila Kokoskugeln (etwa 50 Stück) ✳✳✳

Zutaten

1 Prise Salz, feinkörnig
1 EL Schwarze Johannisbeermarmelade
1 EL Sojajoghurt, naturell
250–300 g Kokosflocken

Zubereitung

Salz, Marmelade und Sojajoghurt in einer Schüssel verrühren, so viele Kokosflocken unterkneten, dass sich die Masse gut formen lässt. Mit angefeuchteten Händen zu etwa 50 Kugeln (Ø etwa 2 Zentimeter) formen. Die Kugeln auf Backpapier im Backofen bei etwa 45 °C leicht antrocknen lassen.

Gelbe Kokoskugeln (etwa 50 Stück) ***

Zutaten

1 Banane
1 Prise Salz, feinkörnig
1 EL Aprikosenmarmelade
250–300 g Kokosflocken

Zubereitung

Banane schälen und mit einer Gabel zerdrücken. Zerdrückte Banane, Salz und Marmelade in eine Schüssel geben und so viele Kokosflocken unterkneten, dass sich die Masse gut formen lässt.

Die Kokosmasse mit angefeuchteten bzw. öligen Händen zu etwa 50 Kugeln (Ø etwa 2 Zentimeter) formen und die Kugeln auf Backpapier im Backofen bei 40 bis 50 °C leicht antrocknen lassen.

Grüne Kokoskugeln (etwa 60 Stück) ***

Zutaten

2 Tabletten Spirulina/ 6 Tabletten Chlorella
½ Tasse Mangosaft
1 EL Aprikosenmarmelade
2 TL Vanillepuddingpulver
1 Prise Salz, feinkörnig
250–300 g Kokosflocken

Zubereitung

Spirulina in einem Mörser zermahlen, in wenig Mangosaft auflösen und mit Marmelade mischen. Aus dem restlichen Mangosaft und Puddingpulver eine feste Masse kochen.

Spirulina, Pudding, Salz und so viele Kokosflocken in einer Schüssel mischen, dass sich die Masse gut formen lässt.

Kokosmasse mit angefeuchteten Händen zu etwa 60 Kugeln (Ø etwa 2 Zentimeter) formen, auf Backpapier im Backofen bei 40 bis 50 °C leicht antrocknen lassen.

Nusshäufchen (etwa 20 Stück)

Zutaten

125 g Zartbitter-schokolade
65 g Nussmischung, ungesalzen und gehackt

Zubereitung

Schokolade hacken und in einer Schüssel im Wasserbad unter Rühren schmelzen, bis sie glatt und flüssig ist.

Gehackte Nüsse dazugeben und gut darin wenden, bis alle Nüsse mit Schokolade überzogen sind.

Aus der Nuss-Schoko-Mischung mit einem Teelöffel 20 Häufchen auf ein mit Back-papier belegtes Backblech setzen und die Nuss-Häufchen etwa 30 Minuten kühl stellen bzw. fest werden lassen.

Tipp: Mit gerösteten Nüssen werden die Nuss-Häufchen noch knuspriger. Dafür einfach die Nüsse in einer Pfanne ohne Fett etwa 5 Minuten unter Rühren leicht rösten.

Schoko-Karamell-Kugeln (etwa 22 Stück) ⁂

Zutaten

150 g Zartbitterschokoladen-Aufstrich
75 g Reismalz
150 g Zartbitterkuvertüre

Zubereitung

Schokoladenaufstrich und Reismalz in einer Schüssel mit einer Gabel gut verrühren, in 22 gleich große Portionen teilen und zu Kugeln formen.

Kuvertüre hacken und in einer Schüssel im Wasserbad schmelzen.

Die Karamellkugeln mithilfe von 2 Gabeln ganz in die Schokoladenmasse tauchen, herausnehmen, abtropfen lassen und auf einem mit Backpapier belegten Backblech auskühlen lassen.

Tipp: Für die Festtagsvariante in jede Kugel zusätzlich 1 Macadamia- oder Haselnuss drücken.

Minzkissen (etwa 36 Stück) ✳✳

Zutaten

Für den Teig

2 TK-Blätterteigplatten (etwa 12 x 12 cm)

Zum Verzieren

50 g Minzschokolade

36 Mandelhälften, hell

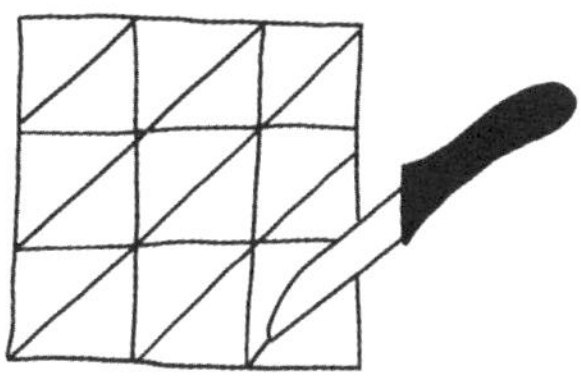

Zubereitung

Blätterteigplatten etwa 5 Minuten antauen lassen und jede Platte in 9 gleich große Quadrate teilen. Die Quadrate jeweils zu 18 Dreiecken halbieren.

Die Dreiecke auf ein mit Backpapier belegtes Backblech legen und etwa 15 bis 30 Minuten im vorgeheizten Backofen bei 200 °C goldgelb backen. Die Dreieckskissen aus dem Backofen nehmen und auf einem Kuchenrost auskühlen lassen.

In der Zwischenzeit Minzschokolade hacken und in einer Schüssel im Wasserbad schmelzen.

Die Dreieckskissen mit einer Seite in die Schokolade tauchen, auf Backpapier legen und mit 1 Mandelhälfte verzieren. Die Minzkissen im Kühlschrank fest werden lassen und kühl servieren.

Tipps: Auch mit anderen Schokoladen-Geschmacksrichtungen schmecken die kleinen Dreiecke köstlich. Oder tauchen Sie sie ganz in Schokolade ein oder wälzen Sie sie in Kokosraspeln.

Schoko-Marzipan-Datteln (etwa 20 Stück) ⁂

Zutaten

Für die Pralinen

50 g Marzipan-Rohmasse, gekauft/selbst gemacht (Seite 149)
20 g Mandelstifte
2 EL Puderzucker
20 Datteln, entsteint

Zum Überziehen

200 g Zartbitterkuvertüre

Zubereitung

Marzipan und Mandeln auf einer mit Puderzucker bestreuten Backunterlage miteinander verkneten. Die Marzipanmasse zu einer 20 Zentimeter langen Rolle formen und in 20 Scheiben schneiden.

Die Datteln der Länge nach auf einer Seite aufschneiden, mit einem Stück Marzipan füllen, wieder zuklappen und zusammendrücken.

Kuvertüre hacken und in einer Schüssel im Wasserbad schmelzen, bis sie glatt und flüssig ist. Anschließend etwas abkühlen lassen.

Die Datteln mithilfe von 2 Gabeln in die Schokolade tauchen, abtropfen lassen und auf einem mit Backpapier belegten Backblech abkühlen lassen.

Marzipankugeln (etwa 15 Stück)

Zutaten

250 g Marzipan-Rohmasse, gekauft/selbst gemacht (Seite 149), zimmerwarm
3–5 EL Kakao

Zubereitung

Zimmerwarmes Marzipan mit angefeuchteten Händen zu etwa 15 kleinen Kugeln formen und in Kakao wälzen.

Tipps: Etwas durchgezogen schmecken die Marzipankugeln besser. Liebhaber können dem Marzipan durch verschiedene Gewürze, wie beispielsweise Vanillepulver oder Chili, besondere Geschmacksnuancen verleihen. Oder umhüllen Sie die Kugeln mit gemahlenen Mandeln oder Nüssen, geschmolzener Schokolade oder Krokant.

Schoko-Bananen-Kugeln mit Kokos (etwa 22 Stück)

Zutaten

150 g Zartbitter-schokoladen-Aufstrich
75 g Reismalz
4 EL Kokosraspel
2 Trockenbananen

Zubereitung

Schokoladenaufstrich, Reismalz und 2 Esslöffel Kokosraspel in einer Schüssel mit einer Gabel gut verrühren und in 22 gleich große Portionen teilen.

Bananen in Scheiben schneiden, nach Belieben halbieren und 3 bis 4 von den Scheibchen in die Mitte eines Schokostücks drücken.

Das Schokostück zu einer Kugel formen und in den restlichen Kokosraspeln wälzen. Die Schoko-Bananen-Kugeln in kleinen Papier-Pralinen-Förmchen servieren.

Trüffelzauber au Chocolat (etwa 24 Stück) ✻✻✻

Zutaten

Für die Schokobecher

100 g Zartbitter-schokolade

24 Papier-Pralinen-Förmchen

Für die Trüffelcreme

150 ml Sojasahne

150 g Zartbitter-schokoladen-Aufstrich

Zubereitung

Für die Schokobecher Schokolade in Stücke brechen und in einer Schüssel im Wasserbad schmelzen. Die Innenseite der Pralinen-Förmchen mithilfe eines Pinsels mit flüssiger Schokolade ausstreichen, die Förmchen mit der Öffnung nach unten auf ein mit Backpapier belegtes Backblech legen und die Schokolade fest werden lassen. Diesen Vorgang wiederholen und die Schokolade vollständig fest werden lassen.

Für die Trüffelcreme Sojasahne und Schokoladenaufstrich in einem Topf unter Rühren langsam erhitzen (nicht kochen!), danach im Kühlschrank erkalten lassen.

Die Pralinenförmchen vorsichtig von der Schokolade abziehen. Die Trüffel-Creme in eine Tortenspritze mit Sterntülle füllen und in die Schokobecher spritzen. Trüffelzauber au Chocolat bis zum Verzehr kühl stellen.

Nougat-Sahne-Tüten (etwa 14 Stück) ❄❄❄

Zutaten

Für die Schokotüten

80 g Zartbitterschokolade

Für die Füllung

90 ml Sojasahne
25 g Margarine
50 g Nougat
1 TL Haselnussmus
1 EL Reissirup

Zubereitung

Für die Schokotüten 14 Kreise (Ø etwa 8 Zentimeter) aus Backpapier ausschneiden, aus jedem Kreis ein Tütchen formen und mit Klebestreifen fixieren.

Schokolade in Stücke brechen und in einer Schüssel im Wasserbad schmelzen. Die Innenseite der Backpapiertütchen mithilfe eines Pinsels mit flüssiger Schokolade ausstreichen und die Schokolade fest werden lassen. Den Vorgang wiederholen, danach die Schokolade kühl stellen.

Für die Füllung alle Zutaten in einem Topf gut miteinander verrühren, langsam erhitzen und kurz vor dem Aufkochen von der Kochstelle nehmen. Die Füllung im Kühlschrank vollständig erkalten lassen.

Das Backpapier von den Schokotüten entfernen, die kalte Nougat-Sahne-Creme in eine Tortenspritze mit Sterntülle füllen und in die Schokotüten spritzen. Die Nougat-Sahne-Tüten bis zum Verzehr kühl stellen.

Sahnekaramellen (etwa 18 Stück) ✳✳✳

Zutaten

Für das Karamell

250 g Rohrohrzucker
200 ml Soja-/Hafersahne
2 Prisen Salz
50 g Reis-/Maissirup, hell
1 Msp. Vanillepulver

Für den Guss

50 g Zartbitterkuvertüre

Zubereitung

Für das Karamell Zucker, Sahne, Salz und Sirup in einen Topf geben, bei mittlerer Hitze (ohne Kochen) rühren, bis der Zucker aufgelöst ist. Das Ganze aufkochen lassen, die Temperatur etwas reduzieren, und ohne zu Rühren etwa 20 Minuten köcheln lassen. Karamell von der Kochstelle nehmen und etwa 5 Minuten abkühlen lassen.

Vanillepulver mit einem Holzlöffel etwa 5 Minuten kräftig einrühren, bis die Masse dick wird und ihren Glanz verliert. Die Karamellmasse in eine mit gefetteter Alufolie belegte Kuchenform (Boden etwa 20 x 20 Zentimeter) füllen, glatt streichen und auskühlen lassen.

In der Zwischenzeit Kuvertüre in Stücke brechen, in einer Schüssel im Wasserbad schmelzen und etwas abkühlen lassen. Die Kuvertüre mit einem breiten, flachen Messer gleichmäßig auf der Karamellmasse verteilen und fest werden lassen.

Die Karamellmasse aus der Form heben, die Alufolie vorsichtig abziehen und die Karamellmasse in 18 Würfel schneiden. Sahnekaramellen bis zum Verzehr kühl stellen.

Erdnuss-Toffees (etwa 18 Stück) ***

Zutaten

Für die Erdnussmasse
siehe Rezept Sahnekaramellen (Seite 349)
75 g Erdnussmus, mit Stücken

Für den Guss
50 g Zartbitterschokolade

Zubereitung

Für die Erdnussmasse das Sahnekaramell nach Rezept zubereiten, dabei aber nach dem Abkühlen statt Vanillepulver Erdnussmus mit einer Gabel kräftig unterrühren, bis eine feste Masse entsteht.

Die Erdnussmasse in 18 Stücke teilen, zu Stangen formen oder in Papier-Pralinen-Förmchen füllen und auf ein mit Backpapier belegtes Backblech setzen.

Für den Guss Zartbitterschokolade in Stücke brechen und in einer Schüssel im Wasserbad schmelzen. Die Toffees mit Schokolade bestreichen, beliebig verzieren und kühl gestellt fest werden lassen.

Tipp: Für Haselnussfreunde einfach Erdnussmus durch Haselnussmus ersetzen und die Toffees anstelle von dunkler Schokolade mit hellem Nougat überziehen.

Mandelpralinen (etwa 16–18 Stück) ✳✳✳

Zutaten

Für die Schokoböden

50 g Zartbitterschokolade

16–18 Papier-Pralinen-Förmchen

Für die Mandelmasse

70 g Mandelnougat, hell

1 EL Mandelmus

30 g Mandeln, gemahlen

Zubereitung

Für die Schokoböden Zartbitterschokolade in Stücke brechen und in einer Schüssel im Wasserbad schmelzen. Die flüssige Schokolade als Boden in die Pralinenförmchen geben und fest werden lassen.

Für die Mandelmasse Nougat und Mandelmus in einem Topf langsam schmelzen, mit gemahlenen Mandeln zu einer Masse verrühren und als zweite Schicht in die Pralinenförmchen geben.

Die Mandelpralinen im Kühlschrank vollständig erkalten lassen, aus den Pralinenförmchen nehmen und bis zum Servieren wieder in den Kühlschrank stellen.

Nusspralinen (etwa 16–18 Stück) ***

Zutaten

Für die Nougatböden

60 g Nougat, hell

16–18 Papier-Pralinen-Förmchen

Für die Nussmasse

70 g Zartbitterschokoladen-Nuss-Aufstrich

1 EL Haselnusscreme/-mus

30 g Haselnüsse, fein gehackt und geröstet

Zubereitung

Für die Nougatböden Nougat in Stücke brechen und in einer Schüssel im Wasserbad schmelzen. Den flüssigen Nougat als Boden in die Pralinenförmchen geben und fest werden lassen.

Für die Nussmasse Schokoaufstrich und Nusscreme in einem Topf langsam schmelzen, mit Haselnüssen zu einer Masse verrühren und als zweite Schicht in die Pralinenförmchen geben.

Die Nusspralinen im Kühlschrank vollständig erkalten lassen, aus den Pralinenförmchen nehmen und kühl servieren.

MEHL

Herzhafte Pizzen, Kuchen & Gebäck

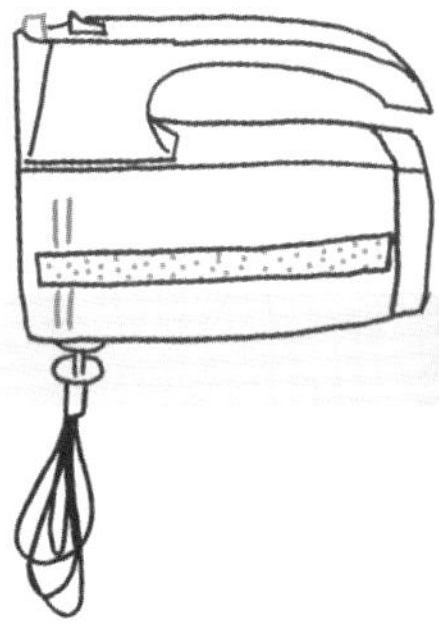

- In den Rezepten dieses Buches können die verwendeten Mehle durch andere Mehlsorten, wie z. B. Vollkornmehle, Roggen- oder Maismehl, ersetzt werden. Vollwertige Mehle nach Belieben verwenden (immer einen großen Teil mit genügend Klebereiweiß).
- Bei herzhaften Kuchen und Pizzen sollten Sie die Böden dünner halten, damit der Belag geschmacklich besser zur Geltung kommt.
- Für runde Pizzen (im italienischen Stil) nur die Hälfte der im Rezept angegebenen Mengen verwenden.
- Den Pizzaboden auf einem gefetteten Backblech ausrollen, mit etwas Olivenöl bestreichen und in den Teigboden mit einer Gabel in gleichmäßigen Abständen hineinstechen. Dann gleichmäßig Ketchup auf dem Teigboden verstreichen, mit hauchdünnen Zwiebelringen belegen und mit Salz und Pfeffer würzen.
- Danach die Pizza nach Belieben mit kräftig gewürzten, angebratenen Tofuwürfeln (naturell/Räuchertofu) bestreuen und nach Herzenslust weiterbelegen.
- Zum Schluss stets veganen Streichkäse (siehe Grundrezept Seite 355) mit einem Esslöffel nach Belieben auf der Pizza verteilen.
- Pizzabeläge können immer anders sein und kombiniert werden: Den besonderen Pep bekommt eine Pizza mit einer süßsauren Komponente (Gewürzgurken, eingelegte Pilze oder Peperoni).

Pizzen und pikante Kuchen

Grundrezept veganer Streichkäse (Pizzakäse)

(1 Backblech, etwa 35 x 37 cm)

Zutaten

100 g Margarine
70 g Weizenmehl
ca. 400 ml Wasser, nach Bedarf mehr
1 TL Senf
2 EL Hefeflocken
3 EL Sojasoße

Zubereitung (wie Mehlschwitze)

Margarine in einem Topf zerlassen, Mehl hinzufügen und unter Rühren kurz lichtgelb aufschäumen lassen. Tassenweise mit dem Wasser ablöschen, dabei immer wieder glatt rühren und aufkochen lassen, bis eine zähfließende Masse entsteht.

Dann Senf und zum Schluss Hefeflocken und Sojasoße dazugeben und bei Bedarf cremig pürieren (dickt nach, dann mit Wasser verdünnen).

Tomaten-Peperoni-Pizza (1 Backblech, etwa 35 x 37 cm) ***

Zutaten

Für den Boden
siehe Grundrezept herzhafter Hefeteig – Pizzateig (Seite 40)

Zum Bestreichen
etwas Olivenöl

Für den Belag
175 g Räuchertofu
etwas Kokosfett
5 Tomaten
2 Zwiebeln
10 Peperoni, eingelegt
etwas Tomatenketchup
etwas Salz und Pfeffer

Zum Überbacken
siehe Grundrezept veganer Streichkäse (Seite 355)

Zubereitung

Für den Boden den Teig nach Grundrezept zubereiten.

In der Zwischenzeit *für den Belag* Räuchertofu in hauchzarte Scheiben schneiden und in einer Pfanne in Kokosfett goldbraun braten. Tomaten abspülen, abtrocknen, halbieren und die Stängelansätze herausschneiden. Tomatenhälften in Scheiben schneiden. Zwiebeln abziehen, halbieren und in feine Ringe schneiden. Peperoni ebenfalls in Ringe schneiden.

Den Teig auf einem gefetteten Backblech ausrollen, mit etwas Olivenöl bestreichen und in den Teigboden mit einer Gabel in gleichmäßigen Abständen hineinstechen. Den Pizzaboden gleichmäßig mit Ketchup bestreichen, mit Zwiebelringen belegen und mit Salz und Pfeffer würzen. Tomatenscheiben, Peperoni und Räuchertofu darauflegen.

Den veganen Streichkäse nach Grundrezept zubereiten und mit einem Esslöffel über der Pizza verteilen.

Die Pizza etwa 20 bis 25 Minuten im vorgeheizten Backofen bei 200 °C backen.

Tipp: Unterschiedliche Gemüsesorten und Tofuvarianten als Belag sorgen für wohlschmeckende Abwechslung.

Varianten für Pizzabeläge

Den Teig wie immer mit Olivenöl und Ketchup bestreichen, mit Zwiebelringen belegen und mit Salz und Pfeffer würzen.

1. Variante: 1 kg Gemüse nach Wahl (z. B. Tomaten, Paprika, Auberginen, Gurken, ein paar Gewürzgurken) abspülen, abtrocknen, klein schneiden und auf die Pizza legen. Alles mit Salz und italienischen Kräutern, Oregano oder Kräutern der Provence würzen.

2. Variante: Etwa 800 Gramm Spinat putzen, abspülen und abtropfen lassen. 250 Gramm Räuchertofu würfeln, in einer Pfanne in etwas Kokosfett anbraten und mit Salz und Pfeffer würzen. Beide Zutaten auf den Pizzaboden legen.

3. Variante: Etwa 800 Gramm Brokkoli putzen, abspülen und in Röschen teilen. 250 Gramm Räuchertofu würfeln, in einer Pfanne in etwas Kokosfett anbraten und mit Salz und Pfeffer würzen. Beide Zutaten auf den Pizzaboden legen.

Pizza Hawaii (1 Backblech, etwa 35 x 37 cm)

***

Zutaten

Für den Boden

siehe Grundrezept herzhafter Hefeteig – Pizzateig (Seite 40)

Zum Bestreichen

etwas Olivenöl

Für den Belag

250 g Räuchertofu
etwas Kokosfett
500 g Ananasstücke (aus dem Glas)
etwas Tomatenketchup
etwas Salz und Pfeffer

Zum Überbacken

siehe Grundrezept veganer Streichkäse (Seite 355)

Zubereitung

Für den Boden den Teig nach Grundrezept zubereiten.

In der Zwischenzeit *für den Belag* Räuchertofu in hauchzarte Scheiben schneiden und in einer Pfanne in Kokosfett goldbraun braten. Ananasstücke in einem Sieb abtropfen lassen und klein schneiden.

Den Teig auf einem gefetteten Backblech ausrollen, mit etwas Olivenöl bestreichen und in den Boden mit einer Gabel in gleichmäßigen Abständen hineinstechen. Den Pizzaboden gleichmäßig mit Ketchup bestreichen und mit Salz und Pfeffer würzen. Räuchertofuscheiben und kleine Ananasstücke darauflegen.

Den veganen Streichkäse nach Grundrezept zubereiten und mit einem Esslöffel auf der Pizza verteilen.

Die Pizza etwa 20 bis 25 Minuten im vorgeheizten Backofen bei 200 °C backen.

Tofukuchen, pikant (als „Speckkuchen" bekannt)

(1 Backblech, etwa 35 x 37 cm) ✻✻✻

Zutaten

Für den Boden

500 g fertiger Brotteig/ Sauerteig vom Bäcker oder selbst gemacht (siehe Rezept Sauerteigbrot [Seite 378])

Für den Belag

1½ l Sojamilch
220 g Mehl
1 TL Salz
2½ TL Kümmel, gemahlen, nach Belieben
500 g Räuchertofu
etwas Piment, gemahlen
etwas Pfeffer
1 Tasse Olivenöl
3 EL Kümmelsamen, nach Belieben

Zubereitung

Für den Boden den Teig nach Rezept zubereiten. Den Teig auf einem gefetteten Backblech ausbreiten, einen Rand hochziehen und mit einer Gabel alle etwa 5 Zentimeter in den Boden hineinstechen. Den Teig an einem warmen Ort mindestens 30 Minuten gehen lassen.

Für den Belag 1 Liter von der Sojamilch in einem Topf zum Kochen bringen. Mehl, 2 Prisen Salz und 2 Teelöffel von dem gemahlenen Kümmel mit der restlichen Sojamilch verrühren, in die kochende Milch einrühren und kurz durchkochen, sodass ein zähflüssiger Brei entsteht. Den Brei auf dem gegangenen Boden gleichmäßig verstreichen.

Räuchertofu fein würfeln, mit Salz, Piment und Pfeffer kräftig würzen, in Olivenöl marinieren und anschließend in einer Pfanne goldbraun braten. Restlichen gemahlenen Kümmel dazugeben und alles noch einmal wenden.

Die Räuchertofumasse auf dem Kuchen verteilen und nach Belieben mit Kümmelsamen und etwas Salz bestreuen.

Den Tofukuchen etwa 30 bis 40 Minuten im vorgeheizten Backofen bei 180 °C backen.

Zwiebelkuchen (1 Backblech, etwa 35 x 37 cm) ***

Zutaten

Für den Boden

250 ml Sojamilch, warm
½ Pck. Trockenhefe
3 Prisen Salz
300 g Mehl
50 g Margarine

Für den Belag

4–6 säuerliche Äpfel
1½ kg Zwiebeln
1 Tasse Olivenöl
1 TL Salz
etwas Pfeffer
1½ l Sojamilch
220 g Mehl
250 ml Sojasahne

Zubereitung

Für den Boden warme Sojamilch, Hefe, Salz, 1 bis 2 Esslöffel von dem Mehl und 1 Esslöffel von der Margarine in einer Schüssel verrühren und etwa 30 Minuten an einem warmen Ort gehen lassen, bis eine schaumige Konsistenz entsteht.

In der Zwischenzeit *für den Belag* Äpfel waschen, abtrocknen, vierteln, entkernen und klein würfeln. Zwiebeln abziehen, halbieren und in etwa 3 Millimeter dicke Streifen schneiden.

Den Hefeansatz mit dem restlichen Mehl und der restlichen Margarine zu einem wattigen Teig verarbeiten und nochmals gehen lassen, bis sich sein Volumen sichtbar vergrößert hat.

Den Teig auf einem gefetteten Backblech gleichmäßig dünn ausrollen und ringsherum einen etwa 2 Zentimeter hohen Rand hochziehen. In den Teigboden mit einer Gabel in gleichmäßigen Abständen hineinstechen und ihn dann an einem warmen Ort noch einmal etwa 20 Minuten gehen lassen.

Währenddessen die Zwiebelstreifen in einem Topf in Olivenöl glasig andünsten, mit etwas Salz und Pfeffer abschmecken und die Apfelstückchen unterheben. –

1 Liter von der Sojamilch in einem anderen Topf zum Kochen bringen. Mehl mit der restlichen Sojamilch verrühren, dazugießen, unter Rühren zu einem dicken Brei kochen und von der Kochstelle nehmen. Restliches Salz und Sojasahne dazugeben und schaumig rühren (der Brei muss dickflüssig sein, bei Bedarf etwas Grieß oder Wasser dazugeben). Den Brei abkühlen lassen.

Den abgekühlten Brei gleichmäßig auf dem Teigboden verteilen und die Zwiebel-Apfel-Masse daraufgeben.

Den Zwiebelkuchen etwa 25 bis 30 Minuten im vorgeheizten Backofen bei 180 °C goldgelb backen.

Herzhaftes Kleingebäck

Langos (etwa 30–40 Stück, klein) ***

Zutaten

Für den Teig

600 g Weizenmehl (Type 550)
2 Pck. Trockenhefe
2 Tassen Wasser
500 g Kartoffeln, gekocht und durchgepresst/gerieben
2 TL Salz, nach Bedarf mehr
2 EL Rapsöl

Zum Ausbacken

500 g Kokosfett

Zubereitung

Für den Teig am besten am Abend vorher den Hefeansatz I b (Seite 40) nach Rezept, aber statt mit Hafermilch mit Wasser zubereiten.

Den Hefeansatz mit durchgepressten Kartoffeln, restlichem Mehl und Salz in einer Schüssel zu einem glatten, sehr weichen Teig verkneten, einige Minuten mit Knethaken durcharbeiten und abgedeckt bei Zimmertemperatur etwa 2 Stunden gehen lassen.

Rapsöl mit den Händen sanft auf der Teigoberfläche verteilen (der Teig schrumpft etwas zusammen).

Vom Teig mit einem Esslöffel etwa 30 bis 40 nicht zu große Portionen abstechen, auf Backpapier legen, flach drücken und breit ziehen. Die Teigstücke bei Zimmertemperatur etwa 5 Minuten gehen lassen.

Zum Ausbacken Kokosfett in einem Topf auf 170 bis 180 °C erhitzen (das Fett ist heiß, wenn sich um einen eingetauchten Holzlöffel kleine Bläschen bilden).

Die Teigstücke in das heiße Fett geben, von beiden Seiten goldbraun backen, herausnehmen und abtropfen lassen. Eine Garprobe machen: Dafür ein Teigstück teilen und prüfen, ob die Mitte durchgebacken ist.

Tipp: Diese ungarische Spezialität sollten Sie heiß servieren – köstlich!

Verzehrt werden Langos

1. mit Knoblauchwasser bepinselt:
Dafür 1 Knoblauchzehe abziehen und fein schneiden. ½ Teelöffel Salz darübergeben, breit drücken und in 1 Tasse Wasser einrühren.

2. mit angerührtem Sojajoghurt bestrichen:
Dafür 250 Gramm Sojajoghurt, 1 Esslöffel Zitronensaft, 50 Milliliter Sojasahne, 2 Esslöffel Rapsöl und ½ Teelöffel Salz in einer Schüssel gut verrühren.

Plunderpastetchen (etwa 6 Stück)

✻✻✻

Zutaten

Für den Teig

siehe Grundrezept Plunderteig – herzhaft, große Menge (Seite 54)

Für die Füllung

500 g Champignons
100 ml Sojasahne
1 mittlere Zwiebel
50 g Olivenöl
2 EL Mehl
½ Bund Petersilie, Stielchen und Blättchen separat fein geschnitten
etwas Salz
etwas Pfeffer

Zum Bestreichen und Bestreuen

etwas Sojasahne
etwas Petersilie, gehackt

Zubereitung

Den Teig nach Grundrezept zubereiten und halbieren. Eine Teighälfte etwa 2 Zentimeter dick ausrollen und mit einem Glas 6 große Kreise (Ø etwa 8 Zentimeter) für den Boden ausstechen.

Die andere Teighälfte ebenfalls etwa 2 Zentimeter dick ausrollen und mit demselben Glas 6 Kreise (Ø etwa 8 Zentimeter) und daraus mit einem kleineren Glas eine Mitte (Ø etwa 4 Zentimeter) ausstechen – als Ringe für den Rand.

Die Teigböden auf ein leicht gefettetes Backblech legen und die Ränder leicht mit Wasser bestreichen. Die Teigringe darauflegen, leicht andrücken und den Teig 30 Minuten bei Zimmertemperatur gehen lassen.

In der Zwischenzeit *für die Füllung* zubereiten: Die Pilze sacht waschen, abtupfen, vierteln und in der Pfanne mit dem Olivenöl und den Gewürzen unter häufigem Wenden anbraten. Ist das Pilzwasser verdunstet, die fein gehackten Zwiebeln und Petersilienstielchen dazugeben und weiter schmoren lassen. Sobald die Zwiebeln glasig sind, das Mehl darüberstreuen und untermischen. Nun mit der Sojasahne ablöschen (ggf. noch etwas Wasser dazugeben). Nun die Petersilie unterheben.

Die Plunderteigstücke etwa 15 Minuten im vorgeheizten Backofen bei 175 °C vorbacken, danach aus dem Backofen nehmen (den Backofen angeschaltet lassen) und die Füllung mit einem Esslöffel in die Mitte setzen. Die Plunderpastetchen wieder in den vorgeheizten Backofen schieben und etwa 5 Minuten bei 175 °C fertig backen.

Die ausgestochenen Mittelteile (= Deckel) und die beim Ausstechen entstandenen Reste auf ein zweites mit Backpapier belegtes Backblech legen, mit etwas Sojasahne bestreichen und etwa 15 Minuten im vorgeheizten Backofen bei 175 °C backen.

Die Plunderpastetchen mit gehackter Petersilie bestreuen, jeweils einen Deckel daraufsetzen und noch heiß servieren.

Salzgebäck aus Sojajoghurt-Teig (25 Stück) ✻✻✻

Zutaten

Für den Teig

250 g Mehl
50 g Sojamehl
10–20 g Hefeflocken
½ TL Backpulver
2 Prisen Salz
100 g Margarine
200 g Sojajoghurt, naturell
50 ml Bier, alkoholfrei

Zum Bestreuen

einige Gewürze (z. B. Kümmel, Salz, Paprika), nach eigener Wahl
etwas Sesam/Mohn

Zubereitung

Für den Teig zunächst die trockenen Zutaten in einer Schüssel vermischen, restliche Zutaten dazugeben und alles zu einem Teig verkneten, der nicht mehr klebt. Den Teig etwa 1 Stunde kühl stellen.

Den Teig etwa 3 Millimeter dick ausrollen und in 25 etwa 10 bis 15 Zentimeter lange Stangen schneiden. Die Stangen zu Kordeln drehen oder zu Brezeln formen.

Das Salzgebäck auf ein mit Backpapier belegtes Backblech legen, mit Wasser bestreichen und mit Gewürzen und Körnern nach Wahl bestreuen.

Das Salzgebäck etwa 6 bis 8 Minuten im vorgeheizten Backofen bei 225 °C backen.

Tipps: Bereiten Sie mit diesem Teig doch einmal vegane Würstchen im Schlafrock zu, indem Sie jeweils 1 Tofuwürstchen mit dem Teig umwickeln und backen. Der Teig ist auch für süße Teiggebäcke geeignet. Dann die Hefeflocken weglassen und ½ Teelöffel Rohrzucker hinzufügen.

Plunderbrezeln (etwa 25 Stück) ***

Zutaten

Für den Teig
siehe Grundrezept Plunderteig – herzhaft, kleine Menge (Seite 54)

Zum Bestreichen und Bestreuen
etwas Sojasahne
etwas Kümmel, gemahlen
etwas Rosmarin, gerebelt
etwas Pfeffer
etwas Salz

Zubereitung

Den Teig nach Grundrezept zubereiten und etwa 5 Millimeter dick zu einem etwa 25 Zentimeter langen Rechteck ausrollen. Das Rechteck in etwa 25 ungefähr 25 Zentimeter lange und etwa 2 Zentimeter breite Streifen schneiden und zu Brezeln formen.

Die Teigbrezeln auf ein mit Backpapier belegtes Backblech legen und mit etwas Sojasahne bestreichen.

Gewürze nach Wahl mischen. Gewürzmischung auf die Brezeln streuen und leicht andrücken.

Die Plunderbrezeln etwa 20 Minuten im vorgeheizten Backofen bei 175 °C backen.

Tipps: Sie können auch eine Gewürzmischung mit anderen Gewürzen oder beispielsweise aus Mohn und Sesam eine Körnermischung über die Brezeln streuen. Entscheiden Sie ganz nach Ihrem Geschmack.

Kräuterstangen (etwa 36 Stück)

**

Zutaten

Für den Teig

12 TK-Blätterteigplatten (etwa 12 x 12 Zentimeter)

Für die Füllung

20 g Margarine

2 EL Petersilie, gehackt

2 EL Schnittlauch, geschnitten

1 TL Rosmarin, gerebelt

½ TL Salz

1 Msp. Knoblauchgranulat/½ Knoblauchzehe, gehackt

Zum Bestreichen und Bestreuen

2 EL Olivenöl/Sojasahne

4 EL Mohnsamen, gehackt

Zubereitung

Für die Füllung Margarine zerlassen. Alle Zutaten in einer Schüssel mischen. Auf 6 Blätterteigplatten verteilen und mit je 1 Blätterteigplatte abdecken. Die Ecken gut andrücken. Die Blätterteigoberfläche mit Öl bestreichen, mit gehackten Mohnsamen bestreuen und leicht andrücken.

Den Teig in 36 etwa 2 Zentimeter breite Streifen schneiden, diese zu einer Kordel drehen und auf ein mit Backpapier belegtes Backblech legen.

Die Kräuterstangen etwa 10 bis 15 Minuten im vorgeheizten Backofen bei 230 °C goldbraun backen.

Die Kräuterstangen warm oder kalt servieren.

Vegane Käsecracker (etwa 80 Stück)

Zutaten

130 g Weizenmehl
2 EL Hefeflocken
1 TL Salz
1 TL Knoblauchgranulat
½ TL schwarzer Pfeffer
½ TL Kurkuma (Gelbwurz)
50 g Margarine, weich
40 ml Wasser, kalt

Zubereitung

Die trockenen Zutaten in einer Schüssel mischen, Margarine und Wasser dazugeben und alles zu einem Teig verkneten.

Den Teig dünn ausrollen und auf ein mit Backpapier belegtes Backblech legen. Mit einem Teigrädchen in etwa 80 nicht zu große Formen nach Wahl rädeln (kleine Teilchen werden knuspriger).

Die Käsecracker auf der mittleren Schiene etwa 15 Minuten im vorgeheizten Backofen bei 190 °C backen.

Die Cracker auseinanderbrechen und erkalten lassen, danach in einer luftdicht schließenden Dose aufbewahren.

Tipps: Da diese Cracker sehr einfach sind, können nach Belieben noch Gewürze der eigenen Wahl verwendet werden, um verschiedene Geschmacksnuancen zu erhalten, z. B. Curry, Kümmel, Italienische Kräuter oder ½ Teelöffel Tomatenmark. Mit Wasser oder Sojasahne bestrichen, bekommen die Cracker eine glänzende Oberfläche.

Mediterrane Olivencracker (etwa 70–80 Stück)

Zutaten

125 g Weizenmehl
2 TL Speisestärke
1 TL Salz
1 TL Knoblauchgranulat
50 ml Wasser, kalt
25 ml Olivenöl
1 Zweig Rosmarin, fein gehackt

Zubereitung

Mehl, Stärke, Salz und Knoblauch in einer Schüssel mischen, dann Wasser und Olivenöl und zum Schluss Rosmarin dazugeben. Alles zu einem glatten Teig verkneten.

Den Teig dünn ausrollen und auf ein mit Backpapier belegtes Backblech legen. Mit einem Teigrädchen in etwa 70 bis 80 Rhomben rädeln.

Die Olivencracker auf der mittleren Schiene etwa 15 Minuten im vorgeheizten Backofen bei 200 °C goldgelb backen.

Die Cracker voneinander lösen, abkühlen lassen und danach in luftdicht schließenden Dosen aufbewahren.

Tipps: Kleine Teilchen werden knuspriger, daher die Cracker nicht zu groß ausrädeln. Mit Sojasahne oder Wasser bestrichen, bekommen die Cracker eine glänzende Oberfläche.

Dinkelcracker (etwa 150 Stück)

Zutaten

Für den Teig

100 ml Wasser

2 geh. EL Sesam

½ TL Salz

200 g Dinkelvollkorn-mehl

75 g Margarine

Zum Bestreichen

etwas Sojasahne

Zubereitung

Wasser, Sesam und Salz mit Dinkelmehl in einer Schüssel mischen und Margarine in Flöckchen einkneten, sodass ein geschmeidiger Teig entsteht (nach Bedarf etwas mehr Mehl dazugeben). Den Teig so lange kneten, bis die Oberfläche leicht glänzt.

Den Teig dünn und gleichmäßig auf einem mit Backpapier belegten Backblech ausrollen und in den Teigboden mit einer Gabel in gleichmäßigen Abständen hineinstechen. Den Teig dünn mit Sojasahne bestreichen.

Mit einem Teigrädchen in etwa 150 kleine Rhomben rädeln, die sich nach dem Backen leicht voneinander lösen lassen.

Die Dinkelcracker etwa 15 bis 20 Minuten im vorgeheizten Backofen bei 175 °C backen.

Würzige Schnittchen (etwa 50 Stück)

Zutaten

70 g Dinkelmehl (Type 630)
25 g Reismehl
1 geh. TL Backpulver
½ TL Salz
¼ TL Paprikapulver, edelsüß
1 Msp. Cayennepfeffer/ Paprika, scharf
2 geh. EL Hefeflocken
1 EL Sojamehl
65 ml Bier, alkoholfrei

Zubereitung

Dinkel-, Reismehl, Backpulver, Gewürze und Hefeflocken in einer Schüssel mischen. Sojamehl mit Bier in einer zweiten Schüssel mischen und zu den trockenen Zutaten geben. Alles zu einem geschmeidigen Teig verkneten, nach Bedarf noch 1 Esslöffel Wasser hinzufügen. Den Teig über Nacht ruhen lassen.

Den Teig etwa 3 Millimeter dick ausrollen und mit einem Teigrädchen in 50 etwa 5 x 1 Zentimeter breite Streifen rädeln.

Die Teigstreifen auf 2 mit Backpapier belegte Backbleche legen und nacheinander etwa 10 bis 15 Minuten im vorgeheizten Backofen bei 180 °C goldbraun backen.

Tipps: Noch würziger wird das Gebäck, wenn es vor dem Backen mit Bier bepinselt und mit Salz bestreut wird. Die Schnittchen sind auch lecker, wenn Sesamsamen, Sonnenblumenkerne und Mohn daraufgestreut werden.

Mohncracker (etwa 160 Stück)

Zutaten

Für den Teig

240 g Weizenmehl
3 geh. TL Backpulver
100 g Margarine
20 g Hefeflocken
4 EL Wasser/Bier, alkoholfrei
2 EL Olivenöl
2 EL Zwiebel, fein gehackt
1 TL Salz

Zum Bestreuen

Mohnsamen, nach Belieben

Zubereitung

Mehl und Backpulver in einer Schüssel gut mischen, restliche Zutaten hinzugeben und alles zu einem Teig verkneten. Den Teig etwa 4 Stunden kühl stellen.

Den Teig 3 bis 4 Millimeter dick auf einem mit Backpapier belegten Backblech ausrollen und mit einem Teigrädchen in etwa 160 Rauten rädeln.

Die Cracker mit Wasser bestreichen, nach Belieben mit Mohnsamen bestreuen und etwa 10 Minuten im vorgeheizten Backofen bei 200 °C goldbraun backen.

Hafercracker (etwa 40 Stück)

Zutaten

100 g Haferflocken
55 g Weizenmehl
10 g Hefeflocken
1 geh. TL Backpulver
¼ TL Senfkörner
1 TL Currypulver
60 g Margarine
60 g Sojajoghurt, naturell
1 Prise Salz

Zubereitung

Alle Zutaten in einer Schüssel zu einem geschmeidigen Teig verarbeiten und über Nacht ruhen lassen.

Den Teig etwa 5 Millimeter dick ausrollen, in den Teigboden mit einer Gabel in gleichmäßigen Abständen hineinstechen und anschließend 40 Formen nach Wahl ausstechen. Die Hafercracker auf 2 mit Backpapier belegte Backbleche legen und nacheinander etwa 10 bis 15 Minuten im vorgeheizten Backofen bei 190 °C backen.

Kümmelstangen (etwa 30 Stück)

Zutaten

Für den Teig

1 EL Sojamehl
6 EL Wasser (50 ml)
30 ml Sojasahne
30 ml Olivenöl
30 g Agavendicksaft
200 g Dinkelmehl (Type 630)
4 geh. TL Backpulver
2 Prisen Salz

Zum Bestreuen

Kümmelsamen

Zubereitung

Sojamehl mit Wasser, Sojasahne, Olivenöl und Agavendicksaft in einer Schüssel mischen. Dinkelmehl, Backpulver und Salz ebenfalls mischen, in die Schüssel geben und alles zu einem Teig verkneten. Den Teig eine Weile durchkneten und mindestens 30 Minuten kühl stellen. Anschließend den Teig noch einmal durchkneten.

Den Teig in 30 teelöffelgroße Portionen teilen und zu etwa 10 Zentimeter langen Stangen rollen. Die Stangen in der Mitte knicken und zu einem Zopf drehen.

Die Teigstangen auf ein mit Backpapier belegtes Backblech legen, mit Wasser bestreichen und mit Kümmelsamen bestreuen.

Die Stangen etwa 15 Minuten im vorgeheizten Backofen bei 180 °C goldbraun backen.

Vegane Käsehäppchen (etwa 40 Stück)

Zutaten

Für den Teig

30 g Margarine
1 EL Olivenöl
3–4 Tropfen Chilisoße
30 g Sojajoghurt, naturell
80 g Weizenmehl
30 g Hefeflocken
½ TL Paprikapulver, edelsüß
1 Msp. Paprikapulver, scharf
1 Msp. Knoblauchpulver/ ½ Knoblauchzehe, gehackt
½ TL Salz
20 g Mandeln, fein gemahlen

Zum Bestreichen und Bestreuen

etwas Sojasahne
120 g Mandeln, gehobelt/Mandelstifte

Zubereitung

Margarine, Öl, Chilisoße und Sojajoghurt in einer Schüssel verrühren. Mehl mit den restlichen Zutaten vermischen, in die Schüssel geben und zu einem festen, aber gut zu verarbeitenden Teig verkneten. Den Teig etwa 30 Minuten kühl stellen.

Den Teig etwa 3 Millimeter dick ausrollen. mit Sojasahne bestreichen und mit Mandeln bestreuen. Den Teig in 40 Formen nach Wahl schneiden und auf 2 mit Backpapier belegte Backbleche legen.

Die Käsehäppchen nacheinander je nach Größe und Form etwa 5 Minuten im vorgeheizten Backofen bei 180 °C backen.

Tipps: Streuen Sie doch statt der 20 Gramm Mandeln einmal 1 Esslöffel Sellerieblätter oder andere Kräuter über die Käsehäppchen. Diese Plätzchen können gut 1 Woche oder länger im Voraus zubereitet werden.

Brot & Brötchen

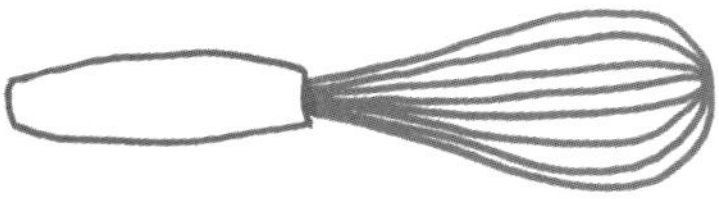

- Brot und Brötchen werden aus Sauer- oder Hefeteig hergestellt.
- Um Brötchen mit Körnern und Gewürzen zu verfeinern, Körner oder Gewürze Ihrer Wahl, wie z. B. Sonnenblumenkerne, Sesam, Mohn oder wenige, grobe Salzkörner, am besten auf einem Teller bereitstellen, die Oberfläche der Brötchen mit Wasser betupfen und in die Körner oder Gewürze hineindrücken.
- Brötchen immer mit Abstand auf ein Backblech setzen.
- Wenn Sie Brote oder Brötchen nach dem Backen noch heiß mit Wasser bepinseln, bekommt ihre Oberfläche einen schönen Glanz.

Sauerteigbrot (1 Backform)

***

Zutaten

Für den Sauerteigansatz (4 Tage vorher)

250 g Roggenmehl (Type 1150)

180 ml Wasser

Für den Teig

800 g Vollkorn-Roggenmehl

600 ml Wasser, handwarm

20 g Salz

Gewürze/Körner, nach persönlichen Vorlieben

Zubereitung

Für den selbst gemachten *Sauerteigansatz* am

1. Tag: 3 Esslöffel Roggenmehl mit 3 Esslöffeln Wasser in einem Marmeladenglas verrühren und an einem konstant warmen Ort (bei 25 bis 28 °C) locker zugedeckt **2 Tage stehen lassen**.

Am **3. Tag** 3 Esslöffel Roggenmehl und 3 Esslöffel Wasser hinzufügen, verrühren und locker zugedeckt 1 Tag stehen lassen.

Am **4. Tag** 100 Gramm Roggenmehl und 100 Milliliter Wasser dazugeben und noch 1 Tag locker zugedeckt stehen lassen (Bläschenbildung).

Für den Teig am Abend vorher 200 Gramm von dem Mehl mit dem Sauerteigansatz und 400 Millilitern Wasser in einem großen Glas gut verrühren (ansetzen/ansäuern) und locker abgedeckt warm stellen (am nächsten Morgen müssen schaumige Bläschen entstanden sein).

Restliche Zutaten dazugeben und gut vermengen. Den Teig auf einer bemehlten Backunterlage mit bemehlten Händen zu einem Brotlaib formen, in eine gefettete, bemehlte Backform (nicht metallisch, nur beschichtet) geben und noch einmal etwa 2 Stunden gehen lassen, bis sich der Teig etwa um ein Drittel vergrößert hat.

Den Laib mit Wasser bestreichen und etwa 80 Minuten im vorgeheizten Backofen bei 170 °C backen. Den Brotlaib aus dem Backofen nehmen, aus der Form stürzen und mit Wasser bestreichen.

Tipps: Den selbst gemachten Sauerteigansatz ohne Sauerteig immer im Marmeladenglas (nie Metall verwenden) bei Zimmertemperatur gehen lassen. Bio-Sauerteig in Pulverform (für den Ansatz) ist im Reformhaus oder schon als fertiger Sauerteig beim Bio-Bäcker erhältlich. Lecker sind auch Brotplätze (Brötchen aus Roggenmehl und Sauerteig; je etwa 60 Gramm) – dann beträgt die Backzeit etwa 20 bis 25 Minuten.

Olivenbrot (1 Kastenform) ⁂

Zutaten

130 g Dinkelvollkornmehl
130 g Weizenmehl
1 geh. EL Sojamehl
1 Pck. Trockenhefe
150 g Wasser, warm
120 ml Olivenöl
100 g getrocknete Tomaten
100 g grüne Oliven, entsteint
1½ TL Salz, nach Bedarf mehr
1 TL Oregano
2 TL Italienische Kräuter
50–100 g Sonnenblumenkerne
1 EL Hefeflocken

Zubereitung

Mehl mit Hefe in einer Schüssel mischen, warmes Wasser mit 2 Esslöffeln von dem Olivenöl dazugeben und unterarbeiten. Den Hefeteig an einem warmen Ort etwa 30 Minuten gehen lassen.

Getrocknete Tomaten und Oliven klein schneiden. Salz, Kräuter, Sonnenblumenkerne, Hefeflocken und restliches Olivenöl mischen. Den Hefeteig durchkneten und die gemischten Zutaten unterarbeiten, zuletzt die Oliven- und die Tomatenstücke dazugeben.

Den Teig in eine gefettete Kastenform geben und an einem warmen Ort etwa 30 Minuten gehen lassen.

Das Olivenbrot etwa 40 bis 60 Minuten im vorgeheizten Backofen bei 200 °C backen, bis es gar ist (nach Bedarf die Oberfläche vorher mit Backpapier abdecken).

Fladenbrot (2 Stück)

✳✳

Zutaten

250 ml Wasser, warm
½ Würfelhefe/
1 Pck. Trockenhefe
3 Prisen Salz
300 g Mehl
50 g Margarine

Zubereitung

Warmes Wasser, Hefe, Salz, 1 bis 2 Esslöffel von dem Mehl und 1 Esslöffel von der Margarine in einer Schüssel mischen und an einem warmen Ort etwa 30 Minuten gehen lassen, bis eine schaumige Konsistenz entsteht.

Restliche Zutaten hinzugeben, zu einem Teig verarbeiten und an einem warmen Ort weitere etwa 30 Minuten gehen lassen, bis ein wattiger Teig entsteht.

Den Teig in 2 gleich große Portionen teilen, zu Kugeln formen und etwa 2 Zentimeter dick ausrollen.

Die Teigfladen auf ein gefettetes Backblech legen und etwa 30 Minuten im vorgeheizten Backofen bei 180 °C backen.

Tipp: Nach Belieben schon vor dem Backen die Brotscheiben mit einem Messer in die Teigfladen ritzen.

Chapati (indisches Fladenbrot) (etwa 6 Stück)

Zutaten

Für den Teig

500 g Mehl

1 TL Salz

300 ml Wasser, lauwarm

Zum Bestreichen

6 EL Margarine

Zubereitung

Mehl mit Salz in einer Schüssel mischen, langsam lauwarmes Wasser dazugeben und unterrühren. Den Teig durchkneten, bis er klümpchenfrei und geschmeidig ist, in ein feuchtes Tuch wickeln und etwa 1 Stunde ruhen lassen.

Den Teig noch einmal durchkneten und in 6 etwa 130 Gramm schwere Portionen teilen. Die Teigportionen zu Bällchen formen, mit Mehl bestäuben und so ausrollen, dass ein dünner Fladen entsteht.

Die Teigfladen in einer vorgeheizten gusseisernen Pfanne ohne Fett backen, bis kleine Bläschen an der Oberfläche entstehen. Die Teigfladen umdrehen und auf der anderen Seite anrösten. Die Fladen mit einem trockenen Baumwolltuch kurz und kräftig auf den Pfannenboden drücken, sodass sie sich aufblähen, sobald Sie sie loslassen.

Margarine zerlassen und eine Seite der Fladen mit ein wenig zerlassener Margarine bestreichen. Chapati in ein Tuch einschlagen und bis zum Verzehr warm stellen.

Oliven-Ciabatta (2 Brote oder 12 Brötchen) ✳✳✳

Zutaten

200 g Weizenmehl
100 g Weizenmehl (Type 550)
200 ml Wasser, warm
1 Pck. Trockenhefe
1 TL Agavendicksaft
100 g grüne Oliven, entsteint
75 g getrocknete Tomaten, in Öl eingelegt
6 EL Olivenöl
1 TL Speiseöl/Sojasahne
1 gestr. TL Salz

Zubereitung

Alle Zutaten sollten Zimmertemperatur haben.

Mehl in eine Schüssel geben und eine Mulde hineindrücken. Wasser, Hefe und Agavendicksaft in die Mulde geben und mit Mehl bedecken. Die Mischung abgedeckt an einem warmen Ort etwa 15 Minuten gehen lassen.

Oliven und getrocknete Tomaten klein schneiden. Mit den restlichen Zutaten in die Schüssel geben und den Teig gut verkneten. Den Teig an einem warmen Ort weitere 30 Minuten bis 1 Stunde gehen lassen, bis sich sein Volumen verdoppelt hat.

Den Teig noch einmal durcharbeiten und entweder zu 2 länglichen Broten formen oder leicht ausrollen und in 12 quadratische Brötchen schneiden.

Oliven-Ciabatta auf ein mit Backpapier belegtes Backblech setzen, mit Wasser bestreichen, mit Mehl bestäuben und noch einmal an einem warmen Ort etwa 20 Minuten gehen lassen.

Oliven-Ciabatta etwa 45 Minuten im vorgeheizten Backofen bei 200 °C backen (die Brötchen etwa 25 Minuten backen).

Rosinenbrot (1 Stück) ✳✳

Zutaten

30 g Agavendicksaft
750 g Weizenmehl
280–300 ml Hafermilch
230 g Rosinen
100 g Margarine
2 Pck. Trockenhefe
1 gestr. TL Salz
1 Msp. Vanillepulver

Zubereitung

Alle Zutaten sollten zimmerwarm sein.

Agavendicksaft, 2 Esslöffel von dem Mehl und 100 Milliliter von der Hafermilch mit der Hefe in einer Schüssel glatt rühren und abgedeckt an einem warmen Ort etwa 15 Minuten gehen lassen.

Rosinen in wenig heißem Wasser etwa 1 Stunde einweichen.

Restliche Zutaten in eine zweite Schüssel geben, den Hefeansatz daruntermischen und zu einem Teig verkneten. Den Teig sehr gut durchkneten, bei Bedarf noch Hafermilch dazugeben und an einem warmen Ort etwa 1 Stunde gehen lassen, bis sich sein Volumen verdoppelt hat.

Die Rosinen in einem Sieb gut abtropfen lassen und gut unterarbeiten.

Den Teig zu einer Kugel formen, sanft auf eine Höhe von 8 bis 10 Zentimeter flach drücken, auf ein mit Backpapier belegtes Backblech legen. An einem warmen Ort nochmals etwa 15 Minuten gehen lassen.

Das Rosinenbrot etwa 60 bis 70 Minuten im vorgeheizten Backofen bei 180 bis 200 °C gar backen, eventuell die Brotoberfläche mit Backpapier abdecken (mit einem Holzstäbchen Garprobe machen).

Das Brot aus dem Backofen nehmen, noch heiß mit kaltem Wasser bestreichen.

Tipps: Anstelle eines großen Rosinenbrotes können Sie auch 2 kleine backen. Dafür etwas weniger Backzeit einplanen. Dieser Teig ist vielseitig zu verwenden, z. B. für Gugelhupf, Strudel oder auch ohne Rosinen für Toastbrot (dann Wasser anstelle Hafermilch und ohne Agavendicksaft), in Kastenform mit Backpapier gebacken.

Rosinenzopf (1 Stück) ⁂

Zutaten

Für den Teig

siehe Rezept Rosinenbrot (Seite 384) mit der Hälfte der Zutatenmenge

Zum Bestreichen

2 EL Hafermilch

1 EL Mehl

Zubereitung

Aus der Hälfte der Zutaten einen Teig nach Rezept zubereiten, zu einer Kugel formen und gehen lassen.

Die gegangene Teigkugel in 3 gleich große Portionen teilen und jeweils zu etwa 40 Zentimeter langen Strängen rollen. Die Stränge auf ein mit Backpapier belegtes Backblech legen, zu einem Zopf flechten und die Enden nach unten schlagen. Den Rosinenzopf abgedeckt an einem warmen Ort etwa 15 Minuten gehen lassen.

Hafermilch und Mehl verrühren. Den Zopf mit der Hafermilch-Mehl-Mischung bestreichen und etwa 30 bis 40 Minuten im vorgeheizten Backofen bei 200 °C goldbraun backen.

Tipp: Statt mit Rosinen schmeckt der Zopf auch mit Mohn sehr gut.

Hefekranz (1 Stück) ⁂

Zutaten

Für den Teig

siehe Rezept Rosinenbrot (Seite 384) mit der Hälfte der Zutatenmenge

Zum Bestreichen

30 g Margarine

1 EL Sojasahne

100 g Mandeln, gehobelt und geröstet

50 g Rosinen

Zubereitung

Aus der Hälfte der Zutaten einen Teig nach Rezept zubereiten, zu einer Kugel formen und gehen lassen.

Die gegangene Teigkugel in 3 gleich große Portionen teilen und jeweils zu etwa 40 Zentimeter langen Strängen rollen. Die Stränge auf ein mit Backpapier belegtes Backblech legen, zu einem Zopf flechten und zu einem Kranz zusammenlegen. Die Enden nach unten schlagen. Den Hefekranz abgedeckt an einem warmen Ort etwa 15 Minuten gehen lassen.

Den Hefekranz etwa 30 bis 40 Minuten im vorgeheizten Backofen bei 200 °C goldbraun backen.

In der Zwischenzeit Margarine und Sahne in einer Pfanne zerlassen, Mandeln und Rosinen darin erhitzen und kurz vor Ende der Backzeit auf den Kranz streichen.

Hefezopf mit Aprikosen-Marzipanfüllung (1 Stück) ✳✳✳

Zutaten

Für den Teig

siehe Rezept Rosinenbrot (Seite 384) mit der Hälfte der Zutatenmenge und nur 90 Gramm Margarine

Für die Füllung

250 g Trockenaprikosen

200 g Marzipan-Rohmasse, gekauft/selbst gemacht (Seite 149)

1 Tropfen Bittermandelaroma

Zum Bestreichen und Bestreuen

etwas Hafermilch

50 g Mandeln, gehackt

Zubereitung

Für den Teig aus der Hälfte der Zutaten und nur 90 Gramm Margarine einen Teig nach Rezept zubereiten, zu einer Kugel formen und gehen lassen.

Für die Füllung Aprikosen in heißem Wasser etwa 1 Stunde einweichen und in einem Sieb abtropfen lassen. Einweichwasser auffangen. Aprikosen klein schneiden, mit Marzipan, 5 Esslöffeln Einweichwasser und Aroma in einer Schüssel zu einer homogenen, dickflüssigen Masse verrühren.

Die gegangene Teigkugel in 3 gleich große Portionen teilen und jeweils zu einem etwa 20 x 40 Zentimeter großen Rechteck ausrollen. Die Füllung gleichmäßig daraufstreichen, die Teigrechtecke von der langen Seite her einrollen und die Nahtstelle gut festdrücken.

Die Stränge mit der Naht nach unten auf ein mit Backpapier belegtes Backblech legen, zu einem Zopf flechten und die Enden nach unten schlagen. Abgedeckt an einem warmen Ort etwa 20 Minuten gehen lassen.

Den Zopf mit Hafermilch bestreichen, mit gehackten Mandeln bestreuen und etwa 40 bis 45 Minuten im vorgeheizten Backofen bei 160 °C goldbraun backen.

Den Hefezopf aus dem Backofen nehmen, vollständig erkalten lassen und erst danach in Scheiben schneiden.

Weizenbrötchen (etwa 16 Stück) ⁂

Zutaten

Für den Teig
350 ml Wasser
1 Pck. Trockenhefe
750 g Weizenmehl
1 gestr. TL Salz
35 g Margarine

Zum Bestreuen nach Wahl
Sonnenblumenkerne
Sesam
Mohn
Salzkörner, grob gemahlen

Zubereitung

Den Teig am besten am Abend vorher mit dem Hefeansatz III (kalte Zubereitung Seite 41) nach Rezept zubereiten (mit den anderen Varianten funktioniert es aber auch).

Körner und Gewürze nach eigener Wahl auf Tellern bereitstellen.

Den Teig zusammenstoßen, in etwa 16 etwa 50 Gramm schwere Portionen teilen und diese zu Kugeln formen. Die Kugeloberflächen mit Wasser betupfen und die Oberfläche in die bereitgestellten Körner oder Gewürze hineindrücken oder die Brötchen darin wälzen.

Die Brötchen mit Abstand zueinander auf ein gefettetes oder mit Backpapier belegtes Backblech setzen und etwa 20 Minuten im Backofen bei 25 bis 35 °C gehen lassen, bis sich ihr Volumen um etwa ein Drittel vergrößert hat.

Den Backofen auf 175 °C heraufschalten und die Brötchen etwa 20 Minuten im vorgeheizten Backofen goldgelb backen, sofort aus dem Backofen nehmen und mit etwas Wasser bestreichen.

Dinkelvollkornbrötchen (etwa 16 Stück) ⁂

Zutaten

Für den Teig

300 ml Wasser

1 Pck. Trockenhefe

300 g Dinkelvollkornmehl

500 g Weizenmehl

1 gestr. TL Salz

35 g Margarine

Zum Bestreuen nach Wahl

Sonnenblumenkerne

Sesam

Mohn

Salzkörner, grob gemahlen

Zubereitung

Den Teig am besten am Abend vorher mit dem Hefeansatz III (kalte Zubereitung Seite 41) nach Rezept zubereiten (mit den anderen Varianten funktioniert es aber auch).

Körner und Gewürze nach eigener Wahl auf Tellern bereitstellen.

Den Teig zusammenstoßen, in ca. 16 etwa 50 Gramm schwere Portionen teilen und zu Kugeln formen. Die Kugeloberflächen mit Wasser betupfen und die Oberfläche in die bereitgestellten Körner oder Gewürze hineindrücken oder die Brötchen darin wälzen.

Die Brötchen mit Abstand zueinander auf ein gefettetes oder mit Backpapier belegtes Backblech setzen und etwa 20 Minuten im Backofen bei 25 bis 35 °C gehen lassen, bis sich ihr Volumen um etwa ein Drittel vergrößert hat.

Den Backofen auf 175 °C heraufschalten und die Brötchen im vorgeheizten Backofen etwa 20 Minuten goldgelb backen, sofort aus dem Backofen nehmen und mit etwas Wasser bestreichen.

Kartoffelbrötchen (etwa 25 Stück) ✳✳

Zutaten

Für den Teig

350 ml Wasser
1 Pck. Trockenhefe
500 g Kartoffeln, gekocht, abgekühlt und gerieben
800 g Weizenmehl
1 gestr. TL Salz
35 g Margarine

Zum Bestreuen nach Wahl

Sonnenblumenkerne
Sesam
Mohn
Salzkörner, grob gemahlen

Zubereitung

Den Teig am besten am Abend vorher mit dem Hefeansatz III (kalte Zubereitung Seite 41) nach Rezept zubereiten (mit den anderen Varianten funktioniert es aber auch).

Körner und Gewürze nach eigener Wahl auf Tellern bereitstellen.

Den Teig zusammenstoßen, in ungefähr 25 etwa 50 Gramm schwere Portionen teilen und zu Kugeln formen. Die Kugeloberflächen mit Wasser betupfen und die Oberfläche in die bereitgestellten Körner oder Gewürze hineindrücken oder die Brötchen darin wälzen.

Die Brötchen mit Abstand zueinander auf ein gefettetes oder mit Backpapier belegtes Backblech setzen und etwa 20 Minuten im Backofen bei 25 bis 35 °C gehen lassen, bis sich ihr Volumen um etwa ein Drittel vergrößert hat.

Den Backofen auf 175 °C heraufschalten und die Brötchen im vorgeheizten Backofen etwa 20 Minuten goldgelb backen, sofort aus dem Backofen nehmen und mit etwas Wasser bestreichen.

Schusterjungen (etwa 15 Stück)

Zutaten

Für den Teig

500 g Roggenmehl

1½ Pck. Backpulver

1 TL Kümmel, gemahlen

1 TL Salz

375 ml Bier, alkoholfrei

Zum Bestreuen

2 TL Kümmelsamen

1 TL Salz, grobkörnig

Zubereitung

Mehl, Backpulver und Gewürze in einer Schüssel mischen, Bier hinzugeben und alles zu einem glatten, festen Teig verarbeiten.

Den Teig in 15 gleich große Portionen teilen und zu flachen Kugeln formen. Die Teigkugeln mit Mehl bestäuben und auf ein mit Backpapier belegtes Backblech setzen. Die Oberfläche leicht einschneiden, Kümmel und Salz daraufstreuen und leicht andrücken.

Die Schusterjungen im vorgeheizten Backofen etwa 30 Minuten bei 200 °C backen (eine feuerfeste Schüssel mit heißem Wasser mit in den Backofen stellen).

Laugenbrezeln (etwa 10–12 Stück) ***

Zutaten

Für den Teig

350 g Weizenmehl
200 ml Wasser, warm
1 Pck. Trockenhefe
20 g Margarine
1 TL Salz
1 TL Olivenöl

Für die Natronlauge

1 l Wasser
4 EL Natron

Zum Bestreuen

1 EL Salz, grobkörnig und/oder Körner nach Wahl (z. B. Sesam, Mohn, Leinsamen)

Zubereitung

Für den Teig sollten alle Zutaten Zimmertemperatur haben.

Mehl in eine Schüssel geben und eine Mulde hineindrücken. Warmes Wasser und Hefe in die Mulde geben und mit etwas Mehl bedecken. Die Mischung abgedeckt an einem warmen Ort etwa 15 Minuten gehen lassen, bis sich kleine Bläschen bilden.

Restliche Zutaten dazugeben und gut zu einem griffigen, wattigen Teig verkneten (der Teig darf nicht mehr kleben).

Den Teig in 10 bis 12 Portionen teilen und zu langen Rollen formen, die zu den Enden hin dünner werden. Die Enden zusammennehmen, miteinander verdrehen und mittig nach innen legen, sodass Brezeln entstehen (unten andrücken). Die Teigbrezeln auf ein mit Backpapier belegtes Backblech legen und noch einmal an einem warmen Ort etwa 15 Minuten gehen lassen.

In der Zwischenzeit *für die Natronlauge* Wasser mit Natron in einem Topf zum Kochen bringen.

Die Brezeln nacheinander in die Natronlauge geben und etwa 1 Minute sanft darin köcheln lassen, dabei einmal wenden. Kurz abtropfen lassen und wieder auf das mit Backpapier belegte Backblech legen.

Die Brezeln mit grobem Salz oder Körnern nach Wahl bestreuen und etwa 20 Minuten im vorgeheizten Backofen bei 180 bis 200 °C haselnussbraun backen (in den letzten 5 Minuten die Backofentemperatur auf 160 bis 180 °C herunterschalten).

Laugenhörnchen (etwa 9 Stück) ✳✳✳

Zutaten

Für den Teig

siehe Rezept Laugenbrezeln (Seite 390)

Für die Füllung

1 Zwiebel
150 g Räuchertofu
etwas Salz
etwas Pfeffer
3 EL Olivenöl
1 EL Petersilie, gehackt
1 EL Basilikumblättchen, gehackt
1 EL Oreganoblättchen, gehackt

Für die Natronlauge und zum Bestreuen

siehe Rezept Laugenbrezeln (Seite 390)

Zubereitung

Den Teig nach Rezept zubereiten.

Für die Füllung Zwiebel abziehen und fein hacken. Räuchertofu klein schneiden, würzen und in einer Pfanne kurz in Olivenöl anbraten. Zwiebeln und gehackte Kräuter dazugeben und ebenfalls kurz mitbraten.

Den Teig zu einer runden Teigplatte (Ø etwa 30 Zentimeter) ausrollen und in etwa 9 gleich große, spitzwinklige Dreiecke teilen (wie Tortenstücke).

Die Tofumasse auf die schmale Dreiecksseite geben, dabei einen etwa 2 Zentimeter breiten Rand frei lassen. Den Teig von der schmalen Seite her zur Spitze hin einrollen und das Ende nach unten biegen. Das Gebäck kurz gehen lassen.

In der Zwischenzeit die *Natronlauge* nach Rezept zubereiten. Die Laugenhörnchen in die Lauge geben, nach Rezept Laugenbrezeln weiterverarbeiten und backen.

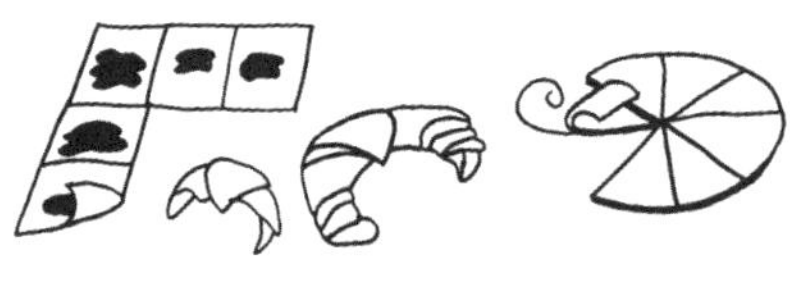

Laugen-Sesam-Grissini (etwa 10 Stück) ⁂

Zutaten

Für den Teig
siehe Rezept Laugenbrezeln (Seite 390)

Für die Natronlauge
siehe Rezept Laugenbrezeln (Seite 390)

Zum Bestreuen
2 EL Sesam

Zubereitung

Den Teig nach Rezept zubereiten, in 10 Portionen teilen und zu fingerdicken, langen Stangen formen. Die Teigstangen an einem warmen Ort etwa 30 Minuten gehen lassen.

Die Stangen nach Rezept weiterarbeiten, vor dem Backen mit Sesam bestreuen und anschließend nach Rezept Laugenbrezeln backen.

Pizza-Laugenbrötchen (etwa 10 Stück) ✳✳✳

Zutaten

Für den Teig

siehe Rezept Laugenbrezeln (Seite 390)
2 EL Olivenöl
1 TL Pizzagewürz
2 EL Hefeflocken
1 Msp. Salz
30 g getrocknete Tomaten, klein geschnitten

Für die Natronlauge und zum Bestreuen

siehe Rezept Laugenbrezeln (Seite 390)

Zubereitung

Den Teig nach Rezept Laugenbrezeln zubereiten, dabei noch Olivenöl, Pizzagewürz, Hefeflocken, Salz und getrocknete Tomaten mischen und unter den Teig kneten.

Den Teig in 10 Portionen teilen, zu Brötchen formen und an einem warmen Ort etwa 30 Minuten gehen lassen.

Die Brötchen nach Rezept weiterverarbeiten und backen.

Bagels, herzhaft (etwa 8 Stück) ✻✻✻

Zutaten

Für den Teig

siehe Rezept Laugenbrezeln (Seite 390)

200 ml Sojamilch, warm

Für die Natronlauge

siehe Rezept Laugenbrezeln (Seite 390)

Zum Bestreuen

etwas Mohn

etwas Sesam

Zubereitung

Den Teig nach Rezept zubereiten, dabei allerdings statt Wasser Sojamilch verwenden.

Den Teig 2 bis 3 Zentimeter dick ausrollen und 8 Kreise (Ø etwa 9 Zentimeter) ausstechen. Aus der Mitte der Teigkreise noch einmal Kreise (Ø etwa 3 Zentimeter) ausstechen, sodass Ringe entstehen. Die Teigringe und die ausgestochenen Mitten an einem warmen Ort kurz gehen lassen.

Nach Rezept weiterarbeiten, die Ringe und Mitten vor dem Backen mit Mohn und Sesam bestreuen und die Körner andrücken.

Die Bagels und die ausgestochenen Mitten etwa 30 Minuten im vorgeheizten Backofen bei 180 °C backen.

Kräuterbagels (etwa 10 Stück)

***

Zutaten

siehe Rezept Laugenbrezeln (Seite 390)
1 Zwiebel/Schalotte
1 EL Petersilie, gehackt
1 EL Basilikumblättchen, gehackt
1 EL Oreganoblättchen, gehackt
3 EL Olivenöl
200 ml Sojamilch, warm

Zubereitung

Zwiebel abziehen und klein schneiden. Zwiebel und Kräuter in einer Pfanne kurz in Öl anbraten und abkühlen lassen. Den Teig nach Rezept zubereiten, dabei allerdings statt Wasser Sojamilch verwenden und die abgekühlte Zwiebel-Kräuter-Masse unterkneten.

Den Teig in 10 gleich große Portionen teilen, zu Kugeln formen und flach drücken. Aus der Teigmitte jeweils Kreise (Ø etwa 3 Zentimeter) ausstechen, sodass Ringe entstehen. Die Teigringe und die ausgestochenen Mitten an einem warmen Ort kurz gehen lassen.

Die Teigringe und ausgestochenen Mitten auf ein mit Backpapier belegtes Backblech legen und etwa 30 Minuten im vorgeheizten Backofen bei 180 °C backen.

Tipps: Die Kräuterbagels waagerecht aufschneiden, mit abgetropftem Sojajoghurt, Tomatenscheiben, Zwiebeln und Salat belegen, würzen und servieren. Den Teig können Sie auch zu Brötchen verarbeiten, dann mit Kümmel, Salz oder Mohn bestreuen.

Weihnachtsbäckerei

Stollen und Plätzchen am besten erkalten lassen und kühl und luftdicht verschlossen einige Tage lagern bzw. aufbewahren. So werden sie mürbe, aromatisch und nicht hart.

Stollen und Weihnachtskuchen

Stollen „Lonauer Art" (4 Stück zu je 1½ kg) ✻✻✻

Zutaten

Für den Teig
1–1½ kg Rosinen/ Sultaninen
8 EL Zitronensaft
etwas Orangensaft
750 g ganze Mandeln
750 ml Hafermilch
6 Pck. Trockenhefe/ 300 g Würfelhefe
2 kg Weizenmehl
200 g Agavendicksaft
750 g Margarine
40–80 g Bittermandeln, fein gemahlen
4 Pck. Vanillezucker/ 1 TL Vanillepulver
35 g Salz
2 EL Zitronenschale, abgerieben
200 g Zitronat

Für den Zuckerüberzug
250 g Margarine
2 Pck. Vanillezucker/ ½ TL Vanille
ca. 750 g Puderzucker, nach Belieben mehr

Zubereitung

Für den Teig am Abend vorher Rosinen mit Zitronen- und Orangensaft beträufeln. Mandeln abziehen, auf einem Backblech ausbreiten und trocknen lassen.

Den Hefeteigansatz I b (Seite 40) zubereiten. Dafür 250 Milliliter von der Hafermilch in ein reichlich großes Gefäß geben (die Masse steigt beim Gehen manchmal um das 5- bis 6-Fache), mit Hefe, 2 Esslöffeln von dem Mehl und 1 Esslöffel von dem Agavendicksaft verrühren und abgedeckt bei Zimmertemperatur am besten über Nacht stehen lassen.

Am nächsten Tag sollten alle Zutaten für den Teig Zimmertemperatur haben.

Den Hefeansatz mit der restlichen Hafermilch, restlichem Mehl, restlichem Agavendicksaft und Margarine zu einem glatten, geschmeidigen Teig verarbeiten und an einem warmen Ort etwa 30 Minuten gehen lassen. Die abgezogenen Mandeln zur Hälfte hacken, die andere Hälfte fein mahlen. Dann zunächst die Mandeln, Gewürze und Zitronat unter den Teig kneten, danach die Rosinen hinzugeben.

Den Teig gründlich durcharbeiten und warm, aber nicht zu nahe an den Backofen stellen, damit das Fett nicht austreten kann. Mindestens 2 Stunden gehen lassen.

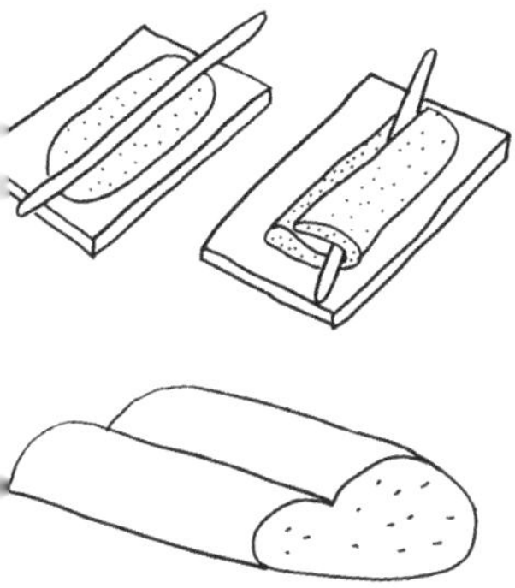

Den Teig zusammenstoßen, noch einmal kurz durcharbeiten. In 1 oder 1½ Kilogramm schwere Stücke teilen Die Teigstücke zu einer etwa 34 Zentimeter langen Rolle formen und zu einem etwa 2½ Zentimeter dicken Rechteck flach drücken. Die schmale Rechteckseite so fast mittig falten, dass die schmalere Seite oben liegt (es passen so 2 Stollen auf 1 Backblech). Die Teigstücke nacheinander auf mit Backpapier belegte Backbleche legen und die Enden leicht andrücken, damit es einen glatten Abschluss ergibt. An einem warmen Ort etwa 30 Minuten gehen lassen.

Die Stollen nacheinander etwa 60 Minuten bei 160 °C goldbraun backen. Eine Garprobe mit einem Holzstäbchen machen.

Für den Zuckerüberzug Margarine zerlassen und Vanillezucker mit Puderzucker vermischen. Die Stollen aus dem Backofen nehmen, sofort gründlich mit der zerlassenen Margarine bestreichen und mit der Vanillezucker-Mischung 1 bis 2 Millimeter dick bestäuben.

Tipps: Sie können auch den Hefeteigansatz III (kalte Zubereitung Seite 41) für diese Stollen wählen. Stollen sollten mindestens 1 Woche vor dem Verzehr lagern. Es ist ratsam, jeden vollständig erkalteten Stollen in einer Lebensmittel-Folientüte (6 Liter Inhalt) aufzubewahren.

Mandelstollen (ohne Rosinen) (4 Stück zu je 1½ kg) ✻✻✻

Zutaten

Für den Teig

siehe Rezept Stollen „Lonauer Art“ (Seite 400)
200 g Agavendicksaft
500 g Mandeln
100 g Bittermandeln, gemahlen

Für den Zuckerüberzug

siehe Rezept Stollen „Lonauer Art“ (Seite 400)

Zubereitung

Den Teig nach Rezept zubereiten, dabei aber 200 Gramm Agavendicksaft verwenden und statt Rosinen die hier angegebenen Mengen Mandeln unterarbeiten.

Den Mandelstollen nach Rezept formen, backen und mit dem *Zuckerüberzug* bestreichen.

Weihnachtskuchen (1 Backblech, etwa 35 x 37 cm) ❄❄❄

Zutaten

Für den Teig

200 g Rohrohrzucker
100 ml Agavendicksaft
12 g Hirschhornsalz
1 EL Wasser, kalt
250 g Dinkelmehl
250 g Weizenmehl
1 EL Kakao
1 TL Natron
250 g Margarine
100 g Mandeln, geschält und gemahlen
5–6 Bittermandeln, gemahlen
½ TL Zitronenschale, abgerieben
2 EL Zitronensaft
1 TL Mandel-/Rapsöl
1 TL Essig
1 TL Ingwer, gemahlen
je ½ TL Zimt, Kardamom, Muskatnuss, Salz
4 Tropfen Bittermandelaroma

Zum Verzieren

50 g Zartbitterschokolade
50 g Mandeln, fein gehackt
etwas Puderzucker

Zubereitung

Für den Teig Zucker und Agavendicksaft in einem Topf schmelzen und erkalten lassen. Hirschhornsalz im kalten Wasser auflösen. Alle Zutaten in einer Schüssel vermischen, dabei das aufgelöste Hirschhornsalz erst zum Schluss dazugeben.

Den Teig auf ein mit Backpapier belegtes Backblech streichen und über Nacht ruhen lassen.

Den Weihnachtskuchen etwa 30 Minuten im vorgeheizten Backofen bei 175 °C backen, danach abkühlen lassen.

Zum Verzieren die Schokolade in einer Schüssel im Wasserbad schmelzen, etwas abkühlen lassen und den Kuchen damit diagonal im Zickzack verzieren. Gehackte Mandeln gleichmäßig darüberstreuen und mit Puderzucker bestäuben.

Dominokuchen (1 Backblech, etwa 35 x 37 cm) ✻✻✻

Zutaten

Für den Boden

300 g Mehl
1 EL Kakao
10 g Pottasche
10 g Hirschhornsalz
2 EL Wasser, kalt
120 g Margarine, handwarm
120 g Agavendicksaft
50 ml Hafermilch, nach Bedarf etwas mehr
2 Prisen Salz
50 ml Sojasahne

Für die Geleefüllung

420 ml Orangensaft
80 ml Zitronensaft
3 geh. EL Agar Agar
2 Prisen Salz
600 g Rotes Johannisbeergelee

Für den Kokosbelag

400 g Kokosraspel
250 g Sojajoghurt, naturell
150 g Agavendicksaft
50 ml Zitronensaft
40 ml Sojasahne, nach Bedarf etwas mehr
2 EL Mandel-/Rapsöl

Zubereitung

Für den Boden den Teig möglichst einige Tage vorher zubereiten und kalt lagern. Dafür Mehl und Kakao mischen. Pottasche und Hirschhornsalz jeweils separat in jeweils 1 Esslöffel kaltem Wasser auflösen.

Handwarme Margarine mit Agavendicksaft, Hafermilch und Salz in eine Schüssel geben und schaumig rühren. Nach und nach die Mehl-Kakao-Mischung, die aufgelöste Pottasche und dann das aufgelöste Hirschhornsalz dazugeben und unterarbeiten. Alles mit Sojasahne zu einem glatten Teig verkneten, nach Bedarf noch etwas Mehl dazugeben. Den Teig etwa 6 Stunden oder über Nacht ruhen lassen.

Den Teig auf einem gefetteten tiefen Backblech (mit hohem Rand) gleichmäßig verteilen und etwa 20 Minuten im vorgeheizten Backofen bei 175 °C backen, bis die Kanten leicht bräunen und der Teig sich fest anfühlt.

Den Boden aus dem Backofen nehmen, vom Backblech stürzen und abkühlen lassen, danach weiterverarbeiten.

Für die Geleefüllung Orangen- und Zitronensaft in einen genügend großen Topf geben. Agar Agar und Salz dazugeben, unter Rühren zum Kochen bringen und 2 bis 3 Minuten gut durchkochen. Die Masse von der Kochstelle nehmen und Gelee unterrühren.

6 Tropfen Zitronenöl/ 1 TL Zitronenschale, abgerieben
2 Prisen Salz
1 Msp. Vanillepulver

Für den Guss

siehe Rezept Schokoladenguss I fest (Seite 159)

Die Füllung mit einem Pürierstab gut durcharbeiten und auf lauwarme Temperatur abkühlen lassen, bis sie leicht geliert.

Den Gebäckboden wieder in ein tiefes Backblech legen, die zäh fließende Masse darauf verteilen und abkühlen lassen.

Für den Kokosbelag 300 Gramm von den Kokosraspeln mit den restlichen Zutaten in einem Mixbecher fein pürieren, und mit den restlichen Kokosraspeln gründlich zu einer glatten, streichfähigen Masse verarbeiten. Nach Bedarf noch ein paar Tropfen Sojasahne dazugeben, damit sich die Masse gut streichen lässt. Die Kokosmasse gleichmäßig auf der Geleeschicht verteilen.

Den Schokoladenguss nach Rezept zubereiten, auf lauwarme Temperatur abkühlen lassen und die cremige Schokoladenmasse gleichmäßig auf dem Kokosbelag verstreichen, nach Belieben mit einer Gabel verzieren und den Dominokuchen kalt stellen.

Tipps: Statt Johannisbeergelee können Sie für die Füllung auch Rote-Johannisbeer-, Waldfrucht- oder Sauerkirschmarmelade verwenden. Den Dominokuchen am besten mit einem in heißes Wasser getauchten Messer in kleine Stücke aufschneiden, da er sehr gehaltvoll ist.

Weihnachtsplätzchen

Dominosteine (1 Backblech – etwa 144 Stück) ***

Zutaten

Für den Teig
300 g Mehl
1 EL Kakao
10 g Pottasche
10 g Hirschhornsalz
2 EL Wasser, kalt
120 g Margarine, handwarm
120 g Agavendicksaft
50 ml Hafermilch, nach Bedarf etwas mehr
2 Prisen Salz
12 g Pfefferkuchengewürz
50 ml Sojasahne

Für die Geleefüllung
420 ml Orangensaft
80 ml Zitronensaft
3 geh. EL Agar Agar
2 Prisen Salz
600 g Rotes Johannisbeergelee

Zubereitung

Für den Boden den Teig möglichst einige Tage vorher zubereiten und kalt lagern. Dafür Mehl und Kakao mischen. Pottasche und Hirschhornsalz separat in jeweils 1 Esslöffel kaltem Wasser auflösen.

Margarine mit Agavendicksaft, Hafermilch und Gewürzen in eine Schüssel geben, schaumig rühren. Nach und nach die Mehl-Kakao-Mischung, die Pottasche und danach das Hirschhornsalz dazugeben und unterarbeiten. Mit Sojasahne zu einem glatten Teig verkneten, nach Bedarf noch etwas Mehl dazugeben. Den Teig etwa 6 Stunden ruhen lassen.

Den Teig auf einem gefetteten tiefen Backblech gleichmäßig verteilen und etwa 20 Minuten im vorgeheizten Backofen bei 175 °C backen, bis die Kanten leicht bräunen und der Teig sich fest anfühlt.

Den Boden aus dem Backofen nehmen, vom Backblech stürzen und abkühlen lassen, danach weiterverarbeiten.

Für die Geleefüllung Orangen- und Zitronensaft in einen großen Topf geben. Agar Agar und Salz dazugeben, unter Rühren

Für den Marzipanbelag
400 g Mandeln, gemahlen
12 Bittermandeln, gemahlen
100 g Agavendicksaft
1 TL Sole/2 Prisen Salz
1 EL Mandel-/Rapsöl
6 Tropfen Zitronenöl/ 1 TL Zitronenschale, abgerieben
etwas Sojasahne, nach Bedarf

Für den Guss
siehe Rezept Schokoladenguss I fest (Seite 159)

Tipp: Statt Johannisbeergelee können Sie für die Füllung auch Waldfrucht- oder Sauerkirschmarmelade verwenden.

zum Kochen bringen und 2 bis 3 Minuten durchkochen. Von der Kochstelle nehmen und Gelee unterrühren. Mit einem Pürierstab gut durcharbeiten und lauwarm abkühlen lassen, bis sie leicht geliert.

Den Gebäckboden wieder in ein tiefes Backblech legen, die zäh fließende Masse darauf verteilen und abkühlen lassen.

Für den Marzipanbelag Mandeln abziehen und trocknen lassen. Mit den Bittermandeln in einer Mandelmühle zweimal fein mahlen, mit Agavendicksaft, Sole, Zitronenöl oder abgeriebener Zitronenschale und Öl in einer Schüssel gründlich zu einer glatten, streichfähigen Masse verarbeiten. Nach Bedarf noch ein paar Tropfen Sojasahne dazugeben, damit sich die Masse gut streichen lässt. Die Marzipanmasse gleichmäßig auf der Geleeschicht verteilen.

Den Schokoladenguss zubereiten, lauwarm abkühlen lassen. Schokoladenmasse auf dem Marzipanbelag verstreichen, mit einer Gabel verzieren und kalt stellen.

Ein scharfes Messer in heißes Wasser tauchen und das Ganze in etwa 145 etwa 3 x 3 Zentimeter große Würfel schneiden.

Vanillekipferl (etwa 30 Stück)

Zutaten

Für den Teig

150 g Margarine
200 g Weizenmehl
50 g Agavendicksaft
100 g Mandeln, geschält und gemahlen
1 Prise Salz
¼ TL Vanillepulver/ 1 Pck. Vanillezucker

Zum Wälzen und Bestäuben

100 g Puderzucker
½ TL Vanillepulver/ 2 Pck. Vanillezucker

Zubereitung

Margarine in kleine Würfel schneiden und in eine Schüssel geben. Restliche Zutaten dazugeben und zu einem glatten Teig verkneten.

Den Teig mit bemehlten Händen zu 30 walnussgroßen Halbmonden formen, dabei die Ecken abrunden.

Die Halbmonde auf 2 mit Backpapier belegte Backbleche legen und nacheinander (bei Umluft: zusammen) etwa 15 Minuten auf der mittleren Schiene im vorgeheizten Backofen bei 175 °C (Umluft: 165 °C) goldbraun backen.

Puderzucker durchsieben und mit Vanille mischen. Die Kipferl aus dem Backofen nehmen und noch heiß vorsichtig in der Vanillemischung wälzen. Für eine dicke Puderschicht restlichen Zucker über die Vanillekipferl streuen.

Tipps: Die Mandeln am Tag vor dem Backen mit heißem Wasser überbrühen, schälen, trocknen lassen und am Backtag mahlen. Die Vanillekipferl schmecken auch ohne die dicke Puderzuckerschicht sehr lecker. Sie sollten vor dem Verzehr einige Tage lagern.

Zimtsterne (etwa 40 Stück, je nach Förmchengröße) ✳

Zutaten

20 g Haselnüsse, frisch gemahlen
100 g Weizenmehl
75 g Margarine
75 g Puderzucker aus Rohrohrzucker
1 geh. TL Zimt
1 Prise Salz

Zubereitung

Alle Zutaten in eine Schüssel geben und gut zu einem Teig verkneten. Den Teig etwa 3 Millimeter dick ausrollen und etwa 40 Sterne ausstechen.

Die Zimtsterne auf ein mit Backpapier belegtes Backblech legen und etwa 8 bis 15 Minuten im vorgeheizten Backofen bei 175 °C backen. Die Plätzchen aus dem Backofen nehmen und erkalten lassen.

Tipp: Die erkalteten Zimtsterne nach Belieben mit Schokoladenguss I fest (Seite 159) überziehen.

Elisentaler (etwa 18–20 Stück) ⁂

Zutaten

Für den Teig

siehe Rezept Weihnachtskuchen (Seite 403)
1 Pck. Backpulver
100 g Mandeln, gehackt
100 g Mandeln, gemahlen
2 Bittermandeln, fein gemahlen
150 g Zitronat, fein gehackt
150 g Orangeat, fein gehackt
100 g Haselnüsse, gemahlen
50 ml Orangensaft
18–20 Oblaten (Ø etwa 6 cm)

Zum Überziehen

200 g Schokoladenkuvertüre

Zubereitung

Den Teig nach Rezept zubereiten, dabei aber noch Backpulver, Mandeln, Zitronat, Orangeat, Haselnüsse und Orangensaft in den Teig geben. Den Teig über Nacht ruhen lassen.

Den Teig zu etwa 5 Zentimeter dicken Rollen formen und die Rollen in 18 bis 20 etwa 1½ Zentimeter dicke Scheiben schneiden. Die Teigscheiben auf jeweils 1 Oblate setzen und die Oblaten auf ein mit Backpapier belegtes Backblech setzen.

Die Elisentaler etwa 15 Minuten im vorgeheizten Backofen bei 175 °C backen, aus dem Backofen nehmen und erkalten lassen.

Kuvertüre in einer Schüssel im Wasserbad schmelzen und die erkalteten Plätzchen damit überziehen.

Pfefferküsschen (70 Stück) ✳✳

Zutaten

1 geh. TL Hirschhornsalz
1 EL Wasser, kalt
250 g Weizenmehl
150–250 g Agavendicksaft/Rohrohrzucker
100 g Mandeln, geschält und fein gemahlen
2 EL Zitronensaft
2–3 Spritzer Essig
½ TL Zitronenschale, abgerieben
1 TL Muskatnuss, gerieben
½–1 TL Kardamom, gemahlen
2 Msp. weißer Pfeffer, nach Bedarf
4 EL Wasser, nach Bedarf mehr
1 Prise Salz

Zubereitung

Hirschhornsalz in 1 Esslöffel Wasser auflösen. Restliche Zutaten in einer großen Schüssel vermischen, das aufgelöste Hirschhornsalz dazugeben und alles zu einem glatten Teig verarbeiten.

Den Teig zu fingerdicken Rollen formen und in 70 etwa ½ Zentimeter dicke Scheiben schneiden.

Die Pfefferküsschen auf ein mit Backpapier belegtes Backblech setzen und etwa 10 bis 15 Minuten auf der mittleren Schiene im vorgeheizten Backofen bei 160 bis 180 °C backen (Vorsicht: Die Plätzchen verbrennen schnell!), danach erkalten lassen.

Die Pfefferküsschen etwa 14 Tage in einer verschlossenen Dose mit einem Apfel aufbewahren, dann werden sie weich.

Tipps: 30 Gramm fein gehacktes Zitronat geben eine frische Note im Gebäck. Überzogen mit 200 Gramm dunkler Kuvertüre sind die Küsschen auch lecker!

Pfefferberglein (etwa 30 Stück) ✳✳

Zutaten

Für den Teig
2 TL Hirschhornsalz
1–2 EL Wasser, kalt
250 g Weizenmehl, gesiebt
180 g Mandeln, gemahlen
160 g Rohrohrzucker
2–3 TL Spekulatius-/Lebkuchengewürz
schwarzer/ ½ TL weißer Pfeffer, gemahlen
½ TL Zitronenschale, abgerieben
2 Prisen Salz
2–3 Tropfen Bittermandelaroma
3 EL Zitronensaft
70 ml Wasser
80 ml Rapsöl
4 Spritzer Essig

Für den Guss
200 g Puderzucker
4 EL Zitronensaft (30 ml)
1 Tropfen Bittermandelaroma
1 Prise Salz

Zubereitung

Für den Teig Hirschhornsalz in 1 bis 2 Esslöffeln Wasser auflösen. Mehl und Mandeln in einer Schüssel mischen. Zucker, Gewürze, Aroma, Zitronensaft, Wasser und Essig dazugeben und verrühren. Zum Schluss das aufgelöste Hirschhornsalz hinzugeben und alles zu einem glatten Teig verkneten. Den Teig mindestens 1 Stunde (besser über Nacht) ruhen lassen.

Den Teig mit bemehlten Händen zu 30 walnussgroßen Kugeln formen und die Kugeln auf 2 mit Backpapier belegte Backbleche setzen, dabei unten etwas flach drücken.

Die Pfefferberglein etwa 15 bis 20 Minuten nacheinander auf der mittleren Schiene (bei Umluft: zusammen) im vorgeheizten Backofen bei 180 °C (Umluft: 160 °C) backen, nach Bedarf die Backofentemperatur kurzzeitig höher schalten. Die Plätzchen aus dem Backofen nehmen und erkalten lassen.

Für den Guss alle Zutaten in einer Schüssel miteinander verrühren und die Oberfläche der erkalteten Pfefferberglein damit bestreichen. Den Guss trocknen lassen.

Plätzchen in einer geschlossenen Dose mit einem Apfelstückchen aufbewahren und etwa 2 Wochen weich werden lassen.

Pfefferkuchen (3–4 Backbleche, je nach Förmchengröße, oder 4 x 7 Zentimeter, entspricht etwa 100 Stück) ✳✳

Zutaten

Für den Teig

250 g Zuckerrübensirup
100 g Rohrohrzucker, nach Bedarf
100 g Margarine
250 g Dinkelmehl
250 g Weizenmehl
20 g Lebkuchen-/Pfefferkuchengewürz
3 Prisen Salz
15 g Pottasche
1 EL Sojasahne
3 EL Wasser, kalt
10 g Hirschhornsalz
40 g Kakao
60 g Mandeln, gemahlen
50 g Zitronat
½ TL Zitronenschale, abgerieben
65 ml Sojasahne
2 EL Essig

Zum Verzieren

einige ganze Mandeln
einige ganze Nüsse

Zubereitung

Sirup, Zucker und Margarine in einer Pfanne schmelzen und erkalten lassen. Mehl mit Gewürz und Salz mischen. Pottasche in Sojasahne und 1 Esslöffel Wasser auflösen. Hirschhornsalz separat in 2 Esslöffeln Wasser auflösen.

Die Sirupmasse mit allen Zutaten in einer Schüssel gut vermischen und zu einem Teig verarbeiten. Den Teig mindestens 1 Tag ruhen lassen.

Den Lebkuchenteig etwa 5 Millimeter dick ausrollen und etwa 100 Lebkuchen nach Belieben ausstechen. Die Pfefferkuchen auf ein mit Backpapier belegtes Backblech legen und mit Mandeln und Nüssen verzieren.

Die Pfefferkuchen etwa 20 Minuten im vorgeheizten Backofen bei 175 °C backen.

Tipps: Die Lebkuchen sollten mindestens 2 Wochen in einer luftdicht verschlossenen Dose lagern. Sie schmecken auch mit Schokolade überzogen lecker.

Pfeffernüsse (etwa 50 Stück) ⁂

Zutaten

Für den Teig

2 TL Pottasche
2 EL Wasser, kalt
300 g Weizenmehl
200–250 g Rohrohrzucker
90 ml Wasser, nach Bedarf mehr
4 EL Rapsöl
½ TL Salz
1–2 TL Zimt
1½ TL (9 g) schwarzer Pfeffer, gemahlen
¼ TL Nelken, gemahlen
¼ TL Ingwer, gemahlen
½ TL Zitronenschale, abgerieben
1 TL Orangenschale, abgerieben
2 Prisen Vanillepulver
3 Spritzer Apfelessig

Für den Guss

siehe Rezept weißer Zuckerguss (glänzend), Springform (Seite 157)

Zubereitung

Für den Teig Pottasche in 2 Esslöffeln Wasser auflösen. Mehl, Zucker, Wasser, Öl und Gewürze in einer Schüssel mischen, danach erst Essig und dann die aufgelöste Pottasche dazugeben. Alles zu einer klebrigen Masse verarbeiten und die noch klebrige Masse am besten über Nacht ruhen lassen.

Den Teig mit bemehlten Händen zu 50 walnussgroßen Kugeln formen und die Kugeln auf 2 mit Backpapier belegte Backbleche setzen.

Die Pfeffernüsse nacheinander etwa 15 Minuten im vorgeheizten Backofen bei 180 °C backen, aus dem Backofen nehmen und erkalten lassen.

Den Guss nach Rezept zubereiten und die erkalteten Pfeffernüsse hineintauchen.

Tipps: Tauchen Sie die Lebkuchen nach Belieben auch in einen Zitronenzuckerguss (Seite 155) oder einen dunklen Schokoladenguss I fest (Seite 159). Oder verzieren Sie das Gebäck mit Fäden von geschmolzener Kuvertüre. Das sieht ebenfalls sehr hübsch aus.

Lebkuchen (3–4 Backbleche, je nach Förmchengröße, oder 4 x 7 Zentimeter, entspricht etwa 100 Stück) ✳✳

Zutaten

Für den Teig

450 g Weizenmehl
1 EL Kakao
10 g Pottasche
10 g Hirschhornsalz
2 EL Wasser, kalt
180 g Margarine, warm
200 g Zuckerrübensirup
70 g Rohrohrzucker
150 ml Sojasahne
12 g Pfefferkuchengewürz
3 Prisen Salz

Zum Verzieren

150 g Mandelhälften

Tipps: Die Hälfte der Teigplatte nicht mit Mandelhälften verzieren, erkalten lassen und in Stücke teilen. Die Lebkuchen mit geschmolzener Schokolade überziehen und mit Mandelblättchen belegen. Der Teig ist auch für Ausstechplätzchen geeignet.

Zubereitung

Den Teig möglichst 1 bis mehrere Tage vorher zubereiten und kalt lagern. Dafür Mehl und Kakao mischen. Pottasche und Hirschhornsalz separat in jeweils 1 Esslöffel Wasser auflösen.

Handwarme Margarine mit Sirup, Zucker, Sojasahne und Gewürzen in eine Schüssel geben und schaumig rühren. Nach und nach die Mehl-Kakao-Mischung, die aufgelöste Pottasche und danach das aufgelöste Hirschhornsalz dazugeben und unterarbeiten. Alles zu einem glatten Teig verkneten, nach Bedarf noch etwas Mehl dazugeben.

Den Teig ausrollen, mit Lebkuchenformen etwa 100 Lebkuchen nach Wahl ausstechen und auf ein gefettetes Backblech setzen. Oder die Teigplatte auf ein gefettetes Backblech legen und mit einem Teigrädchen in ca. 100 etwa 7 x 4 Zentimeter große Lebkuchen rädeln. Jedes Lebkuchenstück mit Mandelhälften verzieren.

Die Lebkuchen etwa 20 Minuten im vorgeheizten Backofen bei 175 °C backen, bis die Kanten leicht bräunen und der Teig sich fest anfühlt. Eventuell die fertig gebackene Teigplatte vorsichtig teilen.

Printen (etwa 20 Stück)

Zutaten

250 g Weizenmehl
40 g Rohrohrzucker
200 g Zuckerrübensirup
2 Prisen Salz
2 Msp. Anis, gemahlen
¼ TL Ingwer, gemahlen
1 Msp. Nelken, gemahlen
½ gestr. TL Zimt
2 Msp. Koriander, gemahlen
10 g Pottasche
3 EL Sojasahne
½ TL Essig

Zubereitung

Mehl mit Zucker, Sirup und Gewürzen in einer Schüssel mischen. Pottasche in Sojasahne auflösen, mit Essig in die Schüssel geben und alles gut zu einem Teig verarbeiten, bei Bedarf noch etwas Wasser hinzugeben. Den Teig einige Tage lagern und noch einmal durchkneten.

Den Teig etwa 3 Millimeter dick ausrollen und in 20 etwa 3 x 4 Zentimeter große, rechteckige Printen schneiden.

Die Printen auf ein mit Backfolie belegtes Backblech setzen und etwa 12 Minuten im vorgeheizten Backofen bei 175 °C backen. Die Printen aus dem Backofen nehmen und erkalten lassen.

Die erkalteten Printen in einer luftdicht schließenden Dose mindestens 1 Woche lagern. Dadurch verändern die Printen ihren Geschmack und werden mürbe.

Tipps: Printen lassen sich auch gut auf Oblaten backen. Der Teig kann noch mit 100 Gramm gehackten Mandeln verfeinert werden. Die Printen schmecken auch mit Schokolade bestrichen lecker.

Grundrezept Spekulatius original (40 Stück) ✳✳

Zutaten

1 geh. EL Soja-/ Weizenmehl
1 TL Rapsöl
2 EL Sojasahne
1 TL Zitronenschale, abgerieben
125 g Weizenmehl, gesiebt
1½ geh. TL Spekulatiusgewürz/Zimt
½ TL Backpulver
40 g Rohrohrzucker
1 Prise Salz
75 g Margarine, klein gewürfelt, zimmerwarm
45 g Mandeln, fein gehackt

Zubereitung

Aus allen Zutaten (außer den Mandeln) einen geschmeidigen Teig kneten. Mandeln dazugeben und alles zu einem glatten Teig verarbeiten. Den Teig mindestens 1 Stunde abgedeckt kühl stellen.

Den Teig portionsweise etwa 3 Millimeter dick zwischen 2 Backpapieren ausrollen und mit Ausstechformen 40 verschiedene Plätzchenformen ausstechen.

Spekulatius auf 2 mit Backpapier belegte Backbleche setzen, nach Belieben Muster hineindrücken und nacheinander (bei Umluft: zusammen) etwa 9 Minuten im vorgeheizten Backofen bei 180 °C goldbraun backen. Nach Belieben etwas später noch einmal kurz backen, um knusprig-krosse Kekse zu erhalten (beim Backvorgang dabeibleiben).

Tipp: Je dünner der Teig ausgerollt wird, desto kürzer ist die Backzeit und desto stärker verändert sich das Aroma.

Gefüllte Spekulatiussterne (etwa 40 Stück) ✳✳✳

Zutaten

Für den Teig

siehe Grundrezept Spekulatius original **(Seite 417)**

Für die Füllung

ca. 200 g Aprikosenmarmelade

Zum Bestäuben

ca. 6 EL Puderzucker

Zubereitung

Den Teig nach Grundrezept zubereiten, portionsweise hauchdünn zwischen 2 Backpapieren ausrollen und je 80 Sterne in zwei verschiedenen Größen ausstechen. Spekulatius auf 2 mit Backpapier belegte Backbleche setzen, nach Belieben Muster hineindrücken und etwa 9 Minuten nacheinander (bei Umluft: zusammen) im vorgeheizten Backofen bei 180 °C goldbraun backen. Nach Belieben etwas später noch einmal kurz backen, um knusprig-krosse Kekse zu erhalten (beim Backvorgang dabeibleiben). Spekulatius erkalten lassen.

Die kleineren Sterne mit Aprikosenmarmelade bestreichen, auf die größeren Sterne setzen und etwas andrücken, damit sie aneinanderhaften.

Gefüllte Spekulatius vor dem Servieren mit ein wenig Puderzucker bestäuben.

Tipp: Zusätzlich die kleineren Sterne vor dem Backen mit verdünnter Sojasahne bestreichen und mit Mandelblättchen bestreuen.

Anhang

Register der Rezepte

Literaturempfehlungen

T. Colin Campbell, Thomas M. Campbell: *China Study: Die wissenschaftliche Begründung für eine vegane Ernährungsweise*. Verlag Systemische Medizin, 2011

Ruediger Dahlke: *Peace-Food. Wie der Verzicht auf Fleisch und Milch Körper und Seele heilt.* Gräfe & Unzer, 2011

Karin Duve: *Anständig essen. Ein Selbstversuch.* Goldmann Verlag, 2012

Angela Grube: *Vegane Lebensstile. Diskutiert im Rahmen einer qualitativen/quantitativen Studie.* Ibidem, 2009

Gill Langlay: *Vegane Ernährung.* Echo Verlag, 1999

Horst Lischke: *Familienbande*. Eigenverlag 2014
Ein zu Herzen gehendes Märchen über die Beziehung zwischen Tieren, Menschen und Natur. Voller Poesie. Spannend. Einfühlsam. Ehrlich.

Horst Lischke: *Für! Manifest vom konstruktiven Leben*. Eigenverlag, 2014
Sich für etwas einzusetzen ist die leichteste Art des Erschaffens. Keine Kraftverschwendung durch Konkurrenz oder Vorteilsnahme, sondern gebündelte Energien um eines gemeinsamen Zieles willen, das dem Wohle der gesamten Menschenfamilie gewidmet ist. Die Fortsetzung der Schrift *Vereint euch!* geht noch tiefer und spezifischer auf brennende Fragen unserer Zeit ein und unterbreitet Vorschläge, wie wir Probleme durch höheres Bewusstsein lösen können.

Horst Lischke: *Kristalle. Reflexionen im Licht. Zur inneren Erbauung. Texte – Gedichte – Lieder – Meditationen.* Eigenverlag, 2013
Texte, die in die eigene Tiefe hineinführen. Ein Lesebuch zum Nachsinnen oder Reflektieren – eine Mischung aus Poesie, Liedern, kleinen Geschichten und meditativen Betrachtungen.

Horst Lischke: *Das Lachen der Heiligen. Humor, Satire, Nonsens.* Eigenverlag, 2013
Ein Buch voller Selbstironie: Hier werden menschliche Marotten, skurrile Verhaltensweisen und Eigendünkel offengelegt. Die meisten der lustigen Geschichten speisen sich aus authentischen Beobachtungen. Gerade das macht sie so lebendig und vertraut.

Horst Lischke: *Vereint euch! Manifest für eine bessere Zukunft* Eigenverlag, 2013. Diese Schrift will Möglichkeiten aufzeigen, wie wir Erdenbürger auf friedlichem Wege eine bessere Welt erschaffen können. Eine Einladung für Menschen mit der Bereitschaft zum konstruktiven Engagement – ohne Kampf oder Verurteilung, im Streben nach ganz neuen Denkansätzen und Lösungen zum Wohle aller Lebewesen auf diesem Planeten.

Marc Pierschel: *Vegan! Vegane Lebensweise für alle.* Compassion Media, 2011

John Robbins: *Letzter Ausweg vegan. Wie die Nahrungsmittelindustrie unsere Zukunft verspielt und eine Ernährungs-Revolution unser leben retten kann.* Hans-Nietsch-Verlag, 2012

Jonathan Safran Foer: *Tiere essen.* Fischer Taschenbuch, 2013

Simone Salvini: *Vegan, süß und sündig. Die verführerische Welt der Desserts: 70 kreative und klassische Rezepte.* Hans-Nietsch-Verlag, 2014

(Die Bücher von Horst Lischke können Sie unter *www.seminarzentrum-neue-erde.de* oder in Ihrer Buchhandlung bestellen.)

Über die Autorinnen

Beate Mihály (Jahrgang 1951; zwei erwachsene Töchter; die Autorinnen sind in der Reihenfolge von links nach rechts genannt), **Stefanie Krause** (Jahrgang 1980), **Maria Mihály** (Jahrgang 1982) und **Erika Müller** (Jahrgang 1951; zwei erwachsene Töchter und vier Enkel) leben seit vielen Jahren aus ethischen, spirituellen sowie gesundheitlichen Gründen vegan. Nur Stefanie und Maria gründeten im Jahr 2008 *bio family Gbr.*, wo sie viele Projekte zum Thema „Vegan" betreuen, Koch- und Backkurse geben, Vorträge halten, Produkte herstellen und vertreiben, für das Seminarzentrum „Neue Erde" catern, Rezepte entwickeln u.v.m. *www.biofamily.info*

bio family GbR
Stefanie Krause, Maria Mihály und Beate Mihály
im Seminarzentrum „Neue Erde" · Mariental 9
37412 Herzberg/Lonau · Telefon: 0 55 21/85 19 502
www.biofamily.info · www.seminarzentrum-neue-erde.de

Vegan kochen & backen lernen

Basislehrgang in nur zwei Tagen

Aus gesundheitlichen und ethischen Gründen interessieren sich immer mehr Menschen für eine rein pflanzliche Ernährung. Der Trend ist unübersehbar, doch die praktische Anwendung scheint am Anfang schwierig und kompliziert. Deshalb zögern die meisten und bleiben lieber bei ihren alten Gewohnheiten. Das ist schade, denn das vegane Kochen und Backen ist in Wahrheit ganz leicht.

In unserem Basislehrgang erfahren Sie an nur einem Wochenende alles über die Grundlagen des veganen Kochens und Backens und verstehen, welche vielfältigen Möglichkeiten eine solche sehr gesunde und äußerst schmackhafte Pflanzenkost birgt.

Außerdem erhalten Sie jede Menge Informationen zu Einkauf und Verarbeitung von alternativen Lebensmitteln, die helfen, ganz locker und ohne Entbehrung auf tierische Produkte zu verzichten.

Einführung in die vegane Kochkunst

Kochworkshop am Samstag

Sie lernen, deftige Speisen (Hausmannskost), Soßen, Überbackenes sowie von rohköstliche Salate, Aufstriche u.v.a.m. zuzubereiten.

Einführung in die vegane Kunst des Backens

Backworkshop am Sonntag

Sie lernen, Kuchen, Torten, Naschereien und andere süße Sachen (ohne Weißzucker, Milch und Ei) herzustellen.

Aktuelle Termine finden Sie unter: *www.biofamily.info*

bio family

Natürlich Leben

216 Seiten, gebunden
ISBN 978-3-86264-246-5, 24,90 €

www.nietsch.de

190 Seiten, gebunden
ISBN 978-3-86264-249-6, 24,90 €

www.nietsch.de

206 Seiten, Broschur,
ISBN 978-3-86264-220-5, 17,90 €

www.nietsch.de